1. Auflage 2019

ISBN 978-3-446-26024-5
© 2019 Carl Hanser Verlag GmbH & Co. KG, München
Umschlag: Anzinger und Rasp, München
Illustration: © Cajsa Holgersson
Satz: Kösel Media GmbH, Krugzell
Druck und Bindung: Friedrich Pustet, Regensburg
Printed in Germany

To F, A and S – with love

INHALT

1

BREXIT MEANS BREXIT

MEIN ENTSCHLUSS,
DEUTSCHE ZU WERDEN

Aus den kleinen Lautsprechern eines CD-Players, den ein Beamter mit einem deutlich hörbaren Klacken angestellt hat, tönt die blechern klingende Orchesterbegleitung zur deutschen Nationalhymne. Es gibt kein musikalisches Vorspiel, sodass wir alle ein wenig überrumpelt sind und zu spät zu singen beginnen, was einige nervös in ihre Notenblätter kichern lässt. Als wir bei »Blüh« von »Blüh im Glanze dieses Glückes« ankommen, treffe ich das hohe E nicht, obwohl ich eigentlich ein ganz annehmbarer Sopran bin. Vermutlich auch bei mir: die Nerven. Oder die trockene Luft in dem voll besetzten Raum. »Also bitte«, sage ich mir, »jetzt zeig dich der Situation gewachsen!« Zu meiner Erleichterung schaffe ich das E beim zweiten Mal – aber auch da nur mit Hängen und Würgen.

Trotzdem erscheint mir diese musikalische Hürde nach allen, die ich und die circa 20 im Rathaus versammelten Menschen schon gemeistert haben, noch als die niedrigste. Der Weg zur deutschen Staatsangehörigkeit war lang. Dennoch bin ich sicherlich nicht die Einzige im Raum, die an diesem Tag im Mai 2017 dankbar dafür ist, dass niemand von uns erwartet, den Text auswendig zu können – als einen weiteren Test, um zu beweisen, wie ernst es uns damit ist, treue deutsche Staatsbürger zu werden. Als wir zum Ende kommen – nach zwei Strophen werden wir von unserer Qual erlöst – und man uns ein Glas Sekt in die Hand drückt, macht sich im Raum spürbare Erleichterung breit.

Ich kann mich nicht genau erinnern, an welchem Tag ich beschlossen habe, Deutsche zu werden. Nur so viel: Die elf Monate, die meiner Einbürgerungsfeier vorausgingen, waren eine emotionale Achterbahnfahrt. Der Schock darüber, dass eine hauchdünne Mehrheit der Wähler für den Austritt meines Geburtslands Großbritannien aus der Europäischen Union gestimmt hatte, sitzt auch fast drei Jahre nach dem Brexit-Referendum am 23. Juni 2016 noch tief.

Und trotzdem war meine Entscheidung definitiv ein schleichender Prozess und kein *Heureka*-Moment. Auf jeden Fall war es für mich mit ambivalenten Gefühlen verbunden, etwas zu tun, was ich mir nie hätte träumen lassen und wozu ich nie Anlass gehabt hätte, wären da nicht eine Handvoll Politiker gewesen, die ein Referendum für angezeigt hielten, um – so formulierte es der damalige Premierminister David Cameron – einen Strich unter ein Thema zu ziehen, das seit Jahrzehnten wie ein Damoklesschwert über der britischen Politik hing.

Ich will damit nicht sagen, ich sei gezwungen worden, Deutsche zu werden, so, als wäre das etwas Unerquickliches oder etwas, das ich per se nur widerwillig tat. Sicher nicht. Ich habe Deutschland über die Jahre immer mehr schätzen gelernt. Erst war es die Sprache, die ich mit 13 zu lernen begann. Dann kamen die politischen Ereignisse der späten 1980er-Jahre in Deutschland und in Zentral- und Osteuropa hinzu, die im Fall der Berliner Mauer gipfelten und meine Weltsicht im großen Maßstab neu justierten. Schließlich, in den frühen 1990er-Jahren, meine Zeit als Studentin im frisch wiedervereinigten Berlin, wohin ich dann später als Auslandskorrespondentin zurückkehren sollte – eine Aufgabe, die sich bis heute wie ein großes Privileg anfühlt.

In den vergangenen Jahren waren es meine Familie, meine beiden Kinder und mein Mann (die alle hier geboren sind und damit viel tiefer in Deutschland verwurzelt sind als ich), die mich eng und nachhaltig an dieses Land, seine Sprache, seine Kultur und sein Erbe gebunden haben. Aber an jenem kühlen Maitag im Rathaus plötzlich zu realisieren, dass ich und all die Menschen, mit denen ich hier zusammenstand – Menschen aus Vietnam, aus der Mongolei, aus Armenien, aus dem Irak und aus Syrien, um nur einige der anwesenden Nationalitäten zu nennen –, jetzt Deutsche waren, fühlte sich, nun ja, mehr als nur ein kleines bisschen absurd an.

Das Referendum hat sich an die meisten von uns herangeschlichen wie ein hinterhältiges Biest. Als es zum Angriff überging und zuschlug, waren ich und die meisten meiner Freunde und Kollegen komplett überrascht. Am Tag der Abstimmung war eine tschechisch-britische Freundin bei mir zu Besuch und wir hatten uns eine Flasche Champagner besorgt, um das erwartete Scheitern des Referendums zu feiern, die endgültige – oder hoffentlich zumindest für eine Generation Bestand habende – Beerdigung einer wahnwitzigen Idee.

Am 23. Juni gingen wir zu einer sehr vernünftigen Uhrzeit ins Bett. Und weil die Zahlen nur langsam eintröpfelten, das Endergebnis noch lange nicht feststand und zudem eine Hitzewelle drohend anrollte, stand die Flasche noch im Kühlschrank. Nach einer unruhigen Nacht wachte ich am nächsten Morgen um Viertel vor sechs auf und hörte in den Nachrichten, dass das Leave-Lager die Mehrheit und damit das Brexit-Referendum gewonnen hatte.

Es fühlte sich an wie ein Schlag in die Magengrube, und meine Freundin Lenka und ich verbrachten den Tag damit, den Schock zu verarbeiten. Es fühlte sich an, als müssten wir die Nachricht von einem schweren Unfall verdauen. Wie nach 9/11 oder beim Tod von Prinzessin Diana werde ich nie vergessen, wo ich war, als ich es erfuhr.

Der 24. Juni war über 30 Grad warm, und die Kita meiner Kinder gab hitzefrei. Also ging ich mit ihnen und meiner Freundin in den nahe gelegenen Park ins Strandbad. Doch auf Lenka und mir lastete an jenem Tag weniger die drückende Hitze als das bleierne Gewicht der Nachricht, dass Großbritannien tatsächlich für den EU-Austritt gestimmt hatte. Am Morgen hatten wir gemeinsam geweint, Camerons Rücktrittsrede im Fernsehen gesehen und dann den Kinderanhänger bepackt, um in Richtung Park aufzubrechen. Meine Kinder waren fasziniert von unseren Gefühlsausbrüchen – gut möglich, dass sie mich vorher noch nie hatten weinen sehen. »Mama, hast du ein Aua?«, fragte mein zweieinhalbjähriger Sohn. »Wohin geht England denn, wenn es jetzt Europa verlässt?«, wollte meine fünfjährige Tochter wissen. »Können wir Oma und Opa immer noch besuchen?«

Im Park legte ich meinen Sohn, von der Hitze derart erschöpft, dass er eingeschlafen war, in einen Strandkorb, setzte mich neben ihn und schrieb eine Kolumne über den Brexit, die eine Berliner Tageszeitung am Vormittag bei mir in Auftrag gegeben hatte. Schon immer war der Strandkorb für mich der beste Ausdruck des unübersetzbaren deutschen Begriffs »Gemütlichkeit«: eine sichere Kapsel, die dich vor den Elementen und jedweder ungewollten Störung schützt. Nichts kommt dem Gefühl, wieder im Kinderwagen zu liegen, näher, und an jenem Tag fühlte es sich besonders passend an, sich an einen solchen Ort zurückzuziehen.

Ich saß also dort und schrieb, als nicht lange nach unserer Ankunft ein lautes Knarzen, ähnlich einer alten verrosteten Türangel, die friedliche Ruhe zerriss. Als ich aufblickte, sah ich gerade noch, wie eine 15 Meter hohe Trauerweide wenige Meter von uns entfernt in den Sand stürzte.

Ich war mehr als erleichtert, als ich meine Tochter und Lenka ein Stück entfernt fröhlich spielen sah. Sie hatten das dramatische Ereignis kaum wahrgenommen und schauten nun verdutzt auf. Wie durch ein Wunder war niemand verletzt worden – nur eine Britin hatte ein paar leichte Kratzer im Gesicht von einem Ast abbekommen, der auf ihre Plastik-Strandliege gefallen war. Die Frau gehörte zu einer Gruppe aus Lincolnshire in Ostengland, die für ein langes Frauenwochenende in Berlin war. »Alles in Ordnung?«, rief der Bademeister nervös und lief herbei, um den Schaden in Augenschein zu nehmen.

»Das war die Strafe dafür, dass wir aus der EU austreten!«, meinte eine der Frauen lakonisch, mit der Schnelligkeit einer Stand-up-Komikerin, wobei sie allerdings, halb lachend, halb weinend, vor Schreck am ganzen Körper zitterte.

»God bless you!«, war der einzige englische Satz, den der braun gebrannte Bademeister aufzubieten hatte, bevor er die Frau onkelhaft in die Arme schloss, eine Umarmung, die keiner weiteren Worte bedurfte. Dennoch beeilte sich die Frau zu erklären, sie sei keine von denen, die für den Austritt gestimmt hatten. Und erneut traten mir die Tränen in die Augen.

Dass der Baum genau in dem Moment zu Boden stürzte, in dem Lenka, die Frauen und ich ohnehin längst ein Gefühl banger Vorahnung hatten, schien mir eine passende Fügung zu sein, geradezu armageddonhaft, betont noch durch den halb ernst gemeinten Witz der Frau, mit dem sie die Schuld an der Beinahe-Katastrophe von sich wies. Ich mochte ihren Humor und dachte: Das ist es tatsächlich, was Briten in ausweglosen Situationen am besten können – sie versuchen, sich gegenseitig zum Lachen zu bringen, um die Spannung zu lösen. Die Ungläubigkeit, die uns nach dem Referendum mit offenen Mündern zurückgelassen hatte, und der umstürzende Baum waren einander in ihrer Intensität ebenbürtig in diesem Moment. Den Referendumsschock allerdings habe ich bis heute nicht verdaut.

Während ich mich noch mit den Frauen aus Lincolnshire unterhielt, kamen schon die Mitarbeiter des Grünflächenamts, und wie sie die Überreste des Baums in ihre Einzelteile zersägten und abtransportierten, waren wir alle gleichzeitig erleichtert und amüsiert darüber, dass sie dem Ruf der deutschen Effizienz und Verlässlichkeit so schön und vor aller Augen gerecht wurden. Heute ist von der Weide nur noch ein Stumpf übrig, der mahnend aus der Wiese ragt und mich jedes Mal, wenn ich das Strandbad besuche, an die surreale Atmosphäre jenes Tages erinnert.

Ich möchte die Bedeutsamkeit dieses skurrilen Erlebnisses nicht überstrapazieren. Doch rückblickend steht der Bademeister für mich stellvertretend für den tröstenden Deutschen – für all die vielen Deutschen, die Briten wie mich, die in der EU hatten bleiben wollen, aufmunterten. Ich glaube sogar, die Deutschen standen oft noch stärker unter Schock als viele Briten, und viele haben mich gar gefragt, was sie denn nun unternehmen könnten, um das Wahlergebnis vielleicht doch noch rückgängig zu machen.

Als ich mich an jenem Tag nach dem Referendum mit den Frauen im Park unterhielt, stellte ich fest, dass ich mein eigenes Land nicht wiedererkannte. Ich fühlte mich verraten. Nicht zuletzt wegen der tiefen Gräben, die sich innerhalb meiner Familie in Großbritannien auftaten, Gräben, die wir zu ignorieren versuchten, die aber trotzdem wie ein Schatten auf fast allen unseren Gesprächen lagen. All das war, wie ein Freund sagte, in der Tat »ein sehr britischer Selbstmord ... ohne Menschenmengen auf der Straße, ohne besetzte Plätze«.

Die anschließenden Wochen wurden beherrscht von einer enormen emotionalen Aufwallung. Gleichzeitig setzte bei mir aber auch ein gewisser Pragmatismus ein. Ich wusste, dass ich mich zusammenreißen musste. Wie überaus britisch, mag man da denken. Aber mir kam dieser Pragmatismus sehr gelegen, und ich war dankbar für die rationale Stimme, die mir im Sommer 2016, als ich gerade über meiner wenig geliebten Steuererklärung brütete, zuflüsterte: »Jetzt bist du schon in bürokratischer Stimmung«, was nicht gerade meiner natürlichen Verfasstheit entspricht, »da kannst du nach der Steuererklärung auch gleich noch den Antrag auf die deutsche Staatsangehörigkeit stellen.«

Ich empfand diese Idee als tröstlich, nicht zuletzt deshalb, weil ich das Gefühl hatte, sie half mir aus dem Selbstmitleid und den trübsinnigen Gedanken heraus, die mich zu verschlingen drohten. Der beste Ausdruck, der mir dafür einfiel, war ein deutscher: die Flucht nach vorne antreten. Auf Englisch: *taking the bull by the horns*.

Zeitdruck entstand lediglich dadurch, dass ich wusste, ich würde meinen Antrag vor dem geplanten Brexit im März 2019 einreichen müssen, denn ob es danach noch möglich sein würde, die deutsche Staatsangehörigkeit anzunehmen und gleichzeitig den britischen Pass zu behalten, war ungewiss – und das ist es bis heute.[1] Luxusprobleme, könnte man sagen. Aber ich hatte mir diese Regeln nicht ausgedacht.

Ich hatte dieses Referendum nicht gewollt. Warum sollte ich mich damit abfinden, dass man mir den Boden unter den Füßen wegzog – und mit ihm meine Identität? *Don't let the buggers get you down,* sagt man auf Englisch zur Aufmunterung in schwierigen Zeiten – »lass dich von den Mistkerlen nicht unterkriegen«. Ich sollte mich nicht entscheiden müssen, ob ich Britin sein wollte oder Deutsche. Also war ich entschlossen, alles Notwendige zu unternehmen, um mir nicht von Politikern vorschreiben zu lassen, wie meine Zukunft auszusehen hatte.

ERSTE SCHRITTE Schon im Sommer 2016, nur wenige Wochen nach dem Referendum, hatte ich meinen ersten Termin beim Bundesamt für Migration und Flüchtlinge. »Als ob die hier nicht genug zu tun haben, auch ohne Fälle wie mich, Begleiterscheinungen von nationalen britischen Querelen«, dachte ich fast schuldbewusst, als ich mich neben Irakern, Syrern, Afghanen und Marokkanern in die Schlange einreihte und mich ziemlich klein fühlte. Dort wartete ich also, um mit einem Verwaltungsbeamten zu sprechen, der mir sagen würde, welche Anforderungen ich genau zu erfüllen hatte.

Als Korrespondentin für meine Zeitung, den britischen *Guardian,* hatte ich im dramatischen Sommer 2015 über die schwindelerregenden Tage der Flüchtlingskrise berichtet und schon damals Stunden in den Amtsstuben des BAMF in Berlin und Bayern verbracht. Ich war sogar kurz bei der Freiwilligeninitiative dabei gewesen, die Flüchtlinge in unserer Nachbarschaft in Empfang genommen hatte. Ich hatte Essen ausgegeben, Bettwäsche ausgepackt und Menschen erste Brocken Deutsch beigebracht. Es war das erste Mal gewesen, dass ich sowohl Berichterstatterin als auch persönlich in (mangels eines besseren Begriffs) die Geschichte involviert war.

Und jetzt stand ich hier, als Teil der Schlange, und war erneut und unfreiwillig so etwas wie ein Teil dieser Geschichte. Was mir unangenehm war und mich demütig werden ließ. Denn mein Unglück bestand natürlich nicht darin, in Krieg oder Armut gefangen zu sein wie die meisten um mich herum, sondern darin, Bauernopfer geworden zu sein im politischen Schachern anderer – so zumindest nahm ich es wahr.

Gleichzeitig fühlte ich mich, als stellte ich mich an für einen Fahrschein, der meine Sicherheit garantieren würde. Mein eigenes Land erschien mir wie ein Schiff, das geradewegs auf einen unberechenbaren Sturm zusteuerte. Was ich hier nun tat, würde mir einen Platz auf dem Rettungsboot garantieren, falls es notwendig werden sollte, von Bord zu gehen. Beziehungsweise bedeutete es sogar, dass ich die Füße schon auf festem Land haben würde, bevor die Katastrophe eintrat. Die deutsche Staatsangehörigkeit war meine Versicherungspolice. Die Kosten dafür – 250 Euro, der Großteil im Vorfeld zu entrichten, der Rest fällig mit Erhalt der Bestätigung, dass meinem Antrag stattgegeben wurde – erschienen mir mehr als erschwinglich (vor allem wenn man bedenkt, dass die britische Staatsangehörigkeit schwindelerregende 1282 Pfund kostet).

Sollte es für den Antrag auf die deutsche Staatsangehörigkeit hilfreich oder nötig sein, war ich auch darauf vorbereitet, Rilkes *Herbsttag*, mein deutsches Lieblingsgedicht, oder Auszüge aus Schillers *Glocke* aufzusagen oder sogar *Freude, schöner Götterfunken* vorzusingen. So hatte ich es mir morgens am Frühstückstisch überlegt. Stattdessen aber händigte man mir in einem nüchternen einstündigen Gespräch in einem überheizten Zimmer eine ellenlange Liste aus, auf der alle Unterlagen aufgeführt waren, die ich noch beizubringen hatte, sollte ich es mit meinem Antrag ernst meinen. Hinzu kamen diverse andere Aufgaben, die zu erledigen waren, bevor ich mich wieder bei der Sachbearbeiterin melden durfte, um dann über den Stand meines Antrags unterrichtet zu werden.

Zu den fehlenden Unterlagen gehörte unter anderem die sogenannte Loyalitätserklärung, die ich lesen und unterschreiben sollte, zu den Aufgaben ein einfacher Sprachtest (mein Abschluss im Fach

Deutsch an einer britischen Universität sei nicht ausreichend, teilte man mir mit), ein Einbürgerungstest sowie die entsprechenden Zertifikate, die belegten, dass ich diese Tests bestanden hatte. Außerdem musste ich noch mindestens 20 weitere Dokumente einreichen, die meisten davon Nachweise darüber, dass ich dem deutschen Staat nicht auf der Tasche liegen würde. So langsam schwante mir, worauf ich mich da eingelassen hatte.

Nur wenige hatten damals mein ungläubiges Entsetzen nachvollziehen können, als die erste Post, die meine Kinder wenige Tage nach ihrer Geburt in Deutschland bekamen, ihre Steuernummer enthielt. Ich hatte nicht viel Verständnis für diese meiner Ansicht nach recht kaltherzige Geste. Und da stand ich nun und entschied mich aktiv und freiwillig, die bürokratische Büchse der Pandora weiter zu öffnen – und damit garantiert bis an mein Lebensende weitere Mitteilungen dieser Art zu erhalten.

Gleichzeitig begann ich zu verstehen, dass von mir als Deutsche erwartet wurde, diesen Aspekt des Lebens mit offenen Armen willkommen zu heißen oder ihm zumindest klaglos zu begegnen. Es hat mich im Laufe der Jahre wiederholt in Erstaunen versetzt, dass sich kaum ein Deutscher je über die Stunden und Stunden beschwerte, die er mit dem Ausfüllen von Formularen, dem Ziehen von Wartenummern und dem physischen Aufsuchen von Behörden verbringen musste, um sich irgendwo an-, ab- oder umzumelden. Stattdessen scheinen die meisten all das mit einem hohen Grad an, so sagt mein Mann, »buddhistischer Gelassenheit« als selbstverständlichen Teil des Lebens zu akzeptieren.

Den Anweisungen der BAMF-Sachbearbeiterin folgend verbrachte ich meine Freizeit in den kommenden Wochen damit, einen B1-Deutschtest zu absolvieren, mich einem 33-Fragen-Multiple-Choice-Test zu deutscher Geschichte und Gesellschaft zu stellen und sämtliche verlangten Dokumente beizubringen, angefangen bei Geburtsurkunden – die meinige und die meiner Kinder – über Steuerbescheide, die belegten, dass ich schuldenfrei war, bis hin zu Arbeitsverträgen, Kontoauszügen, Heiratsurkunden und vielem mehr.

Als ich zum Einbürgerungstest kam, lief ich meiner Freundin Louise über den Weg, die als Englischlehrerin an einer Berliner Schule arbeitet. Es war ein freudiges Zusammentreffen, ganz so, als ob wir uns am Kartenschalter begegneten und erfuhren, dass wir beide einen Platz auf demselben Dampfer in Aussicht hatten, der uns in Sicherheit bringen sollte. Dass wir uns dort trafen, war für mich zugleich eine Bestätigung, dass mein Schritt keine Überreaktion war, sondern auch anderen Briten plausibel erschien. Und zwar nicht nur einzelnen, sondern ganzen Scharen, wie ich bald feststellen sollte.

An einem Sommerabend kurz nach dem Referendum hatten Louise und ich bei einem Glas Wein zusammengesessen und uns über nichts anderes als den Brexit unterhalten. In aller Breite hatten wir darüber gesprochen, wie sehr es uns aufregte, dass Freundschaften und Familienbeziehungen wegen abweichender Ansichten zum Brexit zunehmend unter Spannung gerieten. Wir hatten über das Abenteuer gesprochen, auf das wir uns eingelassen hatten, und darüber, ob man uns eventuell nicht als Deutsche anerkennen würde.

Und jetzt absolvierten wir den Einbürgerungstest. Von 17 Prüflingen im Raum kamen fünf aus Großbritannien. Alle lebten schon lange in Deutschland, die meisten hatten, so wie ich, deutsche Partner und Kinder. »So viele Briten hatte ich noch nie«, meinte die Dame, die die Aufsicht führte. »Gehe ich recht in der Annahme, dass Sie alle wegen des Brexits hier sind?« Wir antworteten mit einem einhelligen »Ja«, in den meisten Fällen begleitet von einem peinlich berührten schiefen Grinsen. »Ja, ich fürchte, ich komme aus Brexitland«, kam es von Ed, der seit 27 Jahren in Deutschland lebte und den Kopf theatralisch beschämt in den Händen barg. Die Aufsichtsdame nickte mit hochgezogenen Augenbrauen, als sei sie überrascht von dieser Erkenntnis und zugleich stolz darauf, persönlich Zeugin der Weltgeschichte zu werden.

Ich empfand Eds Reaktion als angemessen. Wir waren uns einig:

Man konnte sich nur noch winden und den Hintern zusammenkneifen. Bei dem Gedanken daran, was uns in diesen Raum verschlagen hatte, drehte sich einem der Magen um. Wie schnell es in Großbritannien zur Normalität geworden war, darüber zu diskutieren, ob es rechtens sei, bei Geflüchteten Zahnuntersuchungen vorzunehmen, damit sie keine falschen Angaben über ihr Alter machten. Wie alltäglich es geworden war, von Brandbomben-Attentaten auf polnische Geschäfte zu hören oder von Autos mit ausländischen Nummernschildern, denen regelmäßig die Reifen zerstochen wurden. Die Post-Brexit-Atmosphäre in Großbritannien war beschämend.

Den Ankreuz-Einbürgerungstest bestand ich mit voller Punktzahl. Auch wenn mir jedes andere Ergebnis nach all den Jahren, die ich in Deutschland gelebt und gearbeitet hatte, speziell als Journalistin, wie blankes Versagen vorgekommen wäre, war ich doch erleichtert, dass es sich ausgezahlt hatte, den Stoff vorher zu pauken.

Unter den eher obskureren Fragen gab es eine zum Briefgeheimnis, das mir in all meinen Jahren in Deutschland noch nie begegnet war, eine andere drehte sich um in der DDR lebende Ausländer (»In der DDR lebten vor allem Migranten aus …?«). Ich erfuhr: Die Mehrheit kam aus Vietnam, Polen und Mosambik. Wie bei vielen der anderen Fragen auch, fragte ich mich, wie viele »echte Deutsche« wohl die Antwort wüssten. Diverse Freunde bestätigten meine Zweifel und konnten einige der Fragen, als ich sie ihnen später stellte, tatsächlich nicht korrekt beantworten. Bei uns sind diese Fragen mittlerweile zu einem beliebten Dinner-Quiz geworden, das wir spielen, wann immer Briten und Deutsche zusammenkommen.

Den Sprachtest legte ich ein paar Monate später ab, im September 2016: eine ganztägige Angelegenheit, für die ich mir freinehmen musste und die darin gipfelte, dass der bereits erwähnte Ed aus Essex und ich mündlich unsere Deutschkenntnisse unter Beweis stellen sollten, indem wir vor den Prüfern ein Gespräch über Internetshopping führten. Wir fanden die Situation überaus komisch, zwei Briten, die etwas anderes miteinander sprachen als Englisch. Wir mussten an uns halten, um nicht ständig zu kichern. Dass man in Berlin zwei Deutsche englisch miteinander sprechen hört, ist nicht ungewöhnlich, doch Briten kommen eher selten in die Verlegenheit, in einer Fremdsprache miteinander kommunizieren zu müssen – oder zu dürfen.

Die Absurdität der Situation wurde noch dadurch gesteigert, dass wir beide fließend Deutsch sprachen (das sollten wir auch nach all der Zeit, die wir hier sind) und einen Test absolvierten, der deutlich unter unseren Fähigkeiten lag. Die überraschten Gesichter der beiden Prüfer, die ein einfaches B1-Niveau erwartet hatten, waren unbezahlbar. Anfänglich waren die beiden noch steif und offiziell, doch schon bald klopften wir uns vor Lachen auf die Schenkel; ein willkommener Heiterkeitsausbruch, wie ein Dampfablassen, ein Ausdruck dafür, wie absurd es letztlich war, dass wir neben all den deutlich würdigeren Fällen aus der Ukraine, aus Somalia und Syrien überhaupt im diesem Raum saßen, Nigel Farage, diesem Idioten, und seinen unerfüllbaren Versprechungen sei Dank.

Am Ende hatten wir zwei Brexit-Vertriebene einander durch die letzte Prüfung des Tages hindurchgeholfen. Ed und ich beschlossen, in Kontakt zu bleiben. »Seltsame Situation«, schrieb er später in einer SMS. »Ein Gefühl wie ›Alle Mann in die Rettungsboote‹!« Da war sie wieder, diese Seefahrermetapher.

»ICH FÜHLTE MICH PERSÖNLICH ANGESPROCHEN« Nach vielen langen Abenden, an denen ich meine Unterlagen zusammengesucht und einen Papierberg zusammengetragen hatte, der als Berechtigungsnachweis hoffentlich ausreichen würde, war ich im Dezember 2016 so weit, sämtliche verlangten Dokumente beim Amt einreichen zu können. Die Sachbearbeiterin, mittlerweile ein vertrautes Gesicht, brauchte mehr als eine Stunde, um in sämtliche Kästchen ihr Häkchen zu setzen und so sicherzustellen, dass ich mein Soll erfüllt hatte. Sie schickte mich zum Kassenwart, um eine Anzahlung zu leisten, und sagte mir schließlich, jetzt müsse ich nur noch ein wenig Geduld haben – innerhalb von sechs bis neun Monaten werde mir per Post mitgeteilt, ob meinem Antrag stattgegeben würde oder nicht.

Die Tragweite meines Unterfangens wurde mir erst in dieser Phase so richtig bewusst. In der Wartezeit hatte ich Gelegenheit, über meine Entscheidung nachzudenken und herauszufinden, ob ich wirklich alles hatte, was es brauchte, um eine richtige Deutsche zu werden. Bereits einige Monate zuvor hatte ich eine Menge Stoff zum Nachdenken an die Hand bekommen. Damals hatte ich im Bundestag auf der Pressetribüne gesessen, um über eine Beschlussvorlage der Grünen zu berichten, die vorsah, Einbürgerungsanträge von britischen Staatsbürgern zu beschleunigen. Katrin Göring-Eckardt, die Parteivorsitzende der Grünen, hatte mir bereits im Vorfeld der Parlamentsdebatte gesagt: »Für die 107 000 gut integrierten, in Deutschland lebenden Britinnen und Briten ist es doch unvorstellbar, nur wegen der Brexit-Tragödie zurück nach Großbritannien geschickt zu werden. Deswegen haben die Grünen diesen Antrag auf die Tagesordnung gesetzt.«

Die Art und Weise allerdings, in der sich manche der Abgeordneten ans Parlament wandten, löste bei mir latente Paranoia aus. In einigen Momenten der für Bundestagsstandards geradezu hitzigen Debatte fühlte ich mich persönlich angesprochen (fuchtelten sie vom Redenerpult aus mit ihren mahnenden Zeigefingern nicht genau in meine Richtung?), etwa, als einige Abgeordnete der CDU ihre Bedenken zum Ausdruck brachten, dass viele Briten die deutsche Staatsbürgerschaft aus reinem Opportunismus heraus beantragen könnten, schließlich bemühten sie sich gerade nachweislich zum ersten Mal in Rekordzahlen um ihre Einbürgerung. Es sei doch nicht anzunehmen, so argumentierten manche, dass sie ihre Anträge aus Loyalität stellten oder aus wahrer Überzeugung heraus, Deutsche sein zu wollen. Marian Wendt von der CDU sagte, er befürchte, Briten beantragten den deutschen Pass nur, um »am Flughafen nicht in der langen Schlange derer stehen zu müssen, die nicht dem Schengen-Raum angehören«. Was Deutschland denn davon habe, wollte er wissen.

Barbara Woltmann, ebenfalls CDU, hob empört den Zeigefinger und sagte, die Staatsangehörigkeit lege man nicht wie ein Kleidungsstück an oder auch wieder ab. Beschleunigte Bearbeitung der Anträge von Briten sei, so Woltmann, gleichbedeutend damit, den Missbrauch direktdemokratischer Elemente zu belohnen, womit sie das Brexit-Referendum meinte. Man sehe schließlich, wohin es führen könne, wenn Scharlatane mit falschen Informationen versuchten, die Leute zu Entscheidungen zu bringen, die nicht gut für das Land und die Menschen seien. Wahrscheinlich meinte Woltmann das Versprechen der Brexit-Befürworter, die 350 Millionen Pfund, die Großbritannien angeblich pro Woche an die EU zahle, nach dem Brexit in die nationalen Gesundheitskassen fließen zu lassen. Eine Behauptung, die von Anfang an eine dreiste Unwahrheit zu sein schien – und sich mittlerweile auch als solche herausgestellt hat.

Korrekt ist jedoch, dass ebenjene Briten, die sich heute durch die deutsche oder eine andere europäische Staatsangehörigkeit eine Zukunft in der EU sichern wollen, meist diejenigen sind, die ohnehin längst in aller Ruhe ihr Recht als EU-Bürger ausüben, nämlich indem sie zum Zeitpunkt des Referendums innerhalb der Union lebten und arbeiteten. Menschen, die ihren Lebensunterhalt selbst bestreiten und sich um ihre eigenen Angelegenheiten kümmern. Viele dieser Menschen leben jedoch schon seit 15 Jahren oder länger außerhalb des Vereinigten Königreichs, auch ich als Auslandskorrespondentin, und waren deswegen nicht einmal berechtigt, mit ihrer Stimme Einfluss auf eine Entscheidung zu nehmen, die sie stärker betrifft als alle anderen.

Die sogenannte 15-Jahre-Regel, die 2015 im *Gesetz über ein EU-Referendum* verankert wurde, ist ein juristischer Sonderweg Großbritanniens, der dazu geführt hat, dass Millionen im Ausland lebenden Briten das Wahlrecht entzogen wurde. Die UN und die Weltbank schätzen, dass 5 Millionen Briten im Ausland leben, davon etwa 1,3 bis 1,8 Millionen in der EU – eine vermutlich eher konservative und daher zu niedrige Schätzung. Und alle diese Briten verlieren ihr Wahlrecht, wenn sie 15 Jahre oder mehr im Ausland gelebt haben.

Harry Shindler, ein 95-jähriger Weltkriegsveteran, der in Italien wohnt, und die in Belgien lebende Anwältin Jacquelyn MacLennan fochten das Gesetz vor dem Obersten Gerichtshof mit dem Argument an, es beraube sie gesetzeswidrig der Chance, ihre Stimme abzugeben, da ihnen das im EU-Recht verankerte Grundrecht der Freizügigkeit verwehrt werde. MacLennan, die zusammen mit Shindler für viele in der EU lebende Anti-Brexit-Briten zur prominenten Figur wurde, sagte, britische Staatsbürger, die im Ausland leben, hätten Rechte, Pflichten sowie eine Beziehung zu ihrem Land und dazu müsse auch die langfristig bestehende Möglichkeit gehören, an demokratischen Prozessen teilzunehmen. MacLennan sprach mir damit aus der Seele.

Aidan O'Neill, der Anwalt von Shindler und MacLennan, argumentierte außerdem, dass niemand ein berechtigteres Interesse am Abstimmungsergebnis habe als die zwei Millionen Briten, die außerhalb des Vereinigten Königreichs in Europa lebten. Sollte Großbritannien für den Brexit stimmen, würden diese Bürger möglicherweise zu Ausländern mit Aufenthaltsgenehmigung, so O'Neill.

»Ohne die britische Mitgliedschaft in der EU werden diese beiden britischen Staatsangehörigen nicht länger EU-Bürger sein«, betonte O'Neill im Namen der beiden Kläger. Der Ausgang des Referendums, sagte er, könne eine sehr direkte Auswirkung auf deren Leben haben. Zwei Monate vor dem Referendum entschied das Gericht gegen Shindler und MacLennan.

All das ging mir durch den Kopf, als ich hörte, wie Stephan Mayer von der CSU den Antrag der Grünen »integrationshemmend« nannte und ihnen vorwarf, »die Zwangsgermanisierung der Briten in Deutschland« voranzutreiben. Britische Bürger, sagte er, hätten ohne-

hin alle Rechte, bis auf das Wahlrecht bei Bundestags- und Landtags-
wahlen. Rüdiger Veit von der SPD schlug daraufhin wütend zurück:
»Es geht hier und heute nicht um eine Zwangsgermanisierung von
Briten«, sagte er. Es gehe vielmehr darum, »dass Briten uns grundsätzlich sehr willkommen sind« und dass »es damit im Prinzip auch wün-
schenswert wäre, wenn sich viele von denen, die die Voraussetzungen
erfüllen, hier bei uns einbürgern lassen«.

War das tatsächlich der Fall? Wurde ich zwangsgermanisiert? War
ich Teil einer »integrationshemmenden« Politik? Kann man einen
Menschen dazu zwingen, deutsch zu werden? Und was heißt es überhaupt, »deutsch« zu sein? Ich war dabei, genau das herauszufinden.

WHAT HAPPENED TO MY BRITISHNESS?   In dieser Zeit merkte
ich immer öfter, wie mein ganz instinktives, ursprüngliches Empfinden für das, was *Britishness* ist, ins Wanken geriet. Wie schnell sich das
Gefühl von Geborgenheit und Leichtigkeit verflüchtigt hatte, das ich
immer mit meiner Identität als Britin in Verbindung gebracht hatte.
Plötzlich war mir unwohl dabei, wenn meine Tochter mit ihrem Roller, den ihre Großeltern bei einer Tombola gewonnen hatten und auf
dem der Union Jack prangte, zum Kindergarten fuhr. Bis zum jetzigen
Zeitpunkt war dieser Roller Ausdruck für den *happy patriotism* gewesen, den fröhlichen Patriotismus, den die Briten, anders als die
Deutschen, jahrelang ausleben konnten. Eine weiche Macht, eine *soft
power*, ein Zeichen für das kulturelle Prestige, dem Tony Blair mit *Cool
Britannia* einen Namen gegeben hatte. *Cool Britannia*, das fühlte sich
plötzlich hohl an, geradezu ironisch, weil es mittlerweile zunehmend
für etwas ganz anderes stand: für die wahnsinnigen Exzesse nationalistischen Eifers. Mit anderen Worten für etwas, das Briten so gerne
für eine urdeutsche Spezialität gehalten hatten, eine Spezialität, gegen
die Großbritannien immun war. Oder etwa nicht?

Es zeichnete sich bald ab, dass die meisten meiner britischen Freunde, die schon geraume Zeit in Deutschland oder sonst wo im EU-Ausland gelebt hatten, sich ebenso wie ich um eine neue Staatsangehörigkeit bemühten. Wir sind keine Flüchtlinge, die einen physisch sicheren Schutzraum benötigen, aber wir alle bitten auf gewisse Weise um Asyl, um einen Ort, um einen Ausweg, nicht aus einem Krieg, sondern aus einer Kleingeistigkeit, die nicht zu unserem Ruf als Insel der Pragmatiker mit gesundem Menschenverstand passt, der über den Tellerrand blickenden, die Meere befahrenden, leichtfüßigen, geistesgegenwärtigen und clever verhandelnden Abenteurer.

Die Angst vor Konflikten jenseits von banalen Handelsstreitigkeiten mag übertrieben sein. Dennoch glaube ich an schwarzseherischen Tagen, egal ob mich reale Ereignisse, Hormone, eine Steuernachforderung oder alle drei zusammen pessimistisch stimmen, dass die Vorstellung, all das könnte zu Zuständen führen, zu denen kein Europäer zurückkehren möchte, nicht allzu weit hergeholt ist.

Wir Briten sollen stolz sein auf Großbritannien als den Geburtsort der parlamentarischen Demokratie, den Geburtsort von Fußball und Cricket, des ersten Computers, von Sandwiches, Briefmarken, modernen Versicherungen und Detektivromanen. Von Punk, den Beatles, Fairplay, dem weißen Hochzeitskleid, dem schwarzen Herrenanzug und dem Gentleman. Das mit dem Stolz ist allerdings schwierig geworden, nachdem Großbritannien sich in rasendem Tempo zu einem Land voller Fanatiker entwickelt hat. Zu einer populistischen Demokratie, in der die Boulevardpresse den Ton angibt, die mehr Macht hat als die gewählten Politiker und die herumposaunt, es sei dringend nötig, zu »grundlegenden britischen Werten« zurückzukehren, ohne dabei angeben zu können, was diese Werte genau auszeichnet und worin sie sich von den gesamteuropäischen unterscheiden. Denn eigentlich geht es doch nur um die ökonomischen Interessen Großbritanniens. Im Kern dreht sich alles schlicht ums Geld.

Was also ist dann dieses spezifisch Britische am Britisch-Sein? Seit ich meine eigene *Britishness* durch den Erwerb des deutschen Passes immer stärker verwässere, hat sich mir diese Frage immer häufiger und mit immer mehr Nachdruck gestellt. Ist *Britishness*, wie der frühere Premierminister John Major sagte (und damit George Orwell zitierte), gleichbedeutend mit den »langen Schatten auf Cricketplätzen, warmem Bier, unschlagbar grünen Vorstädten, Hundeliebhabern«? Oder bedeutet *Britishness*, wie die Künstlerin Tracey Emin meint, »aus dem Busfenster zu schauen und sexy, stylishe Menschen zu sehen, die lachen«? Oder wie Emma Thompson es eher trübsinnig bei der Berlinale formulierte, »ein kleines, wolkenverhangenes, verregnetes Quasi-Europa voller Kuchen, Kummer und Grau«?

Manchmal fühlt es sich dieser Tage an, als sei *Britishness* zusammengedampft auf kaum mehr als eine klebrige, sich selbst beweihräuchernde und nostalgisch angehauchte Sentimentalität bei Auftritten der Royals, auf Borniertheit, auf die Angewohnheit, Fremden gegenüber herablassend lauter zu sprechen, damit sie einen auch ganz sicher verstehen, auf einen an einem Stahlseil hängenden und Fähnchen schwenkend über den Victoriapark gleitenden Boris Johnson, auf einen nackt ins Meer springenden Nigel Farage – und natürlich auf den sprichwörtlichen Nieselregen.

Sogar der britische Humor, den ich am allermeisten schätze und den ich in Deutschland massiv vermisse, scheint über Bord gegangen zu sein. Im Juli 2016 beispielsweise twitterte ich über meine Begegnung mit einem afghanischen Taxifahrer in Frankfurt, der in Lachen ausgebrochen war, als ich ihm erzählte, ich sei aus Großbritannien. »Euer Land ist ganz schön am Arsch, was?«, hatte er gesagt. Über seinen schwarzen Humor musste auch ich lachen. Als Reaktion auf meinen Tweet bekam ich allerdings eine ganze Reihe abfälliger Kommentare zurück – unter anderem welche, in denen behauptet wurde, ich hätte mir die ganze Geschichte nur ausgedacht, und solche, in denen es hieß, ich könne ja von Glück sagen, dass der Afghane mich nicht vergewaltigt hätte.

DEUTSCHE REAKTIONEN Von Deutschland aus verfolgte ich nach dem Referendum die wild hin und her fliegenden Schuldzuweisungen, wer denn nun die Verantwortung für die prekäre Situation tragen würde. Zwischendurch berichtete ich für meine Zeitung über die Reaktionen in Deutschland und darüber, was die hiesigen Meinungsforscher aus dem Ergebnis machten. Jeder Pieps, der irgendwo auf der Welt zum Thema Brexit losgelassen wurde, wurde sofort von unserem Live-Blog aufgesaugt. Gleichzeitig bekam ich Anfragen von vielen deutschen Medien, ihnen diese Entscheidung, die die sonst doch immer so vernünftigen Briten da getroffen hatten, zu erklären. Ein Schweizer Fernsehsender, der mich auf der Berliner Marschallbrücke interviewte, den Reichstag im Hintergrund, wollte wissen, ob Deutsche mir gegenüber Schadenfreude geäußert hätten. »Im Gegenteil«, sagte ich, »die Deutschen machen oft einen noch aufgebrachteren Eindruck als viele Briten.« Ob es denn umgekehrt die Briten kümmere, was die Deutschen über das Referendum dächten, fragte der Journalist. »Kaum«, entgegnete ich. »Die Briten sind momentan ausschließlich mit sich selbst beschäftigt.«

Meine anfängliche Unfähigkeit, der deutschen Öffentlichkeit eine schlüssige Erklärung für das Verhalten meiner Landsleute zu liefern, hatte mir dabei geholfen, eine gründliche politische Bestandsaufnahme zu machen und mir über meine persönlichen Möglichkeiten klar zu werden. David Cameron hatte immerhin zu einem gewissen Maß Verantwortung gezeigt, als er nur wenige Stunden nach Bekanntgabe des Abstimmungsergebnisses seinen Rücktritt erklärte. Schließlich war er es gewesen, der das Referendum anberaumt hatte, um den Flügel seiner Partei ruhigzustellen, der seit Jahren für den Austritt aus der EU gekämpft hatte. Cameron hatte schlicht Angst gehabt, dass die Anti-EU-Partei UKIP den Konservativen Wählerstimmen wegnehmen würde, wenn es ihm nicht gelänge, für diesen Spleen der Brexit-Befürworter ein Ventil zu finden.

Aber mit seinem Rücktritt wusch Cameron seine Hände gewissermaßen in Unschuld. Er kümmerte sich nicht mehr um die Misere, die er angerichtet hatte, ging von Bord wie viele andere, die in das Referendum verstrickt gewesen waren, und brachte recht schnell Abstand zwischen sich und das ganze Chaos. Auf jeden Fall machte es schon bald nicht mehr den Eindruck, er sei zurückgetreten, um Buße zu tun, wie manche es zunächst interpretiert hatten. Nur wenige Monate später ging ein Foto um die Welt, das er und seine Frau von ihren postkoital nebeneinander drapierten, wohlpedikürten Zehen während eines Finca-Urlaubs in Spanien gemacht und auf Instagram gepostet hatten. Ich wand mich innerlich. Es war ein Bild, das genau eines zeigte, nämlich dass es ihm absolut gleichgültig war, was aus dem Monster werden würde, das er erschaffen hatte.

Übelkeit erregende Details kamen auch über Nigel Farage ans Licht, den Kopf der UKIP und wahren Anstifter des Referendums. Farage hatte seinen Sieg gefeiert, indem er nackt am Pier von Bournemouth ins Meer gesprungen war. Haha, zu komisch, wie überaus britisch, wie herrlich exzentrisch und grotesk! Und das alles vermischte sich mit immer neuen Meldungen von Angriffen auf Polen und andere EU-Bürger mit offenkundigem Akzent, von Menschen, die verbal und körperlich attackiert und deren Besitz verwüstet worden war.

Als diese Nachrichten nach und nach durchsickerten, wurde mir die Prekarität der Lage immer deutlicher bewusst, auf professioneller Ebene als Journalistin, aber auch persönlich. Mein Unwohlsein über die Richtung, die mein Land eingeschlagen hatte, wuchs proportional zu meiner Überzeugung, mit der Entscheidung für den Antrag auf die deutsche Staatsbürgerschaft das Richtige getan zu haben. Ich hatte das Gefühl, »mir die Kontrolle zurückzuholen« (eine der Lieblingsphrasen der Brexit-Befürworter), anzugehen gegen meine Enttäuschung und meine Hilflosigkeit und etwas zu unternehmen gegen das Gefühl, einem Haufen ultranationalistischer Populisten vollkommen ausgeliefert zu sein. Deutsche zu werden, war mein Ausweg.

Gleichzeitig fühlte ich mich in Anbetracht meiner Entscheidung immer wieder auf die Probe gestellt. Unabhängig davon, was man über Nationalität, Staatsangehörigkeit und das, was das alles heutzutage überhaupt noch zu bedeuten hat, denken mag: Die Essenz meines Seins geriet in den Blick und wurde einer genauen Prüfung unterzogen. Früher hatte ich nie ganz verstanden, warum Menschen so ein Gewese um den Pass machen, der in ihrer Tasche steckt – und jetzt fing ich selbst an, mir darüber Sorgen zu machen und mir so manche Frage zu stellen. Was bedeutete es rechtlich, eine neue Nationalität anzunehmen? Warum akzeptierten manche Länder die doppelte Staatsangehörigkeit, andere aber nicht? Würden meine Kinder ihr Recht auf die britische Staatsangehörigkeit verlieren, wenn ich Deutsche wurde? Und falls nicht sofort, dann vielleicht in der Zukunft?

Denn egal wie britisch ich mich auch fühlen mochte und wie wild entschlossen ich war, mir dieses Gefühl von keinem Populisten nehmen zu lassen: Mit meiner Entscheidung für die deutsche Staatsangehörigkeit dokterte ich doch massiv an meiner »kulturellen DNA« und an dem herum, wofür andere mich hielten. Möglicherweise riskierte ich, dass meine Bindungen an Großbritannien wenn schon nicht durchtrennt, so doch stark geschwächt oder zumindest verändert würden.

Gleichzeitig stand ich plötzlich kurz davor, eine rote Linie zu übertreten – und zum Gegenstand meiner eigenen journalistischen Berichterstattung zu werden. Und das nach Jahren als Auslandskorrespondentin für führende britische Zeitungen, deren Job es immer gewesen war, mit den Augen einer aus der Distanz beobachtenden Außenseiterin auf Deutschland zu schauen und meiner Nachrichtenredaktion von dem zu berichten, was ich sah – angefangen bei der Flüchtlingskrise und dem ewigen Aufstieg von Angela Merkel über die Leitkulturdebatten und das Erstarken der AfD bis hin zu Eisbärbabys, Kannibalen sowie Prozessen gegen rechtsextremistischen Terrorismus und linksextreme Ausschreitungen.

Nun bekam ich immer mehr Anfragen von deutschen Medien,

über mich zu sprechen, über meine persönliche Entscheidung, vor allem nach der Veröffentlichung eines Essays, den ich für die *Süddeutsche Zeitung* geschrieben hatte – und der die Keimzelle dieses Buchs ist.

Als Britin auf dem Weg zum deutschen Pass musste ich mich immer häufiger ganz konkret mit meiner Rolle und meinem Selbstverständnis als Journalistin auseinandersetzen. Bei der bereits erwähnten Bundestagsdebatte zur »Erleichterung der Einbürgerung«, die ich im Herbst 2016 verfolgt hatte, war ich persönlich Betroffene und kritische Beobachterin zugleich. Ich musste meine eigene Position vor dem Hintergrund der politischen Großwetterlage noch gründlicher, noch genauer reflektieren, um nüchtern in mein Büro zurückgehen und objektiv beobachten, analysieren und kommentieren zu können.

Als Britin und angehende Deutsche, als Beobachterin und Protagonistin meiner eigenen Geschichte, musste ich zwangsläufig einiges infrage stellen, vor allen Dingen meine *Britishness* und meinen Begriff von dem, was es bedeutet, deutsch zu sein. Ich musste immer wieder auf Distanz gehen, um nicht nur an der Oberfläche zu kratzen und mich zu fragen, ob es überhaupt möglich war, meine beiden Identitäten glücklich unter einen Hut zu bringen – und falls ja: wie?

2

IT'S COMPLICATED

GROSSBRITANNIEN UND EUROPA
SEIT WINSTON CHURCHILL

Eines der zentralsten Kennzeichen der britischen Identität ist die physische Abgeschiedenheit Großbritanniens vom Rest Europas. Das Dasein als Insel bringt die überaus praktischen Vorteile klar umrissener Grenzen mit sich. Das Meer gibt vor, wo die Landesgrenze verläuft. Linien auf Karten haben etwas Willkürliches, Strände und Klippen nicht. Wer eine Erinnerungshilfe braucht, wie eindeutig abgeschnitten die Insel tatsächlich ist, muss nur einen Spaziergang entlang der Küsten von Dover machen und staunen über den jähen Abfall der kalkigen Landmasse in den englischen Kanal – oder sich gruseln. Das harte Weiß unterstreicht den dramatischen Sturz ins Meer, und vom Flugzeug aus betrachtet ist der Kontrast noch größer und noch großartiger. Das Gefühl, durch diese physische Trennung vom Rest der Welt besonders begünstigt zu sein, ist bei vielen Briten stark ausgeprägt, genauso wie ihre Überzeugung, dass Großbritannien anders und etwas Besonderes ist, eben weil es ein Inselstaat ist.

Und deswegen gibt es diese eine Frage, die seit Jahrzehnten die öffentliche Meinung und die Parteien spaltet und über die schon mehr als ein Premierminister gestürzt ist, eine Frage, die unsere Nachbarn sprachlos und wütend gemacht hat. Und zwar diese: Sind wir ein Teil von Europa – oder ist Europa etwas anderes als wir? Geht es um »sie« oder um »uns«? David Cameron hat auf diese Frage mal geantwortet: »Sowohl als auch – aber wir sind etwas Besonderes.«

DIE IDEE VOM VEREINIGTEN EUROPA

In den verzweifelten Tagen des Jahres 1940, als Großbritannien mitten im Zweiten Weltkrieg steckte, eher skeptisch als hoffnungsvoll, dass man die Nazis würde besiegen können, verfolgte Winston Churchill die Idee einer vollständigen politischen Einheit. Im Juni 1940 wollte er verhindern, dass Frankreich an die Nazis fiel, indem er Großbritannien und Frankreich zu einem einzigen Land machte, einer unverbrüchlichen politischen Einheit, in der ein gemeinsames Kriegskabinett die Verteidigungsaufgaben übernahm und sich um die Wirtschaft auf beiden Seiten des Kanals kümmerte. Seine Regierung unterstützte diese Idee, wehrte sich aber mit Händen und Füßen gegen die Idee einer gemeinsamen Währung.

Es entbehrt nicht einer gewissen Ironie, dass Deutschland und Frankreich heute ja vor allem deswegen so stur an der Idee einer europäischen Union festhalten, weil eine solche politische Einheit ein Schutz vor kriegerischer Auseinandersetzung ist – und dass genau das wiederum der Grund für Churchill war, sich so leidenschaftlich für ein enges Bündnis mit Frankreich im Zweiten Weltkrieg auszusprechen – was heute vollkommen undenkbar wäre. Frankreich fiel 1940 nur kurze Zeit nach Churchills Vorstoß, und damit zerbrach auch die Idee einer politischen Union, zumindest in dieser historischen Phase.

Nicht lange nach dem Krieg jedoch, am 9. Mai 1948, schob Churchill die Idee eines vereinigten Europas erneut an, diesmal als ehemaliger britischer Premierminister und in seiner Rolle als Ehrenvorsitzender des Haager Europa-Kongresses. Bei einem Empfang in Amsterdam, der in die Geschichte einging, wurde er wie ein Popstar gefeiert, als er nach den »Vereinigten Staaten von Europa« rief, die ihre Differenzen endlich hinter sich lassen sollten.[2]

»Wir hoffen auf ein Europa, in dem die Menschen eines jeden Landes sich genauso sehr als Europäer sehen, wie sie sich ihrem Heimatland zugehörig fühlen, und dass sie das tun, ohne Abstriche machen zu müssen in ihrer Liebe und Loyalität zu dem Ort ihrer Geburt«, sagte Churchill in den aufbrandenden Beifall hinein. »Wir hoffen, dass die Menschen, wo auch immer sie sich befinden in diesem weitläufigen Gebiet, das als europäischer Kontinent keine Grenzen mehr hat, ein wahrhaftiges Gefühl haben von ›Hier bin ich zu Hause. Ich bin gleichermaßen ein Bürger dieses Landes.‹ Lassen Sie uns zusammenrücken. Lassen Sie uns zusammenarbeiten. Lassen Sie uns das Äußerste tun – zu unser aller Bestem.«

Er fuhr fort: »Wenn wir aber dieses großartige Ziel erreichen, diesen Preis erringen wollen, dann müssen wir jedes Hindernis zur Seite schaffen; wir müssen uns selbst überwinden. Wir müssen über die schweren Verletzungen, die wir uns zugefügt haben, hinausgehen, den ihnen zugrunde liegenden tiefen Hass überwinden. Alte Fehden müssen beigelegt, territoriale Begehrlichkeiten müssen aufgegeben werden. Nationale Rivalitäten müssen begrenzt werden auf die Frage, wer unserer gemeinsamen Sache wie seinen vornehmsten Dienst erweisen kann.« Worte, wie man sie von Churchill kennt – klar und schlicht mitreißend.

Aber trotzdem: Seine Ideen hatten schon damals etwas seltsam Vages und stark Vereinfachendes, und dabei blieb es auch. Es war unklar, ob er Großbritannien bei diesem gewagten Unterfangen eher als Geldgeber oder als aktiven Mitstreiter sah. Ob er fand, dass man sich in dieses europäische Vereinigungsprojekt einbringen oder nur vom Spielfeldrand ermutigend auf die anderen einwirken sollte. Eindeutig war er nur in einer Frage: Auch wenn diese Vorstellung bei einigen Teilnehmern des Europa-Kongresses sehr unpopulär war, so bestand Churchill doch darauf, dass der ehemalige Feind zum Klub dazugehören sollte. Er ging so weit zu sagen, man könne Europa ohne Deutschland nicht wiederaufbauen – eine für lange Zeit mehr als unpopuläre Sichtweise. So ist von Julian Amery, einem Parlamentsabgeordneten der Torys, der für Großbritanniens Eintritt in einen gemeinsamen Markt plädierte, überliefert, dass er über Churchills Worte zu Protokoll gab: »Es war, als hätte er in aller Öffentlichkeit einen fahren lassen.«

Ironischerweise war das Vereinigte Königreich also tatsächlich von Anfang an außen vor, weil es den Eindruck vermittelte, als Siegerstaat nicht Teil des Projekts sein zu müssen – vielleicht auch moralisch über dem Projekt zu stehen. Diese Zurückhaltung der Briten war immer da, und wenn man sich das vor Augen hält, ist es überraschend, wie tief Großbritannien schließlich überhaupt in das europäische Projekt eingestiegen ist. Von Anfang an liefen die Ideen dazu, wie dieses Europa aufgebaut werden sollte, den britischen Vorstellungen zuwider. Als der französische Staatsmann Robert Schuman, selbst ein gebürtiger Luxemburger, den politischen Ökonomen, Diplomaten und Mit-EU-Gründungsvater Jean Monnet aussandte, um die Briten zu überreden, mit an Bord zu kommen, war seine Bedingung, dass es sich um ein europäisches Projekt handeln müsse. Aber die Idee von einem Europa mit mächtigen zentralen Institutionen war nie etwas, das von einer britischen Regierung volle Unterstützung bekam.

Kurz: Die vorherrschende britische Sichtweise war stets, dass die Regeln des Klubs für »die anderen« passend gemacht werden mussten, nicht für »uns« – eine Ansicht, die schon immer ein Hemmschuh war für gute Beziehungen zwischen Großbritannien und der EU. Tony Blair, seiner Zeit ein leidenschaftlicher Europäer, hat es so formuliert: »Großbritanniens Problem mit Europa ist, dass wir Europa nicht erfunden haben und ganz zu Beginn nicht dabei waren.« Infolgedessen, so Blairs Einschätzung, »hatten wir immer das Gefühl, dass Europa uns angetan wurde und wir immer nur am Rand standen«. So, als hätte man eine Impfung bekommen, die man nicht wirklich wollte und bei der man auch im Rückblick unsicher ist, ob der Nutzen den Schmerz des Nadelstichs auch wirklich wettgemacht hat.

Entscheidend war auch, dass die Briten bei der Ausarbeitung der Römischen Verträge 1957 nicht anwesend waren. Helmut Schmidt hat zugegeben, über die britische Absenz so bestürzt gewesen zu sein, dass er sich nicht dazu durchringen konnte, den Vertrag zu ratifizieren. Er enthielt sich des Votums, weil er, wie er selbst sagte, »als überzeugter Europäer« sicher war, dass es ohne die Beteiligung Großbritanniens schiefgehen würde.

WENN DU SIE NICHT SCHLAGEN KANNST, DANN TU DICH MIT IHNEN ZUSAMMEN Niemand verkörperte die britische Ambivalenz gegenüber Europa besser als Harold Macmillan. Als von 1957 bis 1963 amtierender britischer Premierminister war Macmillan, der wegen seines Pragmatismus, seines Humors und seiner Unerschütterlichkeit den Spitznamen *Super Mac* weghatte, bald vom schnellen wirtschaftlichen Wachstum Westeuropas, insbesondere Deutschlands alarmiert. Großbritannien war zwar eine der Siegermächte des Zweiten Weltkriegs, wurde aber ökonomisch zunehmend abgehängt.

Macmillan war es jedoch auch, der in seiner Haltung gegenüber Europa eine außergewöhnliche Kehrtwende vollzog. Seine Idee: Wenn du sie nicht schlagen kannst, dann tu dich mit ihnen zusammen. In einem internen Vermerk, den er noch vor seiner Zeit als Premier verfasste, hieß es vielsagend: »Falls dieses Europa tatsächlich zustande kommt, wird Westeuropa von Deutschland dominiert und dazu benutzt werden, die deutsche Macht über den Weg der Wirtschaft wiederherzustellen. Europa serviert den Deutschen auf dem silbernen Tablett, wozu wir, um es zu verhindern, zwei Kriege geführt haben.«

Auch wenn es seltsam anmutet: Diese Geisteshaltung war zur damaligen Zeit durchaus gängig, und Macmillan war nicht allein mit seinem massiven Unwohlsein über die beherrschende wirtschaftliche Stellung Deutschlands und seiner Angst, der moralische Kriegsgewinn könnte eventuell nur wenig bedeuten, wenn man dann den ökonomischen Krieg verlöre und darum ringen müsse, überhaupt Essen auf den Tisch zu bringen. Dieses Gefühl wurde auch im Vorfeld und im Nachgang des Brexit-Referendums regelmäßig heraufbeschworen.

Im März 2017 vernahm ich entgeistert, wie Michael Heseltine, ein führender Tory und hartnäckiger Befürworter des Remain, also des Verbleibs in der EU, in einem Interview sagte, der Brexit sei gleichbedeutend damit, Deutschland »die Gelegenheit zu geben, den Frieden zu gewinnen. Und das finde ich einigermaßen inakzeptabel.«

Macmillan ließ den Vermerk im Juni 1960 seinen Kollegen zukommen und bat sie um ihre Meinung, ob Großbritannien der Gemeinschaft nun beitreten solle oder nicht. Diese Frage schlug ein wie eine Bombe. Macmillan übertrug dem Politiker Edward Heath die Aufgabe, Großbritanniens ersten Versuch, Teil der Europäischen Wirtschaftsgemeinschaft zu werden, zum Erfolg zu führen. Heath verbrachte 15 heikle Monate in Brüssel, wo er sich um Handelsbestimmungen stritt, die Großbritannien auf Linie mit den europäischen Strukturen bringen sollten. Anschließend stürzte er sich in die PR-Schlacht an der Heimatfront, um die Briten von den Vorteilen des Beitritts zu überzeugen und ihnen zu erklären, warum das Vereinigte Königreich überhaupt in Verhandlungen eingetreten war.

Den Gedanken, dass die britische Regierung fast 60 Jahre später erneut feilscht und streitet – dieses Mal allerdings mit exakt gegenläufiger Zielsetzung –, finden viele Briten sehr schmerzhaft. Damals wurde betont, Großbritannien trete doch nur einer primär wirtschaftlichen Gemeinschaft bei. Die Gegner aber argumentierten schon zu jener Zeit, allein zum Klub zu gehören, untergrabe bereits die britische Souveränität. Diese Opposition Anfang der 1960er-Jahre wurde angeführt von Hugh Gaitskell von der Labour-Partei, der 1962 sagte: »Wir haben eine andere Geschichte sowie Bindungen und Verstrickungen, die rund um den Erdball laufen.« Und er warnte: Wenn Großbritannien in die Europäische Gemeinschaft eintrete, bedeute das »das Ende Großbritanniens als unabhängigem Nationalstaat, das Ende einer tausendjährigen Geschichte«.

Macmillan, ein waschechter, stramm konservativer Tory, wollte allerdings unbedingt Teil der Gemeinschaft werden und war bitter enttäuscht, als Charles de Gaulle ihm sagte, der Beitritt seines Landes sei zum jetzigen Zeitpunkt noch nicht möglich. »Es geht hier gar nicht um Befindlichkeiten«, meinte de Gaulle, »sondern um Zahlen und Fakten« – und kam mit einer Variation auf einen Edith-Piaf-Text zum Schluss seiner Zurückweisungsrede: »Ne pleurez pas, Milord«. Angeblich war Macmillan auf dem Flug zurück nach London tatsächlich in Tränen aufgelöst.

Im Januar 1963 legte de Gaulle den Finger noch tiefer in die Wunde, als er vor einem mit Hunderten Journalisten besetzten Saal sagte, England sei insular und maritim. Er erklärte, Englands Natur, Struktur und wirtschaftliche Verfasstheit unterscheide sich tiefgreifend von der der Länder auf dem Kontinent, und fügte noch tröstend hinzu: »Es ist jedoch nicht ausgeschlossen, dass England sich genügend verändert, um der Europäischen Gemeinschaft beitreten zu können.« Die britischen Pressevertreter reagierten empört auf diese Arroganz.

Doch de Gaulle streute einigermaßen gemein noch mehr Salz in die Wunde: »Es wäre für den britischen Premierminister, meinen Freund Mr. Harold Macmillan, und seine Regierung eine große Ehre, ihrem Land bei seinen ersten Schritten geholfen zu haben in Richtung eines Wegs, der eines Tages vielleicht dahin führt, dass dieses Land am Kontinent festmacht.« Die Demütigung, die man in Großbritannien empfand, war überwältigend.

Vielleicht wollte de Gaulle die Briten mit einer Prise französischer Leidenschaft anstecken. Vielleicht wusste er aber auch sehr gut, dass es keinen besseren Weg gab, die Begeisterung der Briten für Europa zu entfachen, als sie aus dem Klub auszuschließen. Jedes Kind weiß, dass man gerade dann unbedingt auf eine Geburtstagsparty gehen will, wenn man nicht eingeladen ist. Während der folgenden zehn Jahre arteten die Versuche, die Franzosen von ihrer Position abzubringen, fast zur Besessenheit aus. Mittlerweile war Edward (Ted) Heath britischer Premierminister, und Georges Pompidou, de Gaulles Nachfolger, zeigte sich für Diskussionen sehr viel offener.

Alles, was ich bis hierher über Großbritannien und Europa gesagt habe, ist für mich selbst so etwas wie eine Präambel. Ich bin im Jahr 1971 geboren, in einer Zeit, als das britisch-europäische Drama zum nächsten Akt überging und sich noch einmal deutlich verschärfte. Man kann also mit Fug und Recht behaupten, dass das Thema EU mein gesamtes Leben bestimmt hat.

In genau diesem Jahr, 1971, entschied Heath, sich der kulinarischen Diplomatie zu behelfen. Zusammen mit Christopher Soames, dem britischen Botschafter in Frankreich, der in gewissem Umfang ein Feinschmecker war, heckte er den Plan aus, in der Pariser Botschafts-residenz ein Festessen zu veranstalten. Aufgetischt wurden unter anderem schottische Meerforelle und englisches Lamm. Und tatsächlich: Das französische Veto gehörte bald der Vergangenheit an, und Großbritannien bekam grünes Licht für den Beitritt.

Nach einer sechstägigen Unterhausdebatte stimmte das britische Parlament mit überwältigender Mehrheit dafür. Harold Macmillan entzündete auf den weißen Klippen von Dover ein Freudenfeuer. Dasselbe hatte man auch am Tag des Sieges getan, um nach dem Ende des Zweiten Weltkriegs den Frieden in Europa zu feiern. Ein von Euphorie getragenes Ereignis. Die Tatsache, dass Politiker es damals für angemessen hielten, auf diese große symbolische Geste zurückzugreifen, zeugt davon, dass – Überraschung! – sogar Großbritannien hin und wieder eine ähnlich idealisierte Vorstellung von der Europäischen Gemeinschaft und deren Beitrag für den Frieden auf dem Kontinent gehabt hat wie die Deutschen und die Franzosen, als deren Domäne die Idee ja meisthin gilt. Auch wenn ich zu jung bin, um mich an dieses Feuer zu erinnern, kann ich doch vollkommen aufrichtig sagen, niemals wieder eine ähnliche Haltung bei einem Briten erlebt zu haben.

Also: Das Vereinigte Königreich war jetzt Mitglied der Europäischen Wirtschaftsgemeinschaft, wie es damals noch hieß. Mit diesem Europa-Konzept bin ich aufgewachsen: der EWG. Ironischerweise war es eine Deutsche, die – der deutschen Passion für das Projekt ungeachtet – die ganze Sache fast zum Scheitern gebracht hätte, indem sie Ted Heath mit einer Flasche Tinte bewarf. Die im deutschen Murnau geborene Marie-Louise Kwiatkowski schüttete genau in dem Moment Druckerschwärze über Heath aus, als er am 22. Januar 1972 im Brüsseler Egmont Palace eintraf, um jene Verträge zu unterschreiben, die dem Vereinigten Königreich Zutritt zur Europäischen Gemeinschaft gewährten.

Kwiatkowskis Beweggründe hatten offenbar noch nicht einmal etwas mit Europa zu tun. Es ging ihr wohl lediglich darum, dagegen zu protestieren, dass die britische Regierung der religiösen Gemeinschaft, der Kwiatkowski angehörte – dem Institute for Personal Development –, den Bau eines Konferenzzentrums untersagt hatte. Kwiatkowski nahm sich 1976 in einem schwedischen Gefängnis das Leben. In jüngerer Zeit kursierte die These, sie und ihr Ehemann hätten damit gedroht, Heath als Homosexuellen zu outen. Der Tintenvorfall sei lediglich Teil eines Geheimplans gewesen, Heath zu entmachten. Wie auch immer: Es dauerte eine geraume Zeit, die dicke, schwarze Tinte von Heaths Gesicht und Kleidung zu entfernen, und er kam mit großer Verspätung zur feierlichen Unterzeichnung der Verträge.

Auch wenn Kwiatkowski selbst den britischen EWG-Beitritt gar nicht als Bedrohung gesehen hatte, so gab es doch viele, die genau das taten und denen ihre Aktion mehr als willkommen war, darunter einige innerhalb der konservativen Partei. Die Torys, die den pro-europäischen Kurs unterstützten, wurden von Heaths Kabinett überaus charmant als »die Strammen« bezeichnet, diejenigen, die dagegen waren, hießen »die Schisser«, und die Unentschiedenen waren »die Bettnässer«.

AVOCADOS, ABBA UND
FRANZÖSISCHE FEDERBETTEN

Auch wenn die Feuer auf den Klippen von Dover auf eine Nation in Feierlaune zu verweisen schienen, hatte die Entscheidung zum Beitritt doch nicht die einhellige Zustimmung des britischen Volks. Nur ein Jahr nach dem Beitritt stellte Großbritannien seine Mitgliedschaft schon wieder infrage und plante ein Referendum, dem von 2016 nicht unähnlich. »Wir sollten uns aus dem gemeinsamen Markt raushalten – immerhin haben wir uns schon zwei Mal um die Deutschen gekümmert«, war eine typisch missmutige Antwort der EG-Gegner.

Auf britischen Straßen gab es vor der Abstimmung von 2016 oft noch viel mehr Schulterzucken. Jack Straw, früher Außenminister in der Labour-Regierung unter Tony Blair, sagte es ganz lapidar so: »Manche sind mit Leidenschaft dabei, entweder für die eine oder die andere Seite, dafür oder dagegen. Den meisten aber ist das alles größtenteils gleichgültig. Es ist wie mit dem Wetter – sie arrangieren sich einfach damit.«

1975 war ich vier. Mein Leben drehte sich vor allem um meine kleine Schwester, die ich und mein Bruder Ende des vorangegangenen Jahres von meiner Mutter geschenkt bekommen hatten und zu der ich, wie sich herausstellen sollte, eine immer etwas komplizierte Beziehung haben würde. Ein Sinnbild für das unstete Verhältnis Großbritanniens zu Europa, in dem es ebenfalls wimmelt vor Missverständnissen und scheiternden Versuchen, sich näherzukommen (auch wenn ich glaube, dass wir nie aufhören werden, es zu versuchen).

Ich bin mir sicher, dass Europa für meine Eltern nie eine Herzensangelegenheit war. Für sie, wie für die meisten Briten, war Europa zuallererst ein Urlaubsort, den man bewunderte, wenn auch nur bis zu einem gewissen Grad. Gleichzeitig aber war es auch eine Gegend, vor der es sich in Acht zu nehmen galt. Die Hochzeitsreise meiner Eltern führte sie 1968 nach Mallorca, zu einer Zeit, als die Pauschalreise noch eine große, weil relativ neue Sache war. Man hütete sich davor, Leitungswasser zu trinken. Zum Frankreichurlaub nahm man im Wohnwagen sein eigenes Essen mit, am liebsten Frühstücksfleisch oder Corned Beef – also industriell verarbeitete Wurstwaren in Dosen, denn Nahrungsmittel im Ausland waren teuer, seltsam und schienen wenig vertrauenswürdig. Am Ende der Ferien aber brachte man sie dann den Freunden mit (Brie, Wein etc.) und brüstete sich damit, »auf dem Kontinent« gewesen zu sein.

Ab den frühen 1970er-Jahren, ich war noch ein Baby, machten wir die unterschiedlichsten Urlaube auf dem Kontinent. Santa Ponsa taufte ich – oder meine Eltern – ein schwarz-weißes Kuscheltier, das ich aus einem Klubhotel auf Mallorca mitgebracht hatte, das genauso hieß. Seine nur mit Draht befestigten Augen fielen ständig raus. Über die Jahre gelangte ich in den Besitz von diversen ähnlichen Geschöpfen, alle aus Urlaubsaufenthalten in Europa mitgebracht, darunter ein Esel und eine spanische Flamenco-Tänzerin. Meine Eltern hatten so gut wie nie Einwände gegen deren Sicherheit, aber wenn die Drähte drohend aus ihnen hervorragten, landeten sie – sehr zu meinem Entsetzen, da ich mich längst in jedes von ihnen verliebt hatte – umgehend in der Mülltonne.

Kein Land in Europa hatte damals besonders ausgefeilte Gesundheits- und Sicherheitsvorgaben. Das war auch in Großbritannien nicht groß anders. Aber trotzdem galten diese schlecht fabrizierten Spielzeuge meinen Eltern als typisch kontinentaleuropäisch, als fehlerhafte Ware, der einfach nicht zu trauen war. Wir sprechen natürlich von einer Zeit, als Spanien noch gar nicht in der Europäischen Gemeinschaft war, aber ich glaube trotzdem, dass damals kein einziges Land auf dem Kontinent Sicherheitsstandards hatte, wie sie heute üblich sind.

Und dann waren da die Toiletten, wie sie für ein kleines englisches Mädchen irritierender nicht hätten sein können. Ich weiß noch, wie ich auf einem französischen Campingplatz mal in die Dusche gepinkelt habe, weil ich dachte, sie sei eine ganz normale französische Toilette. Ganz ehrlich, sie sah auch nicht groß anders aus – was auch meine Mutter zugeben musste, als sie gleichzeitig mit mir schimpfte. Vor allem aber hatte diese Dusche eben dieses gewisse »Andere«, gehörte voll und ganz zum »Kontinent« und war nichts, was mit »uns« auch nur annähernd etwas zu tun hatte.

Reichere Leute hatten offenbar, das erkenne ich rückblickend, schon früh einen besseren Draht zum Kontinent. Sie besaßen nämlich »Kontinentalbettdecken«, schwere Bettdecken in einem Stück, auch als Eiderdaune bekannt. Der Rest von uns behalf sich damals mit mehreren Schichten aus Bettlaken und Wolldecken, was bei der Wäsche ein Albtraum gewesen sein muss. Auch wir bekamen erst Mitte der 1980er-Jahre, so erinnerte sich mein Bruder, richtige Federbetten – eine Revolution! Weiche, leichte Bettdecken, die mit Polyester (wenn man Glück hatte, sogar tatsächlich mit Federn) gefüllt waren und die Wärme speicherten. Sie ersetzten beinahe über Nacht unsere Laken und Decken. Wir erkannten den französischen Ursprung im englischen Wort für Federbett, *duvet*, und empfanden es so, dass »da drüben« doch auch einiges besser war.

Ungefähr zur selben Zeit wurden Bidets zur tragenden Säule des durchschnittlichen Badezimmers, obwohl die meisten Briten wohl nie so richtig begriffen haben, wie man sie benutzt und über das Waschen von schmutzigen Socken hinaus in die tägliche Hygieneroutine einbaut. Avocados und Liebfrauenmilch kamen auf den Markt, außerdem ein französischer Perlwein, der irgendwie so was wie *Le Piat D'Or* hieß. Es war der Gipfel der feinschmeckerischen Raffinesse, eine Flasche davon im Einkaufswagen zu haben und den Wein zu Hause zusammen mit Krabbencocktail-gefüllten Avocadohälften zu kredenzen. Die Werbung ging so: »*The French adore Le Piat D'Or*« (»Die Franzen vergöttern Le Piat D'Or«). Der Schock war einigermaßen groß, als wir Franzosen fragten, wie viel sie denn üblicherweise davon tränken, und erfahren mussten, dass sie noch nie davon gehört hatten.

Wir fühlten uns dann entweder dumm, weil wir der Werbung auf den Leim gegangen waren, oder wir waren überzeugt, zufällig völlig untypischen Franzosen über den Weg gelaufen zu sein.

Und da wir schon bei den Franzosen sind: Ungefähr zur gleichen Zeit wurde auch Perrier-Tafelwasser bei uns eingeführt. Es wurde das zentrale Accessoire des damals im Entstehen begriffenen Typus des Yuppies – also des modebewussten, gut bezahlten Mittelschichtsangehörigen mit der Ambition, in die Oberschicht aufzusteigen. Davor hatte Mineralwasser nicht die geringste Rolle im britischen Alltag gespielt. Leitungswasser war immer vollkommen ausreichend gewesen. Plötzlich aber konnte man ohne dieses Prickeln offenbar nicht mehr leben.

Auch jenseits von Urlaub und Kulinarik waren es eher die weniger politischen Dinge, die unser Verhältnis zum Kontinent prägten. 1974 war Großbritannien Gastgeber des Grand Prix d'Eurovision. Nicht etwa, weil wir im Vorjahr gewonnen hätten, sondern weil Luxemburg, der Gewinner von 1972 und 1973, die Show aus Kostengründen nicht zum zweiten Mal hintereinander ausrichten wollte. Die BBC entschied, den Grand Prix im Seebad Brighton abzuhalten. Der Sieg ging – bis heute unvergessen – an Schweden, genauer an Abba mit ihrem mitreißenden Song *Waterloo*.

Großbritannien hatte den Grand Prix mit großer Euphorie ausgerichtet, was widerspiegelt, wie beliebt der Wettbewerb im Vereinigten Königreich schon immer gewesen ist – egal, wie halbherzig man sich Europa ansonsten annäherte. Das Finale war immer ein Ereignis, ein Anlass, zusammen vor dem Fernseher zu sitzen und sich zu amüsieren, sich über die europäische Konkurrenz lustig zu machen und sich ihr sowohl in modischer als auch in popmusikalischer Hinsicht latent überlegen zu fühlen. Und sich bei schlechtem Abschneiden (was durchaus häufig vorkam) dafür abgestraft zu fühlen, dass Großbritannien bei irgendeiner EG-Angelegenheit quergeschossen hatte. Mit unserer nationalen musikalischen Kompetenz, davon war man gemeinhin überzeugt, hatte ein schlechtes Ergebnis auf jeden Fall nichts zu tun.

Auch wenn der Grand Prix für die meisten etwas war, worüber man sich mokierte, reagierten nach dem Referendum 2016 viele Briten mit plötzlichem Entsetzen, als ihnen der Gedanke kam, bei dem Gesangswettbewerb jetzt vielleicht nicht mehr mitmachen zu dürfen. Vergiss die allgemeine Freizügigkeit oder den zollfreien Handel – der Eurovision Songcontest steht auf dem Spiel …!

DAS REFERENDUM VON 1975

Im November 1974, nur wenige Monate, nachdem er Willy Brandt als deutscher Bundeskanzler abgelöst hatte, kam Helmut Schmidt nach Großbritannien – der, wie bereits erwähnt, reges Interesse an einer britischen Beteiligung in europäischen Angelegenheiten hatte –, in der Hoffnung, bei einem Parteitag der Labour-Partei die Delegierten umzustimmen. Ihm war bewusst, dass Großbritannien kurz davor stand, wieder aus der Gemeinschaft auszutreten. Als gebürtiger Hamburger, der, wie er sagte, »die Anglophilie mit der Muttermilch aufgesogen« hatte und zudem gut Englisch sprach, empfand er es als seine Pflicht, diese Gefahr abzuwenden und Großbritannien in Kerneuropa zu halten. Gleichzeitig aber wusste Schmidt, dass er Verständnis an den Tag zu legen hatte für die Euroskeptiker und die britischen Vorbehalte.

Die große Herausforderung – eine Herausforderung, die viele Deutsche auch heute noch als solche erkennen würden – bestand für Schmidt darin, nicht als der herrische Deutsche aufzutreten, der den Briten sagt, was sie zu tun haben. Entgegen aller Erwartungen aber gelang es ihm, einen zugewandten, fairen Ton anzuschlagen, sodass sich bei nicht allzu vielen die Nackenhaare aufstellten, als er dem Parteitag sagte, man solle die antieuropäische Haltung doch noch einmal überdenken.

Energisch plädierte er für den Verbleib der Briten in der europäischen Gemeinschaft, räumte aber zur allgemeinen Belustigung ein, dass er sich gerade fühle, als wolle er die Heilsarmee – eine protestantische Bewegung, bei der Alkoholabstinenz die Bedingung für die Mitgliedschaft ist – von den Vorzügen des Trinkens überzeugen.»Ihre Genossen auf dem Kontinent wollen, dass Sie bleiben, und, bitte, werfen Sie dieses Wissen mit in die Waagschale, wenn Sie über Solidarität sprechen«, sagte er mit breitem Akzent, aber auch mit viel Warmherzigkeit und Humor, was ihm Lacher und Applaus einbrachte.[3]

Als ich 1975 als zarte Vierjährige eingeschult wurde (was im Vereinigten Königreich üblich ist), war der Wahlkampf im Vorfeld des Referendums eines der dominierenden politischen Themen. Nicht dass ich mich daran erinnern kann. Ich war viel zu beschäftigt damit, lesen und schreiben zu lernen und auf dem Spielplatz meiner katholischen Grundschule wie eine Besessene Abbas *Waterloo* und Rod Stewarts *Sailing* zu üben. Dass die Menschen um mich herum Angst gehabt hätten, daran kann ich mich partout nicht erinnern. Aber wenn sie mir heute von dieser Zeit erzählen, dann muss die Angst eindeutig da gewesen sein. Großbritannien befand sich im Griff massiver Arbeiterunruhen. Die Infrastruktur brach zusammen, der Müll türmte sich auf den Straßen, die Inflation lag bei 27 Prozent. Das Land wurde allgemein als wirtschaftlich hoffnungsloser Fall betrachtet und bekam den Spitznamen »der kranke Mann Europas« (schon mal gehört?).

Während ihrer Wahlkampftour befürworteten damals sogar die Tory-Nationalisten eine stärkere europäische Integration unter dem Motto *Support Your Local Continent*. Auch Margaret Thatcher, eher bekannt für Rüschenkragen-Blusen und Handtaschen, zeigte sich derart begeistert für das europäische Projekt, dass sie einen ziemlich exzentrisch geschnittenen Pullover anzog, auf dem die Fahnen jener neun Staaten prangten, die damals die Europäische Gemeinschaft ausmachten. Thatcher, damals Vorsitzende der oppositionellen Konservativen, trug ihn, soweit man weiß, nur ein einziges Mal, und zwar am Wahlabend, um ihre Unterstützung für das europäische Handelsabkommen zu signalisieren. Aber der in einer Strickerei in Schottland hergestellte bunte Pulli wurde über Nacht zum Mode-Hit.

Die Abstimmung fand dann am 5. Juni statt. Unter den gegebenen Umständen – mit einer Stimmung im Land, die sich auf einem Tiefpunkt befand, so tief wie seit den frühen 1940er-Jahren nicht mehr, und mit dem Gefühl, dass es eigentlich nur besser werden konnte – war es wenig überraschend, dass die Menschen mit einer Zweidrittelmehrheit »Ja« sagten zum Verbleib in der EG. Aus reiner Verzweiflung, möchte man meinen. Trotzdem gab es weiterhin beträchtliche Zweifel und Bedenken. Eine häufig geäußerte Ansicht war: »Ich habe zwar für den Beitritt zu einem gemeinsamen Markt gestimmt, aber was daraus geworden ist, ist etwas ganz und gar anderes, und ich mache mir Sorgen, was da noch kommt.«

Dass Thatcher, die, als sie an die Macht kam, die größte Befürworterin der Europäischen Gemeinschaft war, heute die Galionsfigur derjenigen ist, die auf schnelle Brexit-Verhandlungen drängen, hat allerdings seine ganz eigene Ironie. Ihr berühmter Pullover wurde übrigens 2016 vor dem Referendum wieder aus der Mottenkiste geholt, als eine Modefirma in Serienproduktion ging und ihn für 45 Pfund das Stück unters Volk brachte. »Die Idee kam uns, gleich nachdem das Referendum anberaumt worden war«, sagte Emma Shore, die fürs Marketing verantwortliche Managerin, dem *Telegraph*. »Wir sind über die Bilder von Thatcher gestolpert und haben uns dann mit der Geschichte und der Bedeutung dieses Strickteils beschäftigt. Uns ist besonders aufgefallen, wie positiv der Wahlkampf damals im Gegensatz zu heute war. Wie viel klare Zustimmung es zu einem gemeinsamen Europa gab – und dazu noch Slogans, die tatsächlich für etwas standen.« Und weiter: »Diese starke, schlichte Botschaft hat uns gefallen, dieser Mut, die eigenen Ansichten nach außen zu kehren.«[4]

DIE THATCHER-ÄRA

Die Liebe zum Radio, die mich schon fast mein ganzes Leben begleitet, nahm wahrscheinlich Weihnachten 1978 ihren Anfang. Das lag an dem kleinen silbernen UKW- und Mittelwelle-Transistorradio, das mir mein Onkel, ein Journalist, schenkte. Als ich es am 4. Mai 1979 frühmorgens einschaltete und hörte, dass Margaret Thatcher Premierministerin geworden war, fühlte ich Freude in mir aufsteigen. Schließlich hatten sich meine Eltern genau das erhofft, und ich als Achtjährige hatte keinen Anlass, zu bezweifeln, dass die Wünsche meiner Eltern zum Wohle der Gesellschaft auch meine Wünsche sein sollten.

In welchem Ausmaß ich auch ihre euroskeptischen Ansichten unreflektiert in mich aufgesaugt habe, kann ich nicht sagen. Ich erinnere mich nur, dass ich eine Menge wusste über die irrwitzigen Butterberge und die Milchquoten, die bei den Gesprächen am Abendbrottisch oft im Mittelpunkt standen. Der Cousin meines Vaters hatte in der Grafschaft Surrey eine kleine Milchfarm und wir fuhren dort oft zu Besuch hin. Über seinen tagtäglichen Kampf mit den Quoten und der Bürokratie sowie mit den Strafgebühren für die Überproduktion von Milch wurde bei ihm zu Hause regelmäßig diskutiert, was sicher prägenden Einfluss auf die schlechte Stimmung hatte, die sich innerhalb meiner Familie gegenüber der EG breitmachte.

Ein anderer bedeutsamer Vorfall, der mir noch sehr präsent ist, ereignete sich vor ungefähr 25 Jahren, als meine Mutter in ihrem kleinen Steilheck-Peugeot von einem aggressiven französischen Lkw-Fahrer in einem Kreisverkehr unserer Heimatstadt massiv geschnitten wurde. Sie hatte die Ruhe und Geistesgegenwart, sich das Nummernschild aufzuschreiben und sofort zur Polizei zu gehen. Sie nahm ohne den geringsten Zweifel an, die Polizei würde umgehend die Verfolgung des Fahrers aufnehmen, und war entsprechend entgeistert, als sie erfuhr, die britische Polizei dürfe mangels belastbarer rechtlicher Rahmenbestimmungen nichts unternehmen, um den Fahrer festzusetzen, denn der sei nicht in Großbritannien gemeldet. »Und wozu haben wir dann die Europäische Gemeinschaft?«, war ihr erbitterter Kommentar. Ich finde, in dieser Hinsicht hatte sie irgendwie recht, zumindest was ihr durchaus nachvollziehbares Ungerechtigkeitsgefühl anbelangt. In ihrem Herzen hatte es sicher noch nie allzu viel Platz für die Idealisierung Europas gegeben, aber seit diesem Tag gab es gar keinen mehr. Die Enttäuschung meiner Mutter über diesen offensichtlichen blinden Fleck der EG war symptomatisch für die Enttäuschung, die viele Briten schon damals empfanden.

Sobald Margaret Thatcher im Amt war, agierte sie Europa gegenüber ausgesprochen feindselig. 1979 legte sie den Ton fest für die kommenden Jahre, als sie sich kurz nach ihrem Amtsantritt auf einem Gipfel bitterlich über die überhöhten Beiträge Großbritanniens beschwerte und damit einen Haushaltsstreit vom Zaun brach. Sie behauptete, Großbritannien bezahle unfairerweise die Rechnungen für alle anderen und sei nicht länger bereit, »nur die Hälfte vom Kuchen« zu akzeptieren. Eine angemessene Wortwahl für die Tochter eines Kolonialwarenhändlers.

Thatchers berühmteste Formulierung die EG betreffend aber war »*I want my money back*« (»Ich will mein Geld zurück«), eine Forderung, deren Echo noch in den jüngsten Streitigkeiten über die Frage widerhallte, wie viel das in den Vorbereitungen zum Austritt steckende Großbritannien der EU schulde. In Fontainebleau gelang es Thatcher tatsächlich, einen Teil des bereits überwiesenen Geldes zurückzubekommen – eine berühmt-berüchtigte Rückzahlung, die ihre Popularität zu Hause erheblich steigerte.

Das Thema Rückzahlungen ist seit jeher eines der am kontroversesten diskutierten in der Geschichte der EU-UK-Verhandlungen, und es hat zu beträchtlicher Missstimmung geführt, dass das Vereinigte Königreich als einziger Mitgliedsstaat in den Genuss regelmäßiger Rückzahlungen kommt und nicht wie andere Staaten nur einen zeitlich beschränkten Nachlass auf die Beitragszahlungen erhält.

Los ging es im Grunde damit, dass die Mitgliedsstaaten der Europäischen Gemeinschaft gebeten wurden, einen Anteil ihrer jährlichen Mehrwertsteuereinnahmen zur Finanzierung der steigenden Kosten, vor die die Organisation sich gestellt sah, in einen gemeinsamen Topf zu geben. Was im Ergebnis dazu führte, dass das Vereinigte Königreich bald einer der größten Geldgeber des europäischen Haushalts wurde. Zum damaligen Zeitpunkt wurden fast 70 Prozent des EU-Etats für die gemeinsame Agrarpolitik ausgegeben, wovon Großbritannien wiederum nur wenig profitierte, weil Landwirtschaftssubventionen dort gänzlich anders funktionierten. Fontainebleau, so sah es zumindest Thatcher, war lediglich ein Versuch, dieses Ungleichgewicht zu korrigieren. Kurz: Die Beitragsermäßigung der Briten für den europäischen Haushalt belief sich auf mehr oder weniger 66 Prozent der Differenz zwischen dem, was das Vereinigte Königreich an Beiträgen einzahlte, und dem, was es aus EU-Töpfen erhielt.

Thatcher hat vielleicht bekommen, was sie wollte, musste dafür aber ihren Vorsatz aufgeben, sich konstruktiv ins europäische Projekt einzubringen. Die Grundstimmung der produktiven Zusammenarbeit war nun vollständig kollabiert, und die Position Großbritanniens hatte gelitten, ja, war ein für alle Mal geschwächt worden.

In der beliebten Polit-Sitcom *Yes Minister*, die in Westminster spielt und die wir uns als Familie oft gemeinsam angeschaut haben, gibt es eine Szene, die ich als Kind größtenteils nicht verstanden habe. Aber ich fand es großartig, dabei zuzusehen, wie sich meine Eltern, vor allem mein Vater, auf dem Sofa vor Lachen kringelten. Die besagte Szene stammt aus einer Episode aus dem Jahr 1981. Zwei Kabinettsmitglieder diskutieren darin über den Daseinszweck des europäischen Projekts und bringen die britische Einstellung gegenüber der Europäischen Gemeinschaft in all ihrer Halbherzigkeit und Skepsis wunderbar überspitzt auf den Punkt:

»Europa ist eine Gemeinschaft der Nationen, die sich einem gemeinsamen Ziel verpflichtet fühlen«, findet James Hacker.

Sir Humphrey Appleby lacht auf.

HACKER: »Vielleicht dürften alle erfahren, was daran so lustig ist?«

APPLEBY: »Sehen wir uns das Ganze doch mal objektiv an. Europa ist ein Spiel, das im Sinne nationaler Interessen gespielt wird. Und es war nie etwas anderes. Was glauben Sie denn, warum wir da mitgemacht haben?«

HACKER: »Um die brüderliche Verbundenheit der freien westlichen Nationen zu starken.«

APPLEBY: »Ach wirklich? Wir machen doch nur mit, um einen Keil zu treiben zwischen die Franzosen und die Deutschen und so den Franzosen richtig schön einen reinzuwürgen.«

HACKER: »Aha. Und warum machen die Franzosen dann mit?«

APPLEBY: »Um ihre unwirtschaftlich arbeitenden Bauern vor dem freien Wettbewerb zu schützen.«

HACKER: »Das aber trifft doch für die Deutschen sicher nicht zu!«

APPLEBY: »Nein, nein, die sind dabei, um sich reinzuwaschen von ihrem Völkermord und sich um die Wiederaufnahme in die menschliche Rasse zu bewerben.«

Was eine gleichermaßen geistreiche wie schwarzhumorige Persiflage der britischen Gefühlslage Europa gegenüber ist. Wie bedauerlich, dass Hacker und Appleby nicht mehr da sind, um jetzt auch die Brexit-Debatte zu parodieren …

Thatcher stimmte dann für die Einheitliche Europäische Akte, die erste grundlegende Überarbeitung der Römischen Verträge von 1957, die 1987 in Kraft trat und die, weil sie den Mehrheitsentscheid in deutlich mehr Belangen möglich machte, als Ausgangspunkt für tatsächliche Veränderungen in Europa interpretiert wurde. Bizarrerweise hat Thatcher später eingeräumt, sich über die Tragweite der Entscheidung nicht im Klaren gewesen zu sein, ja noch nicht einmal genau gewusst zu haben, wofür sie da eigentlich stimmte. Sie versuchte, ihren Patzer zu kaschieren, indem sie es hinterher so darstellte, als sei sie absichtsvoll in die Irre geführt worden.

Im Anschluss machte sie sich daran, die Dinge wieder zu korrigieren, und schrieb eine Rede, um ihrem Ärger über die Einheitliche Europäische Akte Luft zu machen. Im September 1988 hielt sie diese Rede in Brügge.[5] Zunächst bedankte sie sich bei belgischen Ärzten und Krankenschwestern dafür, dass sie bei dem gerade erst zurückliegenden Fährunglück vor Zeebrügge mit großem Einsatz das Leben vieler Briten gerettet hatten, und betonte auch, wie wichtig ihr die britischen Beziehungen zu Europa seien. Dann aber ging sie schnell dazu über, gegen den europäischen Superstaat zu wettern: »Wir haben doch die Grenzkontrollen in Großbritannien nicht deswegen so erfolgreich zurückgefahren, um uns dann anzusehen, wie sie auf europäischer Ebene von einem neuen europäischen Superstaat mit seinem Brüsseler Machtzentrum wieder eingeführt werden.« Sie fürchte sowohl die Macht von Brüssel als auch die von Deutschland, sagte sie.

Ihre Sätze liefen wie Schockwellen durch den Kontinent. Thatcher war in einer Zeit aufgewachsen, als Deutschland noch der Feind war, weswegen sie wie viele Briten ihrer Generation mit dem tief sitzenden Gefühl lebte, dass Deutschland nie so ganz über den Weg zu trauen sei. Überzeugt davon, ihr eine andere Seite von Deutschland präsentieren zu können, heckte Helmut Kohl daraufhin einen Plan aus.

SAUMAGEN-DIPLOMATIE Im Frühling des Jahres 1989, als sich der Fall der Berliner Mauer noch nicht im Entferntesten abzeichnete, behalf Kohl sich genau jener Sorte gastronomischer Diplomatie, wie sie Heath damals, in den 1970er-Jahren, in Paris so gute Dienste geleistet hatte. Er lud Thatcher in sein Lieblingsrestaurant im rheinlandpfälzischen Deidesheim ein und ließ Saumagen servieren. Thatcher ekelte sich vor dem Gericht und tat so, als sei es eine Zumutung, von ihr zu verlangen, etwas derart Absonderliches zu probieren. (Sie war eindeutig auch keine Freundin des schottischen Haggis, und die beiden Gerichte haben durchaus Ähnlichkeit …) Laut ihrem persönlichen Berater Charles Powell schob sie den Saumagen ständig auf ihrem Teller hin und her und versuchte zu guter Letzt, ihn unter ihrer Gabel zu verstecken.

Nach dem Mittagessen fuhr Kohl mit ihr zum Dom in Speyer, jenem Ort, an dem er später begraben werden sollte. Sie hörten ein Bach-Orgelkonzert und besichtigten die Krypta, in der europäische Könige und Herrscher bestattet sind. Kohl nahm Powell zur Seite und sagte zu ihm: »Jetzt, wo sie mich in meinem Teil von Deutschland erlebt hat, so nah an der französischen Grenze, wird sie doch bestimmt endlich begreifen, dass ich kein Deutscher bin, sondern Europäer!«

Doch die Wahrscheinlichkeit, dass sie das begriff, ging gegen null. Nachdem Thatcher sich von Kohl verabschiedet und ihren Rückflug nach London angetreten hatte, streifte sie sich im Flugzeug die Schuhe von den Füßen und rief: »Mein Gott, was ist dieser Mann deutsch!« Als ein paar Monate nach ihrer Reise die Berliner Mauer fiel, wurde ihr Misstrauen noch größer. Es war Thatcher nicht möglich, die bevorstehende deutsche Wiedervereinigung in einem positiven Licht zu sehen, als etwas, das gut war für Europa. Unterlagen, die das Außenministerium in London 2009 freigegeben hat, belegen eindrücklich, wie groß ihr Abscheu gegenüber dieser Vorstellung tatsächlich war.[6]

Thatcher bestand also bekanntermaßen darauf, dass ihre Regierung sich der Wiedervereinigung nach Kräften widersetzte, und sagte – so zumindest erinnerte sich Helmut Kohl – nach dem Mauerfall: »Zwei Mal haben wir die Deutschen geschlagen, aber jetzt sind sie wieder da.« Im März 1990 lud sie sogar Historiker und Politiker auf ihren Landsitz Chequers ein, um über die Frage »Wie gefährlich sind die Deutschen?« zu diskutieren. Am Ende des Seminars, so notierte ihr Berater Powell, sei man sich einig gewesen, dass man besser »nett sein« solle zu den Deutschen.[7]

In ihrer berühmten »*No, no, no*«-Rede, die sie am 30. Oktober 1990 vor dem britischen Unterhaus hielt, erklärte Thatcher trotzig, mehr zentrale Kontrolle in Europa nicht akzeptieren zu wollen. Diese Rede kam zu einem Zeitpunkt, als sich in ihrer Partei immer tiefere Risse über genau dieser Frage auftaten. Für Sir Geoffrey Howe waren ihre Aussagen nicht tragbar; er legte zwei Tage später sein Regierungsamt nieder. Thatcher selbst wurde drei Wochen später von ihrer Partei aus der Downing Street vertrieben. Dass ihre Partei bezüglich Europa derart geteilter Meinung war, führte letztendlich zur Spaltung ihres Kabinetts – und in der Konsequenz zu ihrem Sturz.

Ich verfolgte die dramatischen Entwicklungen damals von der norddeutschen Stadt Walsrode aus, wo ich die letzten drei Monate jenes Jahres verbrachte. Meine Gastfamilie war noch entgeisterter als ich. Soweit ich mich erinnere, war ich allerdings sehr viel stärker mit Berlin und allem, was dort passierte, beschäftigt, schließlich hatte ich die Stadt gerade zum allerersten Mal besucht, ungefähr drei Wochen nach dem historischen Ereignis der Wiedervereinigung. Verglichen mit Deutschland, das einen aus meiner Sicht sehr mutigen Schritt getan hatte, bewegte Großbritannien sich auf eingefahrenen Gleisen – so sah ich die Entwicklungen in den beiden Ländern. Dass selbst meine deutsche Gastfamilie skeptisch war in Bezug auf die deutsche Einheit, schockierte und enttäuschte mich.

SCHWARZER MITTWOCH UND FREIZÜGIGKEIT: NEUE WELLEN DER EU-SKEPSIS

Thatcher ging, aber die Ideen blieben. Als sich das nächste britisch-europäische Drama ereignete, das der Liebe zwischen Briten und EU nicht gerade zuträglich war, war ich 21 und studierte an der Universität von Leeds Deutsch und Englisch. Der sogenannte Schwarze Mittwoch im September 1992 war jener Tag, an dem John Majors konservative

Regierung sich gezwungen sah, das britische Pfund aus dem Europäischen Währungssystem (EWS) herauszunehmen, weil man es nicht mehr schaffte, das Pfund auf dem festgesetzten Mindestniveau zu halten.

Das EWS war 1979 eingerichtet worden, um monetäre Stabilität in Europa zu erreichen, indem es die Variabilität der Wechselkurse eindämmte. Der Schwarze Mittwoch endete mit einem Börsencrash, der schätzungsweise 3,4 Milliarden Pfund vernichtet hat. Bis zum Juni 2016 war jener Tag das mit Abstand schwerwiegendste Ereignis in der Geschichte der britischen EU- beziehungsweise EG-Mitgliedschaft, dessen massiven Auswirkungen man sich besonders hilflos ausgesetzt fühlte, weil Großbritannien zu jenem Zeitpunkt die europäische Präsidentschaft innehatte.

Etwas Hintergrundwissen hierzu: Das Vereinigte Königreich hatte bei Gründung des EWS zunächst seinen Beitritt verweigert – ein Vorgeschmack auf den fieberhaften Widerstand, mit dem es sich später gegen die Einheitswährung stellte – und war erst 1990 hinzugekommen, zwei Jahre vor dem Crash also. Schatzkanzler Nigel Lawson, ein Bewunderer der geringen Inflationsraten in Deutschland, schrieb diese der starken Deutschen Mark und der guten Geschäftsführung der Bundesbank zu. Als überzeugter Anhänger eines fixen Wechselkurses stellte er sich hinter die informelle Politik der »Beschattung der D-Mark«. Weil er aber mit Thatchers Wirtschaftsberater aneinandergeriet, musste Lawson schließlich zurücktreten und wurde von John Major ersetzt. Major wiederum drängte zusammen mit seinem Außenminister Douglas Hurd das Kabinett zum Beitritt ins EWS, der dann, wie schon gesagt, im Oktober 1990 auch vollzogen wurde. Damit sollte der Kurs garantiert werden, den die britische Regierung eingeschlagen hatte: eine Wirtschafts- und Finanzpolitik zu machen, die den Wechselkurs zwischen dem Pfund und anderen EWS-Mitgliedswährungen um allerhöchstens sechs Prozent schwanken ließ.

Thatcher war ins EWS eingetreten, als das Pfund 2,95 D-Mark wert war. Sollte sich der Wechselkurs je dem niedrigsten erlaubten Wert von 2,773 D-Mark annähern, hätte die Regierung – das war allen Beteiligten klar – keine andere Wahl als einzugreifen.

Die Bedingungen für den Eintritt ins EWS waren zum damaligen Zeitpunkt alles andere als günstig. Die britische Inflationsrate war drei Mal so hoch wie die deutsche, die Zinssätze lagen bei 15 Prozent, und der unter Nigel Lawson sich abzeichnende Wirtschaftsaufschwung brach schon wieder in sich zusammen. Gleichzeitig stand das EWS aus diversen anderen Gründen sowieso unter Druck: wegen der hohen Zinssätze in Deutschland (die von der Bundesbank festgelegt worden waren, um einen Hebel gegen die Inflationseffekte der deutschen Wiedervereinigungskosten zu haben), wegen des verdoppelten Staatsdefizits im Vereinigten Königreich und in Italien sowie wegen der rasanten Entwertung des US-Dollars, die sich massiv auf die britischen Exporte niederschlug.

Weitere Regelungen, die dem EWS auferlegt worden waren, um es für den ehrgeizigen Plan einer europäischen Einheitswährung fit zu machen, griffen nicht. Dann lehnten die dänischen Wählerinnen und Wähler die Maastricht-Verträge ab, die Franzosen drohten mit einem Referendum, und die EWS-Währungen, die sowieso schon nahe ihrer Untergrenze gehandelt wurden, gerieten durch ausländische Börsenhändler noch stärker unter Druck. Der ungarische Finanzier George Soros, der begriff, in welch ungünstiger Situation das Vereinigte Königreich dem EWS beigetreten war, baute – wohl wissend, dass er enormen Gewinn machen konnte, wenn das Pfund unter seine Untergrenze fiel – eine gewaltige Short-Position mit Pfund Sterling auf. Als es dann so weit kam, machte er mit dem Leerverkauf seiner Pfund einen Gewinn von mehr als einer Milliarde Pfund. Die Bemühungen der britischen Regierung, das Pfund zu stützen, damit es nicht aus dem EWS fiel, erwiesen sich als vergeblich.

Die Bank of England kaufte Pfund in Milliardenhöhe auf, um den Einbruch der Währung zu verhindern, aber sie konnte dem Tempo nichts entgegensetzen, mit dem Soros seine Pfund auf den Markt warf. Trotz der Ankündigung, den Basiszinssatz zu erhöhen, um Spekulanten dazu zu motivieren, Pfund zu kaufen, stießen die Händler das Pfund ab, so schnell sie konnten. Am Abend des 16. September 1992 verkündete der damalige Schatzkanzler Norman Lamont schließlich, dass Großbritannien das EWS wieder verlassen würde – ein demütigender und hochemotionaler Schritt.

Ironischerweise waren unter denjenigen, die diese Entscheidung trafen, vier der hartgesottensten Pro-Europäer: Innenminister Kenneth Clarke, Michael Heseltine, der Präsident der Handelskammer, Außenminister Douglas Hurd und Premierminister John Major, der immer versprochen hatte, »Großbritannien im Herzen Europas zu halten«.

Ich erinnere mich gut daran, wie das Drama, packend wie ein Finanzkrimi aus Hollywood, seinen Lauf nahm und wie ich zwischen meinen Vorlesungen und Seminaren in der Universitätsbibliothek sitzend jede Drehung und Wendung in den Zeitungen verfolgte.

Von den Effekten des unkontrolliert ablaufenden Crashs auf den Finanzmärkten sollte sich Großbritannien über Jahre nicht erholen. Die Wirtschaft stürzte in eine tiefe Rezession, die mit gewaltigen Arbeitsplatzverlusten und einem Einbruch des Immobilienmarktes einherging. Bis heute ist diese Zeit in der kollektiven Erinnerung ein Desaster von nationalem Ausmaß. Im Gegensatz dazu sprachen einige Anti-Europäer vom »Goldenen Mittwoch«: Großbritannien sei endlich wieder frei vom EWS, der Weg zum ökonomischen Aufschwung sei bereitet ...

Ähnliche Argumente wurden auch 2016 vorgebracht – von wegen, welch gewaltige Freuden auf uns warteten, wenn wir uns erst vom Joch der EU befreit hätten. Der Schwarze Mittwoch hat sich so nachhaltig in das allgemeine Bewusstsein der Briten eingeschrieben, dass er die Sicht vieler auf Europa bis heute prägt. Der Finanzcrash im Jahr 1992 schlug Wunden, die bis heute schwären.

Premierminister Major behauptete, Spiel, Satz und Sieg für sein Land errungen zu haben, als er 1992 herausverhandelte, das im Maastrichter Vertrag enthaltene »Protokoll über die Sozialpolitik« für Großbritannien nicht unterschreiben zu müssen und sich außerdem das Recht vorzubehalten, der geplanten Währungsunion nicht zwangsläufig beitreten zu müssen. Gleichzeitig brachte er die anderen dazu, den Begriff »föderales Europa«, der für viele Briten ein rotes Tuch war, nicht allzu begeistert und häufig zu nennen. Außerdem bestand er darauf, die Entscheidungsbefugnis über außen- und verteidigungspolitische Fragen im Zwischenstaatlichen zu belassen und nicht ganz der EU zu übertragen.

Major war meisthin mächtig stolz auf seine Verhandlungserfolge. Aber die Euroskeptiker in seiner Partei schäumten trotzdem vor Wut, weil er die Integration Europas ihrer Ansicht nach noch vorangetrieben hatte. Die oppositionelle Labour-Partei tat das Ihrige, um die Regierung zu ärgern, indem sie sich gegen bestimmte Passagen im Maastrichter Vertrag nur deswegen aussprach, um den Dissens innerhalb der Regierung weiter zu verschärfen. Labour bestand darauf, über die Vorschriften im »Protokoll über die Sozialpolitik« abstimmen zu lassen, bevor man den Vertrag als Ganzes ratifiziere.

Die Zustimmung zu Maastricht war schließlich hauchdünn, aber dennoch: Dieser Entscheid war überaus folgenschwer für die britische Geschichte, nicht zuletzt, weil die Gegner im Anschluss die Anti Federalist League gründeten – aus der schließlich die UK Independence Party hervorging, den meisten eher bekannt als UKIP.

EUROPÄISCHE FREIZÜGIGKEIT Die nächste Welle der britischen EU-Skepsis rollte in den Jahren nach 2004 heran. Als die EU 2004 um zehn neue Mitgliedsstaaten erweitert wurde – Zypern, Tschechien, Estland, Ungarn, Lettland, Litauen, Malta, Polen, die Slowakei und Slowenien –, agierte Großbritannien nicht so konsequent wie

Deutschland und verhängte keine siebenjährige Übergangszeit für Arbeitnehmer aus der EU. Hinter dieser Entscheidung stand die Regierung von Tony Blair. Mehr als zehn Jahre später beurteilte Jack Straw, der damalige Außenminister, diese Entscheidung in einem Interview folgendermaßen: »Wir dachten, es würden 13 000 Menschen kommen. Tatsächlich aber kamen Hunderttausende. Die Recherchen im Vorfeld waren falsch, und unsere auf diesen Recherchen beruhende Entscheidung war heldenhaft falsch.«

Wenn man bedenkt, dass die Einwanderung aus EU-Ländern einer der am häufigsten angeführten Erklärungsansätze für das Brexit-Votum ist, zeigt sich die Tragweite dieser damaligen Entscheidung. Ohne Zweifel hatte man sich verschätzt und zu wenig darüber nachgedacht, ob man die radikalen wirtschaftlichen Veränderungen, die mit dem Eintreffen von Jobsuchenden aus dem EU-Ausland einhergingen, für die Menschen hätte abfedern können, wenn man sich auf eine Übergangsregelung bei der Arbeitnehmerfreizügigkeit geeinigt hätte – ähnlich wie Deutschland es getan hat. Die deutsche Regelung wurde damals von einigen britischen Diplomaten als kleinlich und kaltherzig bezeichnet – es ist aber durchaus möglich, dass sich der deutsche Ansatz langfristig als der menschlichere herausstellt.

Artikel 50, der den Austritt eines Mitgliedsstaats aus der EU regelt, steht im Vertrag von Lissabon und wurde am 13. Dezember 2007 ratifiziert. Damals war Gordon Brown als einziges Staatsoberhaupt nicht anwesend bei der feierlichen Unterzeichnung – offensichtlich war ihm bewusst, wie unpopulär der Vertrag in der britischen Öffentlichkeit war. Um gar nicht erst damit in Verbindung gebracht zu werden, schickte er seinen Außenminister David Milliband.

Lissabon war eine Ergänzung der beiden Verträge von Maastricht und Rom, die die verfassungsmäßige Basis der EU bilden. Neben vielen weiteren Änderungen und Revisionen räumte Lissabon den Mitgliedsstaaten explizit das Recht ein, die EU zu verlassen, und umriss auch den Vorgang dieses Austritts.

Browns Abwesenheit bei der Unterzeichnung hatte sehr viel Kritik zur Folge, sowohl aus seiner eigenen Partei und von den Oppositionsbänken als auch aus dem Ausland. Am vernichtendsten äußerte sich wohl der Liberaldemokrat Chris Huhne, als er sagte, der Premier habe »ein unangemessenes, miesepetriges Verhalten an den Tag gelegt, in dessen Folge nun sein Ruf, einen ehrlichen Umgang mit unseren EU-Partnern zu pflegen, am seidenen Faden hängt«. Viele britische Medien äußerten den Verdacht, Brown habe sich geschämt, einen Vertrag zu unterschreiben, über den das Boulevardblatt *Daily Express* geschrieben hatte, er überantworte »das Land einer neuen Sintflut an unerwünschter europäischer Einmischung«.[8]

Im Licht der nachfolgenden Ereignisse betrachtet erscheint es allerdings naheliegend, Browns – absichtlichen oder unabsichtlichen – Fauxpas als Vorboten auf das Kommende zu interpretieren: auf Briten, die nicht mehr im Gleichtakt sind mit ihren europäischen Partnern und sich zugleich schmerzlich missverstanden fühlen.

AUFTRITT DAVID CAMERON

Als David Cameron 2010 in die Downing Street einzog, war er wild entschlossen, der Premierminister zu werden, dessen Amtszeit nicht beschädigt werden sollte von parteiinternen Querelen zum Thema Europa, wie es so vielen seiner konservativen Amtsvorgänger passiert war. Er wolle nicht, dass die Torys sich weiter »endlos über Europa auslassen«.[9] Er hoffte, dass seine Koalitionspartner, die Liberaldemokraten, ihm helfen würden, die Euroskeptiker in der eigenen Partei zu zähmen. Was für eine Fehleinschätzung! Schon bald wurde Cameron von den Ereignissen überrollt, vor allem von der anschwellenden öffentlichen Feindseligkeit gegenüber dem Zustrom europäischer Arbeitsmigranten seit der EU-Erweiterung von 2004.

Ungefähr zu dieser Zeit wurde ich von meiner Zeitung, damals noch dem *Daily Telegraph*, in die Slowakei geschickt, um mit den Menschen in den dortigen Roma-Siedlungen zu sprechen, die sich jetzt – so wurde verbreitet – allesamt nach Großbritannien aufmachen und Sozialleistungen abrufen würden. Nur wenig, hieß es, könne sie angesichts der entsetzlichen Armut, in der sie lebten (und die ich mit eigenen Augen sah), von ihren Reisevorhaben abbringen.

»Ich würde hier im Lebtag nicht wegwollen«, sagte mir allerdings Erika Pestova, eine Mutter von fünf Kindern, die in einer rattenverseuchten Ein-Zimmer-Hütte aus Lehm in einem Roma-Getto der Stadt Kosice wohnte. Was die meisten, die ich fragte, genauso sahen. »Natürlich möchte ich gerne eines Tages in einem richtigen Haus wohnen und nicht die ganze Nacht das Licht brennen lassen, um mir die Ratten vom Leib zu halten. Aber die Welt da draußen ist gefährlich, also bleibe ich doch lieber in meiner Welt.« Ich traf auch eine Familie, die schon in Großbritannien gelebt und gearbeitet hatte, dann aber in dem Glauben, dass sich nach dem EU-Beitritt der Slowakei die Bedingungen für alle hier verbessern würden, zurückgekehrt war. Genauso lernte ich Menschen kennen, die ihre Pässe vorbereiteten und auf der Suche nach der besten Reiseroute Karten studierten, aber die meisten erzählten mir, dass sie nur bereits im Ausland lebende Familienmitglieder besuchen wollten. Meine Zeit in Kosice (eine Stadt mit damals 40 Prozent Arbeitslosigkeit) war eine ernüchternde Lektion in zweierlei Hinsicht: darin, wie enorm groß die Unterschiede im Lebensstandard EU-weit sein können, und darin, wie wenig die Realität mit den lauten Boulevard-Meldungen zu tun hat.[10]

Ich wurde auch zu polnischen Busbahnhöfen geschickt, um die ersten Reisebusladungen von Arbeitern zu interviewen, die im Vereinigten Königreich ihr Glück als Tellerwäscher und Maler versuchen und von dem großen Lohn- und Lebensstandardunterschied zwischen Großbritannien und Polen profitieren wollten. »Für mich geht's zuallererst um Arbeit«, sagte mir der 29-jährige Kuba damals, als er in seiner Heimatstadt Warschau gerade in den 9.30-Uhr-Bus steigen wollte, der am 1. Mai 2004, genau dem Tag also, an dem Polen EU-Mit-glied wurde, in London eintreffen sollte. Den Arm fest um die Taille seiner zurückbleibenden Freundin gelegt, sagte er: »Ist mir egal, ob England schön ist oder nicht oder ob die Leute freundlich sind, ich will einfach nur genug Geld verdienen, um zurückkommen und mei-ne Freundin heiraten zu können.« Alle standen sie vor dem Bus in der Schlange, vom Bauarbeiter zum Tellerwäscher, darunter auch zwei Frauen aus Litauen, die in Doncaster Gemüse waschen wollten, wie sie mir sagten. Radek Romaniuk, ebenfalls 29, ein Programmierer aus Biała Podlaska an der Grenze zu Weißrussland, sagte, für ihn habe Großbritannien bis vor Kurzem für zwei Dinge gestanden: »Benny Hill und Chaucer.« Was mittlerweile zusammengeschrumpft sei auf: »Arbeit«.

Kurz: All diese Menschen stürzten sich ins Unbekannte, um, wie Radek es formulierte, »die erste Gelegenheit zu ergreifen, vernünftig Geld zu verdienen, ohne von den Grenzern schikaniert zu werden oder nachweisen zu müssen, dass man nicht nur Sozialleistungen ab-greifen will, was beschämend ist«. Ich ahnte in diesem Moment nicht, dass dieses Phänomen, dessen Zeugin ich wurde, letzten Endes das war, was den Brexit befeuern sollte.[11]

Anfänglich wurden polnische Sanitärinstallateure, Bauarbeiter, Kellnerinnen und Barkräfte in Großbritannien allgemein freundlich aufgenommen. Zunächst war ihr Eintreffen nur in London deutlich spürbar, aber sehr schnell merkten auch kleinere Städte wie Newbury, meine Heimatstadt im englischen Südosten, wie sich die Situation auf dem Arbeitsmarkt durch die Neulinge spürbar veränderte.

Meine Eltern hatten bald eine polnisch-ukrainische Putzhilfe, mei-ne Mutter eine Pilates-Lehrerin aus Litauen, ihre Kirchengemeinde bekam viele neue Mitglieder aus Zentral- und Osteuropa, und polni-sche Klempner traten in scharfe Konkurrenz zu den Betrieben vor Ort, was – wie man damals allgemein bemerkte – in vielen Fällen die Arbeitsmoral verbesserte, aber auch die Preise drückte. In meiner

Wahrnehmung wurde auch die Stadt interessanter, weniger bieder und konservativ, dafür abwechslungsreicher und lebendiger. Vielleicht wäre dieser Wandel so oder so eingetreten, schließlich profitierte die gesamte Wirtschaft der Stadt vom London-Boom, und Newbury entwickelte sich, seitdem ich mit 19 Jahren weggezogen war, praktisch ohnehin längst zu einem Londoner Vorort beziehungsweise einem Wohnort für arrivierte Pendler – mit Cafés im Continental-Style, in denen man draußen sitzen kann, und mit Wohnungen mit Balkonen (wie überaus europäisch).

Als 2008 die Finanzkrise kam, spitzte sich die Lage weiter zu. Der Lebensstandard fiel allgemein ab und schürte dadurch Ressentiments, die Politiker aus allen drei großen Parteien viel zu spät erkannten. Entsprechend langsam reagierten sie darauf, während andere längst Kapital aus dieser Entwicklung schlugen.

Allen voran: Nigel Farage. Farage war schnell bei der Hand, mit seiner UKIP das Vakuum zu füllen und sich zum Sprachrohr der Unzufriedenen zu erklären. Bei der Unterhauswahl 2010 bekam seine Partei um die drei Prozent – nur einen Prozentpunkt mehr als fünf Jahre zuvor.[12] Aber schon 2012 stiegen die Aussichten der Partei massiv an, und manche Meinungsforscher glaubten, die UKIP sei auf direktem Wege, sich 15 Prozent der Stimmen zu sichern.

Konservative Abgeordnete, die erneut kandidierten, rannten aufgescheucht durch die Gegend. Nicht, dass sie Angst hatten, ihre Parlamentssitze an die UKIP zu verlieren. Nein, sie sorgten sich vielmehr, dass die UKIP genügend Stimmen bekommen könnte, um Labour die Wahl gewinnen zu lassen. Auch liefen damals die ersten Abgeordneten der Konservativen zur UKIP über, und Premierminister Cameron versuchte verzweifelt zu verhindern, dass nicht noch mehr seiner Leute vor der Parlamentswahl von 2015 von Bord gingen.

EIN PAKT MIT DEM TEUFEL Unter vier Augen, aber zunehmend auch in der Öffentlichkeit, drängten konservative Abgeordnete David Cameron dazu, ihnen etwas an die Hand zu geben, womit sie sich die UKIP besser vom Hals halten konnten. Und zu diesem »Etwas« im Waffenarsenal der Torys wurde: ein EU-Referendum, von dem Cameron überzeugt war, es würde die Nörgler verstummen lassen und sei das kleinere Übel angesichts der Szenarien von bürgerkriegsähnlichen Zuständen, die manche Medien schon verbreiteten.

Trotzdem hielten viele Beobachter das Referendum schon zu Beginn für ein Spiel mit dem Feuer. Aber nur so könnten sie, argumentierten die Tory-Kandidaten, 2015 in die Wahl gehen und ihre Anti-EU-Wähler erreichen – indem sie ihnen versprachen, dass sie ein Mitspracherecht in der (ewigen) europäischen Frage haben würden: wenn sie für die Konservativen stimmten, und zwar nur für die Konservativen.

Am 23. Januar 2013 gelobte David Cameron schließlich in seiner berühmt gewordenen Bloomberg-Rede, ein Rein-oder-raus-Referendum abhalten zu lassen, sollten die Konservativen die Wahl gewinnen. Manche sagen, hier schloss er seinen Pakt mit dem Teufel.

Ob Cameron selbst überhaupt für das Referendum war, bleibt weiterhin ungewiss, aber es ist einigermaßen wahrscheinlich, dass dem nicht so war. Er dürfte sich gefühlt haben, als seien ihm die Hände gebunden. Er musste ein Monster in Form der UKIP in Schach halten, und nachdem er erst die Aussicht auf einen Volksentscheid in den Raum gestellt hatte, ließen sich auch die Euroskeptiker in den eigenen Parteireihen mit nichts Geringerem mehr abspeisen – was wiederum auf eine Entscheidung hinauslief, die ein für alle Mal Gültigkeit hatte. Leute aus seinem nahen Umfeld wie der damalige Schatzkanzler George Osborne sollen Cameron eindringlich gewarnt haben, sein Versprechen auch wirklich umzusetzen, aus Angst, eine desaströse Kettenreaktion auszulösen, die Cameron nicht mehr würde kontrollieren können. Aber der glücklose Premier machte weiter, in dem

Glauben, das Risiko sei es wert – und das Referendum würde bei glücklichem Ausgang sein politisches Vermächtnis sichern.

Kurz: Cameron ging wie die meisten im Land nicht davon aus, dass das Referendum überhaupt stattfinden würde. Labour unter Ed Miliband, da war man sich sicher, würde das Vorhaben höchstwahrscheinlich nicht unterstützen, und die Liberaldemokraten hatten ihre leidenschaftliche Gegnerschaft zu einem solchen Referendum bereits kundgetan. Genauso wenig glaubte Cameron, bei der Wahl 2015 eine realistische Chance auf die absolute Mehrheit zu haben. Er ging fest davon aus, Kompromisse mit einem Koalitionspartner schließen zu müssen – und dass mit den ersten Sondierungsgesprächen auf Druck dieses Partners das angekündigte Referendum ohnehin beerdigt werden würde.

DIE BLOOMBERG-REDE Ich sah Camerons Bloomberg-Rede 2013 in meinem Berliner Büro im Fernsehen und hatte sofort das Gefühl, sie könnte von historischer Bedeutung sein (oder dachte ich das nur, weil mir die Torys, wie allen anderen auch, den Kopf verdreht hatten?).[13] Camerons Rede gibt einem eine Ahnung von seiner fast machiavellistischen Strategie, die sich letztlich freilich vor allem als Feigheit herausstellen sollte, geboren aus dem Versuch, sich die UKIP vom Hals zu halten.

Er wolle über die Zukunft Europas sprechen, sagte Cameron zu Beginn, würde aber zunächst gern an die Vergangenheit erinnern, und zwar an jenen zweiten katastrophalen Konflikt, der Europa vor 70 Jahren auseinandergerissen habe, »als in den Straßen europäischer Großstädte nur noch Schutt und Asche lagen. Als der Londoner Himmel Nacht für Nacht von Flammen erhellt war. Und überall auf der Welt Millionen starben, im Kampf um Frieden und Freiheit.«

So wie dieser Opfer gedacht werden solle, solle man sich auch stets den Wandel in Europa vor Augen halten, der vom Krieg zu einem nachhaltigen Frieden geführt habe. »Und das ist nicht passiert wie ein Wetterwechsel. Das ist passiert, weil mehrere Generationen hintereinander entschlossen dafür gearbeitet haben. Weil man sich der Freundschaft und der klaren Entscheidung verpflichtet gefühlt hat, niemals wieder in diese dunkle Vergangenheit zurückzukehren – eine Verpflichtung, für die sinnbildlich der Élysée-Vertrag steht, der in dieser Woche vor 50 Jahren ratifiziert wurde.«

Und weiter: »Die aufgegebenen Grenzkontrollposten. Dieses Gefühl der aufgeregten Begeisterung für alles, was kommt. Das Wissen darum, dass ein großartiger Kontinent näher zusammenrückt. Es ist der Kern der Geschichte der Europäischen Union, die Wunden unserer Historie zu heilen«, sagte er und hob die Stimme. Die beiden schlimmsten, von Winston Churchill immer wieder angeführten Marodeure, Krieg und Tyrannei nämlich, seien »so gut wie ganz von unserem Kontinent verbannt. Heute leben Hunderte Millionen Menschen in Freiheit, vom Baltikum bis zur Adria, von den Britischen Inseln bis zum Ägäischen Meer«.

Bis zu diesem Punkt hätten seine Worte und die darin ausgedrückten Gefühle auch direkt aus dem Mund eines deutschen Politikers kommen können. Aber, sagte er dann, da der »vorrangige Zweck der Europäischen Union, die Friedenssicherung« jetzt ja erfüllt sei, sei die Zeit für den nächsten Schritt gekommen. Heute sei der Zweck der EU nicht, Frieden zu stiften, sondern Wohlstand zu sichern.

Das britische Verhältnis zur Europäischen Union, sagte er, sei eher ein pragmatisches als ein emotionales. Dann rief er die EU dazu auf, eine offene und dringend anstehende Diskussion darüber zu führen, wie das Bündnis sich verändern müsse, um mit den sich verändernden globalen Verhältnissen Schritt zu halten. Die Briten wünschten sich von der EU, dass sie ihren Zweck erfülle, also Wohlstand und Stabilität sichere und ein Anker der Freiheit und der Demokratie sei, und zwar »sowohl innerhalb Europas als auch jenseits seiner Gestade«. Reiner »Selbstzweck« dürfe Europa nicht sein.

In Anlehnung an Margaret Thatchers Rede in Brügge verwies Cameron darauf, wie eng die britische Geschichte mit der europäischen verwoben sei, »von Caesars Legionen bis zu den napoleonischen Kriegen, von der Reformation, der Aufklärung und der industriellen Revolution bis hin zum Sieg über den Faschismus. Wir haben dabei geholfen, die europäische Geschichte zu schreiben, und Europa hat uns geholfen, die unsrige zu schreiben.« Großbritanniens Ansinnen sei immer gewesen, die Hände auszustrecken zu denjenigen, die vor Gewaltherrschaft fliehen würden, weswegen ihm der Eindruck, sein Land kurbele die Zugbrücke hoch und zöge sich vor der Welt zurück, auch nicht gefalle. Aber er bestand darauf: Die EU müsse zum Wohle aller reformiert werden.

Er behauptete, die demokratische Zustimmung in Großbritannien zur EU sei »hauchdünn« und es sei sehr wahrscheinlich, dass diese mehrheitliche Zustimmung in gänzliche Ablehnung kippen würde, wenn er das britische Volk nicht zu seiner Vorstellung vom zukünftigen Verhältnis zur EU befragen würde, weswegen er noch vor 2017 ein Referendum abhalten lassen würde. Aber zunächst wolle er die EU dazu bringen, mit Großbritannien eine neue Vereinbarung auszuarbeiten, die den Bedenken der Briten entgegenkomme. Dann wandte er sich an sein Publikum daheim und bat darum, kühlen Kopf zu bewahren und sich bei der Abstimmung zu fragen: »Welche ist die bestmögliche Zukunft für unser Land?«

Auch wenn seine Ankündigung keine Überraschung war, konnte man, als er sie vom Stapel ließ, doch laut und deutlich hören, wie sie der Geschichte ihren Stempel aufdrückte. Zum ersten Mal seit 1975 bekamen die Briten wieder ein Referendum über das Ja oder Nein zur EU-Mitgliedschaft angeboten – eine Option auf den Austritt aus der EU.

Eine der Fragen, die Journalisten Cameron hinterher stellten, war diese: »Wie kann ein Politiker, der gesagt hat, er wolle seine Zeit nicht damit verschwenden, ›sich endlos über Europa auszulassen‹, an diesen

Punkt kommen?« Wenig überraschend kam eine der ersten Reaktionen auf Camerons Rede von einem triumphierenden Nigel Farage, der aber gleichzeitig warnte, Cameron sei nicht zu trauen. Er gehe davon aus, dass Cameron nur versuche, »das Problem auszusitzen« und der UKIP den Wind aus den Segeln zu nehmen.[14] Dass das Referendum tatsächlich durchgeführt werde, daran glaube er nicht wirklich. Zum ersten Mal jedoch spreche ein britischer Premierminister »immerhin über die Tatsache, dass der Austritt eine Option ist … Und ab jetzt, da dieser Geist aus der Flasche ist, läuft die Debatte unter den Bedingungen, wie die UKIP sich das wünscht.«

Lord Mandelson, früher Labour-Minister im Kabinett Blair und außerdem ehemaliger EU-Handelskommissar, warf Cameron vor, seinen Partnern in der EU »die Pistole an den Kopf zu halten«, was seiner Meinung nach nicht allzu weit führen könne. »Man kann die EU nicht wie ein Selbstbedienungsrestaurant behandeln, in dem man mit seinem Tablett ankommt und sich drauflädt, was man will.« Mandelson sagte, Cameron spiele mit sehr hohem Einsatz. Es sei nur schwer vorstellbar, dass er tatsächlich eine EU-Reform für ein probates Mittel gegen das Führungsgerangel in seiner eigenen Partei halte.[15] Der damalige konservative Londoner Bürgermeister Boris Johnson hingegen frohlockte und sagte zu Camerons Rede: »Volltreffer!« Und: »Wir haben jetzt die Chance, einen großartigen neuen Deal für Großbritannien zu machen.«

Währenddessen bewahrte Angela Merkel in Berlin ihre typische stoische Gelassenheit und gab zu Protokoll, Deutschland und sie persönlich wünschten sich, dass Großbritannien ein wichtiger Teil und ein aktives Mitglied der Europäischen Union bliebe. Und weiter: »In diesem Rahmen sind wir natürlich bereit, auch über britische Wünsche zu sprechen. Aber wir müssen darauf achten, dass andere Länder auch andere Wünsche haben.«[16] Gleichzeitig warnte Guido Westerwelle, damals deutscher Außenminister, Cameron vor dem Scheitern, wenn er versuche, die Regeln seiner EU-Mitgliedschaft einseitig neu zu schreiben. »Eine Politik des Rosinenpickens«, sagte er barsch, »wird nicht funktionieren.«

Dass das von David Cameron anberaumte Referendum zumindest für eine gewisse Zeit reinen Tisch hätte machen können, ist sicher nicht ganz falsch – aber man hatte das Risiko massiv unterschätzt. Im Rückblick lässt sich einfach erkennen, dass Cameron schlicht zu optimistisch war, als er glaubte, er könne die schwärende Wunde des EU-Skeptizismus mit seinem Referendumsversprechen verarzten. Stattdessen kam es anders: Die Wunde hat sich entzündet und an jeder nur denkbaren Körperstelle chronische und eiternde Infektionen verursacht, für die es bislang keine Heilung gibt.

DER WAHLKAMPF

Ich erinnere mich nicht, wann ich den Begriff Brexit zum ersten Mal gehört habe. Geprägt wurde er offenbar schon 2012, aber erst 2015 wurde er zur gängigen politischen Währung, als er sich aus der Nische der obsessiven fixen Idee heraus zu einer Erfolg versprechenden politischen Bewegung der Mitte entwickelte. Von Anfang an klang das Wort in meinen Ohren eher wie ein Witz, wie ein Bonmot, das einem beim Partytalk gekommen war oder das Kinder sich ausgedacht hatten, wie der Name eines Schokoriegels oder eines Brettspiels. Natürlich wussten alle, dass das Wort ein Verschnitt war aus *Britain* und *exit*, aber ein ernst zu nehmender Begriff? Nun ja.

Ich erinnere mich, dass es bei manchen Politikern Jahre dauerte, bis sie das Wort überhaupt in den Mund nahmen. Am deutlichsten war das bei Angela Merkel zu sehen, die sich lange Zeit weigerte, den Begriff in der Öffentlichkeit zu benutzen, als würde schon die Aussprache dieser bizarren Idee eine gewisse Glaubwürdigkeit verleihen. Später wurde der Begriff Ausgangspunkt diverser Sprachspiele und weiterer Scherzwörter – zum Beispiel *a dog's brexit* (ein Wortspiel mit der

Wendung *a dog's breakfast*, die ein erhebliches Chaos oder Schlamassel beschreibt) oder *Brexshit*, wie es irgendwann bei uns zu Hause nur noch hieß.

Gegen Ende 2015 begann Cameron seinen Kreuzzug, um die EU zu den Reformen zu überreden, die das britische Volk seiner Ansicht nach wollte. Er sagte auch, er sei bereit, sich bei dem anstehenden Referendum an die Spitze der Leave-Kampagne zu stellen, wenn er diese Reformen nicht bekäme. Nachdem er einen Brief nach Brüssel geschickt hatte, in dem er seine Forderungen darlegte, reiste er diesem Brief am 16. Dezember 2015 persönlich hinterher. Bei einem wichtigen Gipfel des Europäischen Rats bekam er bei einem Abendessen mit sämtlichen EU-Staatschefs die Bühne für sich allein und konnte sein Anliegen vortragen.

Während die anderen Regierungschefs Hähnchenterrinen und Hirschfilets spachtelten, legte Cameron das hin, was britische Kommentatoren später als einen Drahtseilakt bezeichneten. Ganze 40 Minuten lang hatte er die ungeteilte Aufmerksamkeit aller Anwesenden.

Bereits hier deutete er an, das Referendum schon 2016 abhalten zu wollen, weswegen seine Forderungen an die Runde eine gewisse Dringlichkeit hätten, wie er deutlich machte. Sein erklärtes Ziel war es, in sein Land mit der Botschaft zurückzufahren: Ich bin auf Kurs, das Schicksal der Briten in Europa zu verbessern.

Gleichzeitig lastete ihm noch die Sache mit der schottischen Unabhängigkeit auf den Schultern. Die Schotten waren mit deutlicher Mehrheit Remainers, unterstützten also den Verbleib Großbritanniens in der EU. Sollte es zum Brexit kommen, könnten sie den Entscheid als Vorwand benutzen, um ein erneutes Unabhängigkeitsreferendum abzuhalten. Großbritannien aus der EU geführt und Schottland verloren, das Vereinigte Königreich also regelrecht zerlegt zu haben, wollte Cameron partout nicht als sein politisches Vermächtnis sehen müssen.

Camerons Position war mehr als heikel, und hinterher erzählten seine Berater wenig überraschend, er sei bei diesem Abendessen nicht dazu gekommen, viel von seinem Teller zu probieren. Angeblich hat seine Rede auf einige der anwesenden Staatenlenker Eindruck gemacht, im Mund anderer hinterließ sie jedoch einen bitteren Nachgeschmack, schließlich wurde sein Auftritt von vielen so interpretiert, als drohe hier ein Mitgliedsstaat allen anderen.

Auf europäischer Bühne war dieser Auftritt Camerons wichtigster in seinen sechs Jahren als Premierminister. In seiner Rede ging es vor allem darum, dass das britische Volk sich wünsche, die EU würde sich nicht mehr, sondern weniger in sein Leben einmischen. Dass es sich wünsche, weniger Menschen kämen aus EU-Staaten ins Vereinigte Königreich. Dass es mehr Mitspracherecht haben wolle bei der EU-Einwanderungspolitik. Dass alle in die EU Einwandernden vier Jahre warten sollten, bis sie Arbeitsausfallleistungen beziehen dürften. Außerdem forderte er für die Länder, die wie Großbritannien nicht zur Eurozone gehörten, größeren Schutz vor Entscheidungen der Eurozonen-Mitglieder. Die EU brauche Anerkennung als Union mit mehreren Währungen, nicht als Bund mit Einheitswährung.

Seine Botschaft lautete in Kurzform: Großbritannien will die Zuwanderung begrenzen, Großbritannien will keine negativen Effekte für britische Unternehmen nur deswegen, weil man nicht Teil der Eurozone ist, und Großbritannien will Brüssels Macht beschränken.

Alles in allem fühlte es sich deutlich nach einem Wendepunkt an. Für Cameron, den Überbringer dieser Botschaft, empfand ich keine Sympathien, aber darüber, wie geschickt er die Rolle Großbritanniens verschoben hatte, war ich doch erstaunt: Die vormals kleine Nervensäge von nebenan war plötzlich eine existenzielle Bedrohung für die Europäische Union.

Zur selben Zeit bemühte sich Angela Merkel auf für sie frustrierende Weise, Europa zu größerer Solidarität zu bewegen und die Bürde der Aufnahme von syrischen und anderen Flüchtlingen gerechter zu teilen. Genau wie Cameron war auch sie erpicht darauf, ein Ergebnis nach Hause zu bringen, das – egal wie vorläufig – ihren Wählern (und Steuerzahlern) zeigte, dass niemand von ihnen erwartete, diese Last alleine zu tragen. Auf dem Gipfel signalisierte man zwar sowohl gegenüber Cameron als auch gegenüber Merkel Verständnis für die jeweils schwierige Situation, sparte sich aber jedwede weitere Empathie oder Zustimmung.

Gerade hierin sah ich eines der größten Probleme der EU: Oft nämlich wird der Union die Schuld für Probleme in die Schuhe geschoben, mit denen sich die Nationalstaaten so oder so auseinandersetzen müssten. Gleichzeitig hat sich die EU im Umgang mit den Herausforderungen, vor die sich ein durchschnittlicher Europäer gestellt sieht – seien es die Veränderungen in der globalen Wirtschaft, die den Arbeitsmarkt in Europa stark ausgehöhlt haben, sei es der Bürgerkrieg in Syrien –, größtenteils als inkompetent erwiesen.

Trotzdem war das Risiko, das Cameron einging, beträchtlich: Er bat um heikle Dinge, die zu gewähren für die EU extrem schwierig war, und er wusste, dass er darüber den Kollaps der Union in Kauf nahm. Es gibt ein breites Einvernehmen darüber, dass die Union zwar alles andere als perfekt ist, aber immer noch besser als nichts. Cameron aber schien bereit, das alles aus persönlichen, politischen Beweggründen wegwerfen zu wollen.

Nach allem, was öffentlich wurde, hörte man Cameron bei jenem Essen sehr aufmerksam zu. Manche der Anwesenden gaben wohl auch Ratschläge und Kommentare ab. Jean-Claude Juncker soll angeblich sogar ein paar schlaue Ideen gehabt haben, wie man das Problem mit den Sozialleistungen für Arbeitnehmer aus anderen EU-Ländern angehen könne. Als dann die belgischen und griechischen Regierungsspitzen erzürnt dazwischengingen, seine Vorschläge seien widerwärtig und müssten sofort wieder fallen gelassen werden, rief Angela Merkel Berichten zufolge zur Besonnenheit auf und warnte davor, dass Camerons Referendumsstrategie in Flammen aufginge, wenn man die Sozialleistungsreform beerdigte – woraufhin Großbritannien dann ganz sicher austreten würde.

Obwohl sich bei diesem Abendessen in Brüssel alle respektvoll zuhörten, gab es doch auch unnachgiebige Gegner von Camerons Plänen. In seiner Abschlusspressekonferenz ließ Cameron durchblicken, dass er das Referendum 2016 abhalten wolle, nannte aber noch keinen festen Termin. Er sagte, zunächst sei wichtig, »das Inhaltliche richtig zu verstehen«.

DER »GANZ-ODER-GAR-NICHT-GIPFEL«

Spulen wir im Schnelldurchlauf vor bis zum Donnerstag, 18. Februar 2016, und dem, was EU-Ratspräsident Donald Tusk als den »Alles-oder-nichts-Gipfel« bezeichnet hat. Zwei Tage lang saßen die Staatsoberhäupter beieinander und diskutierten nach übereinstimmenden Berichten quälend langwierig und bei oft schlechter Stimmung über die Möglichkeiten, die Bedingungen der britischen EU-Mitgliedschaft neu zu verhandeln.

Am ersten Abend wandte sich Cameron in einem leidenschaftlichen Appell an seine Amtskollegen in Brüssel und warnte sie vor dem Risiko des politischen Selbstmords, sollten sie von ihm erwarten, dass er ohne das Angebot eines »glaubwürdigen« Deals im Wahlkampf dafür werben würde, Großbritannien in der EU zu halten. Wieder erhoben sich die »Erpressung!«-Rufe, gleichzeitig aber wussten alle Anwesenden, was auf dem Spiel stand.

Schließlich zeichnete sich ab, dass man sich auf eine Art Notbremse im Bereich der innereuropäischen Migration einigen könnte: Im Land arbeitende EU-Bürger sollten zunächst für sieben Jahre vom Anspruch auf Sozialleistungen ausgeschlossen bleiben, außerdem sollte ihnen das Kindergeld gekürzt werden können, und Großbritannien sollte eine Ausstiegsklausel bekommen aus der historischen Verpflichtung der EU, unter den Völkern Europas die stetig enger werdende Integration voranzutreiben. Zu guter Letzt handelte Cameron noch eine Ausnahmeregelung für Großbritannien heraus bei der Anwendung einer Klausel zur Finanzmarktregulierung.

Die *London Times*, die eigentlich traditionell das Remain, also den Verbleib in der EU, befürwortete, schäumte vor Wut angesichts von Camerons Brüssel-Deal. Sie schrieb, es sei »wohl Camerons Schicksal, aus dem Land, wo Milch und Honig fließen, immer nur mit ein paar Bonbons zurückzukommen«. Die Zeitung kritisierte jeden einzelnen Aspekt der Einigung. Dass die Sozialhilfebremse für EU-Arbeitnehmer nur für sieben Jahre gelten sollte, war ihr Anlass genug, die Metapher zu wechseln: Sie schrieb von »dünnem Haferschleim«.

Die *Daily Mail* machte eine Titelseite mit der Schlagzeile »*Call that a deal, Dave?*« – »Das nennst du einen Deal, Dave?« und widmete sich im Innenteil eine ganze Seite lang dem Runterputzen der Vereinbarung. Der *Daily Telegraph* meinte, die Verhandlungen hätten »nur betont, wie absurd der Traum eines vollständig vereinigten Europa« sei. Und damit war der Ton vorgegeben für einen langen Wahlkampf, in dem Verleger und Herausgeber eine Hauptrolle spielen sollten.

Trotz vieler Wortmeldungen, die fanden, das von Cameron Erreichte bleibe eher hinter den Erwartungen zurück, war Cameron selbst am Ende des Gipfels doch überzeugt davon, dass er allen Widrigkeiten zum Trotz immerhin die Grundzüge einer Abmachung hinbekommen habe. Mit rot geränderten Augen sagte er in die Kameras: »Als wir uns auf diesen Weg gemacht haben und ich gesagt habe, wir würden unsere Mitgliedschaft von Grund auf neu verhandeln, haben alle gesagt: Eine solche Neuverhandlung kriegst du niemals durch ... du bekommst niemanden dazu, auf unsere Wünsche einzugehen. Und jetzt sehen Sie sich an, auf was wir uns heute verständigt haben.«

Nach nur wenig Schlaf und nervenaufreibendem Meinungsaustausch mit vielen seiner europäischen Kollegen kehrte Cameron am Samstag, den 20. Februar, nach London zurück und verkündete später an jenem Tag vor der Tür von Downing Street Nr. 10, dass das Referendum im Vereinigten Königreich am 23. Juni abgehalten werden würde.

Er sagte, dieser »letzte Deal«, den er von Brüssel zugesagt bekommen habe, verschaffe Großbritannien einen »Sonderstatus« innerhalb der EU. Obwohl er »keine Liebe« zu Brüssel hege und auch wenn vielleicht nicht gleich aller Frust, den er und so viele andere gegenüber der EU empfänden, wegfallen würde: Die von ihm erreichten Änderungen seien doch ein Schritt in die richtige Richtung. Sie seien die Garantie dafür, dass das Vereinigte Königreich niemals Teil eines EU-Superstaats oder der Eurozone würde.

Meine Kollegen und ich verfolgten jedes Detail seiner Äußerungen wachsam. Die Spannung zwischen der EU und Großbritannien hatte nun ihren vorläufigen Höhepunkt erreicht, und wir erwarteten, dass Cameron nicht allzu schnell aufgeben würde, für einen Verbleib in der EU – unter den neu verhandelten Bedingungen – zu werben.

Ich persönlich hatte mittlerweile angefangen, mich innerlich zu winden. Noch sah ich zwar keinen Anlass, meine *Britishness* infrage zu stellen, aber es war doch einigermaßen schmerzhaft und peinlich, die Situation deutschen Freunden und Kollegen erklären zu müssen. Die Zahl der Anfragen aus Redaktionen, ob ich nicht für ein Gespräch ins Studio kommen oder ein Erklärstück zu diesem unerklärlichen britischen Verhalten schreiben könne, stieg exponentiell.

DIE LAGER FORMIEREN SICH Der Wahlkampf vor dem Referendum wurde abrupt eingeläutet, als Camerons Justizminister und einstiger Freund Michael Gove verkündete, sich dem Leave-Lager anzuschließen. Gove, eines der Schwergewichte in Camerons Kabinett, begründete seine Entscheidung folgendermaßen: »Die europäische Union hindert uns, große Teile der Gesetzgebung selbsttätig zu verändern, und nimmt uns die Möglichkeit, selbst zu entscheiden, wer die kritischen Entscheidungen trifft, die unser aller Leben betreffen. Gesetze, die über die Bürger dieses Landes bestimmen, werden von Politikern aus anderen Ländern gemacht, Politiker, die wir nie gewählt haben und die wir auch nicht absetzen können.«[17]

Dem gegenüber stand Camerons damalige Innenministerin Theresa May, von der einige befürchtet hatten, dass sie sich dem Leave-Lager anschließen würde, ihm dann jedoch noch am selben Tag den Rücken stärkte und sagte: »Die EU ist alles andere als perfekt, und niemand sollte auch nur den leisesten Zweifel daran hegen, dass dieser Deal nur ein Teil eines weitergehenden Veränderungs- und Reformprozesses sein kann – was absolut unabdingbar ist, wenn ihm in einer sich verändernden Welt Erfolg beschieden sein soll. Aber meiner Ansicht nach ist es – aus Sicherheitsgründen, aus Gründen der Verbrechens- und Terrorismusprävention, des innereuropäischen Handels und des Zugangs zu den globalen Märkten – im nationalen Interesse, Mitglied der Europäischen Union zu bleiben.«[18]

Danach wurde es für den Rest des Wahlkampfs sehr still um sie, vielleicht, weil ihr bereits damals klar wurde, wie falsch Cameron das Ganze angegangen war; und möglicherweise ahnte sie, dass sie bei passender Gelegenheit am besten in seine Schuhe würde schlüpfen können, wenn sie weder mit der einen noch mir der anderen Seite der Kampagne allzu stark assoziiert war.

Dann kam der Paukenschlag: Vor seinem Londoner Haus verkündete Boris Johnson, damals noch Bürgermeister von London, er habe sich »nach einer Unmenge an seelischer Qual« dazu entschlossen, sich dem Lager derjenigen anzuschließen, die Großbritannien aus dem 28-Nationen-Block herauslösen wollten.

Er betonte zwar, im Wahlkampf keine führende Rolle einnehmen zu wollen, doch seine Erklärung wurde trotzdem als eine der wichtigsten Starthilfen für die Leave-Kampagne bewertet – und gleichzeitig als unverhohlene Bewerbung um die Parteiführung der Torys, sollte der Premierminister gezwungen sein, im Falle eines Votums für den EU-Austritt sein Amt niederzulegen. Eine Quelle aus dem Remain-Lager nannte diesen Schachzug »die am unverhülltesten daherkommende eigennutzorientierte politische Positionierung der letzten Jahre«. Viele sagten, Boris Johnson habe sich nicht zugunsten von Leave so klar geäußert, sondern zugunsten von Boris Johnson.

Sein Vater Stanley, der in den 1970er-Jahren in der EU-Kommission gearbeitet hatte, sagte im TV-Sender *Sky News*, er glaube, sein Sohn habe beim Thema EU die falschen Schlüsse gezogen. Er sei zwar sehr stolz auf ihn und respektiere seine Ansichten, vertrete jedoch selbst eine vollkommen andere Position. Wie sich herausstellen sollte, gingen außer bei den Johnsons auch in sehr vielen anderen Familien die Meinungen über dieses Thema weit auseinander.

Andere waren nicht ganz so schnell bei der Hand, Farbe zu bekennen. Jeremy Corbyn, der Parteivorsitzende von Labour, der sich davor immer gegen die EU ausgesprochen hatte, stellte fest, dass er mit der überwiegenden Mehrheit seiner Partei über Kreuz lag. Er versuchte, das Referendum so lange wie möglich zu ignorieren, sah sich dann aber gezwungen, hin und wieder halbherzig hingenuschelte Pro-Remain-Reden zu halten.

DER WAHLKAMPF NIMMT FAHRT AUF Die Brexit-Kampagne begann im Grunde schon in den 1990er-Jahren mit den Streitereien über den Vertrag von Maastricht. Damals war ich 21 und hatte – im Zuge des Zusammenbruchs des Kommunismus in Europa und der deutschen Wiedervereinigung – gerade erst meine Liebe für das europäische Projekt entdeckt. Den Auseinandersetzungen damals folgte erst der Aufstieg der British National Party, dann der UKIP in den 2000er-Jahren. Aber noch nie war der Plan, Großbritannien aus der EU herauszulösen, so fokussiert verfolgt worden wie 2016. Nach David Camerons Entscheidung, sich den Euroskeptikern in seiner Partei zu beugen, nahm er rasant Form an. Für viele war Camerons Bloomberg-Rede Tag 1 des Wahlkampfs, gefolgt vom Brüsseler Neuverhandlungsgipfel.

Doch offiziell erfolgte der Startschuss zum Wahlkampf am Freitag, den 15. April 2016. Die Hauptakteure waren: Boris Johnson (für Boris – und Leave) und Justizminister Michael Gove (Leave) versus David Cameron und Finanzminister George Osborne (beide Remain). Weitere prominente Befürworter des Austritts aus der EU waren unter anderem Iain Duncan Smith, Minister für Arbeit und Pensionen, sowie Gisela Stuart von der Labour-Partei, die zusammen mit Gove die Leave-Kampagne anführte und den Wahlkampf managte. (Viele Briten – und Deutsche – werden sich jetzt fragen: »Gisela wer?« Zu ihr später mehr.)

Zunächst bestimmten Wirtschaftsthemen die Debatte: Osborne behauptete, jeder Familie stünden im Falle des EU-Austritts pro Jahr 4300 Pfund weniger zur Verfügung, Johnson dagegen äußerte beharrlich, Großbritannien überweise wöchentlich 350 Millionen Pfund an die EU, die man im Falle des Austritts auch in das marode Gesundheitssystem, den National Health Service (NHS), pumpen könne. Der Finanzausschuss des Unterhauses (ein parlamentarisches Gremium, dessen Aufgabe es ist, die Ausgaben, Verwaltungsabläufe und die Politik des Finanzministeriums zu überwachen) untersuchte beide Behauptungen und befand beide für falsch, wobei Johnsons NHS-Thesen als weitaus irrlichternder eingestuft wurden als die von Osborne.

Die Befürworter des Remain arbeiteten im Großen und Ganzen mit eher negativen Botschaften und wollten die Wähler so dazu bringen, für den Verbleib zu stimmen: Sie verwiesen auf alles, was im Falle des Ausscheidens schiefgehen würde, und vergaßen, die Argumente anzuführen, die fürs Dabeibleiben sprachen. Ihr Wahlkampflager wurde von den Leave-Befürwortern schnell als *Project Fear*, als »Projekt Angst«, tituliert.

Als dann jeder unabhängige Wirtschafts-Think-Tank, der Internationale Währungsfonds, zehn mit dem Nobelpreis ausgezeichnete Ökonomen sowie die Bank of England zu dem Urteil kamen, Großbritannien wäre schlechter gestellt, wenn es aus der EU austräte, sagte Gove wiederholt, diesen Experten sei doch nicht zu trauen, und er verglich sämtliche Sachkundigen, die sich für die EU aussprachen, mit Nazi-Propagandisten – mit der haarsträubenden Begründung, dass schließlich auch viele deutsche Wissenschaftler Einstein denunziert hätten.[19] Johnson stellte gar die empörende Behauptung auf, die EU versuche, einen Superstaat ins Leben zu rufen, der Ähnlichkeit habe mit dem, der Hitler vorgeschwebt habe. Obwohl die Bürokraten in Brüssel zu »anderen Methoden« griffen als der NS-Diktator, hätten sie doch dasselbe Ziel, nämlich Europa unter einer »Obrigkeit« zu vereinigen, so sagte er.

In einem Interview mit dem *Daily Telegraph* gab er von sich: »Napoleon, Hitler und andere haben es schon versucht – und es hat immer ein tragisches Ende genommen. Die EU ist der Versuch, dasselbe mit anderen Mitteln zu erreichen.« Es sei an der Zeit, dass das Vereinigte Königreich »sich von dem fehlerhaften, dysfunktionalen EU-System löst«. Und: »Der jetzige Zeitpunkt ist von zentraler Wichtigkeit: Viele Menschen werden sich so ihre Gedanken machen, und ich hoffe sehr, dass sie an unser Land glauben, daran glauben, dass wir es gemeinsam schaffen können.«[20]

All diese Behauptungen waren offenkundig hanebüchen, aber immer, wenn Johnson und Gove – beide im Umgang mit den Medien versierte Politiker und ehemalige Journalisten (Johnson sogar ehemaliger Brüssel-Korrespondent) – derartiges Zeug von sich gaben, war der Applaus, den sie einheimsten, lauter als die Empörung. Als sie realisierten, dass sie mit ihren ökonomischen Argumenten auf relativ dünnem Eis standen, verschoben Johnson und Gove die Diskussion auf das Thema Einwanderung. Sie sagten, man könne die Zahl der nach Großbritannien Kommenden nur verringern, indem man die Einwanderung aus anderen EU-Ländern unterbinde – und machten zu keinem Zeitpunkt klar und deutlich, dass weiterhin viele Zuwanderer auch von außerhalb der EU kommen würden.

Ich sah mir das alles von Deutschland aus an und war täglich, wenn ich BBC Radio anschaltete, aufs Neue wie vor den Kopf gestoßen von dem unversöhnlichen Tonfall der Auseinandersetzung und den Mengen an Propaganda und Falschheiten, die in die Schlacht geschleudert wurden. Ich war einerseits froh, nicht direkt vor Ort zu sein, andererseits aber auch tieftraurig darüber, dass ich die anliegenden Themen nicht mit engen Freunden und im Kreis meiner Familie diskutieren konnte. Gleichzeitig war ich neugierig, wie die mir Nahestehenden wohl stimmen würden, aber sie direkt zu fragen kam mir vor wie ein Eingriff in ihre Intimsphäre.

Eine Woche vor dem Referendum fuhr ich mit der Bahn von Deutschland nach London. Mein Eurostar kam am 15. Juni an. Und sofort fiel mir die Verbissenheit dieses Wahlkampfs auf, die aus der Nähe betrachtet sogar noch boshafter wirkte. Nachdem ich vom Bahnhof St. Pancras den kurzen Weg zur Redaktion des *Guardian* zu Fuß gegangen war, nur ein paar Hundert Meter die Straße hoch, traf ich auf Kolleginnen und Kollegen, die gleichermaßen schockiert und deprimiert waren über die Rhetorik beider Wahlkampflager und die mir aufzeigten, wie eng es momentan aussah.

Man kann nicht sagen, dass der *Guardian* redaktionell eine klare Linie verfolgt hatte. Bei Redaktionskonferenzen hatte es unter den Kolleginnen und Kollegen erhebliche interne Richtungsstreitigkeiten gegeben, wobei gerade einige der ausdrücklicheren Linken die Ansicht vertreten hatten, die EU sei eine zu beherrschende Kraft. Erst nach viel interner Diskussion wurde beschlossen, dass sich die Zeitung im Sinne des Allgemeinwohls dezidiert auf die Remain-Seite schlagen würde.

Drei Tage vor dem Referendum stand im Leitartikel: »Wer, glauben wir, sind wir, und wer wollen wir sein? Sind wir wirklich so anders als die anderen, dass wir uns nicht an gemeinsame Regeln halten können? Sind wir Mitglied in einer Familie der Nationen – oder sind wir ein Land, das lieber für sich bleibt und die Tür verrammelt?« Für uns als Zeitung war klar, dass die EU ungerechterweise zum Sündenbock für alles geworden war, was in Großbritannien vor sich ging. Im Leitartikel hieß es weiter: »Sollte die EU zum Prügelknaben geworden sein, dann liegt das größtenteils an dem Frust, den viele notgedrungen in ihrem Alltag in Großbritannien haben. Die Gehälter von Millionen Bürgerinnen und Bürgern sind seit Jahren und bis auf Weiteres eingefroren, die Arbeitsplatzsicherheit ist prekär, und jegliche Hoffnung auf einen fairen Deal bekommt ständig neue Dämpfer, und das alles in einer Zeit, in der die Einwanderung zunimmt. Die Menschen sind verletzt und wütend, und viele sind bereit, ihren Frust an denjenigen auszulassen, die sie gefühlt im Stich gelassen haben. Auch wenn die britische Regierung dafür die deutlich größere Verantwortung trägt, muss man doch auch einräumen, dass die EU Bestandteil einer internationalen Wirtschaftsordnung ist, die vielen Menschen übel mitgespielt hat. Der Wunsch, dieser Ordnung ans Schienbein zu treten, ist entsprechend verständlich – entsteht aber trotzdem aus einem Irrtum.«

Der Artikel schloss mit der Forderung, sich bewusst zu machen, dass die EU vielleicht Mängel hatte, aber trotzdem die derzeit beste Option sei. Weswegen man sich einfach besser um sie kümmern sollte: »Wie die Demokratie, deren Vorzüge uns nach dem gewaltsamen Tod der hingebungsvollen, prinzipientreuen Parlamentsabgeordneten Jo Cox wieder wie neu aufgegangen sind, ist auch die EU nicht nur das geringste Übel. Sie ist die Verkörperung dessen, was an uns am besten ist: dass wir ein freies Volk sind in einem friedlichen Europa. Gehen Sie also diese Woche zur Wahl. Geben Sie Ihre Stimme für ein vereintes Land, das der Welt die Hand hinhält, und stimmen Sie gegen eine gespaltene Nation, die sich in sich abkapselt. Stimmen Sie für den Verbleib in der EU.«[21]

Angus Robertson, Deutsch-Schotte und ein alter Bekannter, den ich seit meinem allerersten Job bei einem Radiosender in Wien kenne und der (bis 2017) Abgeordneter im Unterhaus war, hatte im direkt an der Themse liegenden Terrassencafé des House of Commons ein Treffen ehemaliger Kollegen vom Sender organisiert. Robertson, ein bärbeißiger Typ mit einer gehörigen Portion Witz, war seit einigen Jahren bei der SNP, der Partei der schottischen Nationalisten. Seine Karriere hatte im Wahlkampf für ein unabhängiges Schottland ordentlich

Schub bekommen. In Westminster war er jetzt Fraktionsvorsitzender seiner Partei und quoll fast über vor interessanten Einblicken in die Zusammenhänge des bevorstehenden Referendums.

Nach einem von Kellnern am Tisch servierten Dinner im Speisesaal – es gab Rind – nahm Robertson uns mit zu einer Führung durch das Parlamentsgebäude. Nachdem er sich bei den sogenannten PMQs, den »Fragen an den Premierminister«, am Vormittag sowohl mit Cameron als auch mit Corbyn angelegt hatte – als Kopf der drittstärksten Partei im Unterhaus hatte er das Recht, zwei Fragen an den Premier zu richten –, spielte er uns die Situation auf unser Bitten hin noch einmal vor.

Wir, seine ehemaligen Kolleginnen und Kollegen, quetschten uns in den Sitzungssaal des House of Commons – anders, als es im Fernsehen den Anschein hat, in Wirklichkeit ein winzig kleiner Raum – und sahen zu, wie er den Phantom-Premier erneut in die Zange nahm. Was, fragte er, wolle die Regierung denn mit den gar nicht so wenigen EU-Bürgern machen, die im staatlichen Gesundheitssystem arbeiteten und durch das Referendum in große Unsicherheit gestürzt würden? Mittlerweile hatten ganze Heerscharen von Experten vor den potenziell katastrophalen Brexit-Auswirkungen auf das britische Gesundheitssystem gewarnt, dessen Überleben personell abhängig ist von Zehntausenden EU-Staatsangehörigen, die zu halten oder neu zu finden jedoch schwierig würde, wenn Großbritannien nicht mehr im europäischen Binnenmarkt wäre.

Die Antwort des Premierministers war ausweichend. Er erinnerte seinen »durchaus ehrenwerten Kollegen« daran, dass dies noch immer Teil der Verhandlungen mit Brüssel sei, aber er nähme auch gern die Gelegenheit wahr zu sagen, dass er den Beitrag der EU-Arbeitnehmerinnen und -Arbeitnehmer zum Gesundheitssystem sehr schätze. Robertson hatte mit diesem Thema ein zentrales Problem benannt, das die meisten anderen Abgeordneten erst als Problem begriffen, als das Referendum bereits gelaufen war.

Später, bei einem Absacker in der Bar der County Hall am Südufer der Themse, prognostizierte Robertson den letzten verbliebenen Nachtschwärmern, inklusive mir, schweren Herzens, das Referendum würde mit einer hauchdünnen Mehrheit von den Leavers gewonnen werden. Es war das erste Mal, dass ich hörte, wie jemand das so rundheraus sagte. Ich hoffte inständig, dass er falschlag. Andererseits war er jedoch wirklich nah dran am Geschehen und hatte sicher nichts zu gewinnen, wenn er diese These vor uns, unter Freunden äußerte. Mir blieb nichts, als einmal tief durchzuatmen.

Seine Stimmung hellte sich jedoch auf beim Gedanken daran, dass die Schotten, die seiner Vorhersage nach ziemlich sicher mehrheitlich für Remain stimmen würden, bei einem solchen Ergebnis eine zweite Chance für ein Unabhängigkeitsreferendum bekämen. Dass ich nur zwei Jahre zuvor verzweifelt gegen diesen Schritt gewesen war, kam mir mittlerweile absurd vor. Vor dem Hintergrund, dass sich das Vereinigte Königreich tatsächlich für den EU-Austritt entscheiden könnte, erschien mir diese Möglichkeit fast wie ein Hoffnungsschimmer. Vielleicht bist du im Grunde deines Herzens nichts als eine Opportunistin, dachte ich, als ich meine Freunde und ehemaligen Kollegen zum Abschied umarmte und wir dann in die warme Londoner Nacht hinein auseinandergingen.

Am 16. Juni 2016 ließ Nigel Farage von der UKIP den Wahlkampf zu einer noch größeren Schlammschlacht ausarten. Da er offenbar den Eindruck hatte, dass das Einwanderungsthema nicht genügend Beachtung fand, kam er mit einer Plakatkampagne um die Ecke, die den Anschein erweckte, als würde Großbritannien demnächst von syrischen Flüchtlingen überrannt. Der Slogan: »*Breaking point: the EU has failed us all*« – »Belastungsgrenze erreicht: Die EU hat uns alle verraten«. Das Bild auf dem Plakat zeigte Migranten beim Überqueren der kroatisch-slowenischen Grenze im Jahr 2015. Über die einzige deutlich sichtbare weiße Person im Vordergrund des Fotos hatte man einen Textkasten gelegt.

Bei der Vorstellung des Plakats sagte Farage, die Fotografie sei eine akkurate, unbearbeitete Aufnahme vom 15. Oktober 2015, aus dem Sommer, in dem Angela Merkel die Menschen zum Kommen aufgerufen und so gemeinsam mit der EU die Sicherheit aller aufs Spiel gesetzt habe. Es war nicht das erste Mal, dass Angela Merkel vom Leave-Lager benutzt wurde, um zu argumentieren, man kehre einer EU, in der so etwas wie Merkels »Politik der offenen Tür« zugelassen werde, wohl besser den Rücken. Merkel habe die Angst geschürt, die schließlich zum Leave-Votum führte, hieß es immer öfter.

Die Gewerkschaft Unison verurteilte Farages Plakat und zeigte ihn wegen versuchter Anstachelung zum Rassenhass bei der Polizei an. Unison bezeichnete das Plakat als »unverhohlenen Versuch, Rassenhass zu schüren« und »Panikmache in ihrer extremsten und bösartigsten Form zu betreiben. Das Leave-Lager ist mit seinem jüngsten Versuch, den Arbeitnehmerinnen und Arbeitnehmern so viel Angst einzujagen, dass sie für den EU-Austritt stimmen, wirklich ganz unten angekommen.«[22]

An jenem Morgen nahm ich den Zug von London nach Brüssel und wunderte mich wie immer, wenn ich im Eurostar sitze, über die kurze physische Distanz zwischen den beiden Hauptstädten, eine Entfernung, die dem sehr viel tieferen psychologischen Graben Hohn spricht. Die Reise dauert kaum zwei Stunden, gerade genügend Zeit, eine Zeitung zu überfliegen, einen Becher Latte macchiato zu trinken und hin und wieder aus dem Fenster zu schauen auf das oft feuchtkalte Wetter.

Bei der Gelegenheit fiel mir auf, wie ironisch es doch war, dass der Eurotunnel – diese bestmögliche Kombination aus britischem Pragmatismus und europäischem Idealismus – gerade von Margaret Thatcher realisiert worden war. Ich erinnere mich lebhaft daran, wie ich als Kind vor dem Fernseher saß und zuschaute, wie sich die französischen und britischen Arbeiter nach jahrelangen Bohrungen schließlich in der Mitte trafen. Als sie am 1. Dezember 1990 die letzten Meter

Fels durchbrachen, waren Großbritannien und das europäische Festland zum ersten Mal seit der Eiszeit wieder miteinander verbunden.

Der letzte halbe Meter war natürlich eine Inszenierung mit großem dramatischem Effekt, die ihren Höhepunkt fand, als sich zwei Arbeiter, der Franzose Philippe Cozette und der Brite Graham Fagg, die Hände schüttelten und durch das Loch hindurch ihre Nationalflaggen tauschten. Das Mammutbauprojekt war in dieser Zeit beherrschend gewesen für die Vorstellungswelt von mir und meinen Geschwistern – eine mit dem ersten Start der Concorde (an den ich mich ebenfalls sehr gut erinnere) vergleichbare, beinahe wahnsinnige Ingenieursleistung: 13 000 Arbeiter, die durchschnittlich 45 Meter unter dem Meeresgrund insgesamt 150 Kilometer Tunnelröhre gegraben hatten.

Unter heutigen Voraussetzungen – man beschäftigt sich obsessiv mit Grenzen und der Rückgewinnung von Kontrolle – geradezu überraschend, wurde der Eurotunnel damals von der überwältigenden Mehrheit der Briten positiv gesehen. Aber ich erinnere mich auch sehr genau an eine *Cornflakes*-Packung, darauf eine Zeichnung vom *Chunnel* – so hieß der Tunnel in der Alltagssprache –, neben dem ein Hai und andere düstere Kreaturen schwammen. Wie enttäuscht ich war, als ich nach Eröffnung des Kanaltunnels im Jahr 1994 zum ersten Mal hindurchfuhr und ich weder in der durchsichtigen Glasröhre meiner Kindheitsfantasien saß noch ein Meer samt Fischen und Haien zu sehen war …

Während der Zug nun im Juni 2016 durch die Vororte von Brüssel rollte, fiel mir der Unterschied auf zu den Suburbs von London, vor allem jener gänzlich andersartige architektonische Stil, den man in Belgien findet, mit seinen schmalen, weißen Häusern. Der graue Himmel hingegen war gleich.

Ich war mit einem Kollegen verabredet, Ian Traynor, dem überaus angesehenen Brüssel-Korrespondenten des *Guardian* – einem vom europäischen Kontinent geradezu durchdrungenen Mann, der über viele der europäischen Triumphe, Konflikte und Fehlschläge der letzten Jahre geschrieben hatte. Ian glaubte leidenschaftlich an ein in der EU vereintes Europa, obwohl er der Institution selbst immer auch zutiefst kritisch und oft desillusioniert gegenübergestanden hatte. Er war beunruhigt über die Richtung, die die Meinungsumfragen zum Referendum nahmen. Er erinnerte sich, wie er 1991 als Kriegsberichterstatter in der ostkroatischen Stadt Vukovar stand, die von der serbischen Armee dem Erdboden gleichgemacht worden war. Niemals hätte er sich damals vorstellen können, sagte er jetzt, dass Kroatien 25 Jahre später in der Europäischen Union sein würde – und »Großbritannien auf dem Weg raus«.

Ich war schockiert von seinem Pessimismus. Ich wusste damals nicht, dass ich ihn zum letzten Mal sah. Ian war an Krebs erkrankt. Ich hatte ihm aus London eine Dose Tee mitgebracht, Marke *Hope and Glory*. Angesichts des Namens musste er lachen, und wir saßen auf seinem Sofa im Stadtzentrum von Brüssel, tranken Tee, tauchten Teegebäck hinein und sahen uns das Europameisterschaftsspiel Wales gegen England an.

Ian, in Glasgow aufgewachsen, war für Wales. In der Halbzeitpause sagte er, wie sehr ihn die zunehmend ausländerfeindliche Stimmung in Großbritannien anwidere und dass er die ganze Brexit-Sache, wie er es in seiner typisch unverstellten Art sagte, für *a fucking mess* halte.

Nach dem Spiel half er seinem Sohn, ein Antragsformular für einen britischen Pass auszufüllen, aus Angst, dass dieser sich nach einem Brexit und ohne die Unterstützung seines Vaters nicht mehr als Brite würde anerkennen lassen können, da er in Belgien geboren worden war. Gleichzeitig war Ian aber auch beruhigt darüber, dass sein Sohn dank der kroatischen Staatsangehörigkeit seiner verstorbenen Mutter definitiv in der EU würde bleiben können.

Diese Szene hatte etwas von einem Notfall, was sicher vor allem Ians Krankheit geschuldet war. Aber sie spiegelte auch wider, was vielen anderen in den nächsten Monaten widerfahren sollte: Man legte seine Identität fest, man beantragte neue Pässe bei den Ämtern, man verlängerte alte Pässe, man grub Familienbücher aus, man ermittelte blutsverwandte Vorfahren und wusste danach, auf welche Identitäten man überhaupt ein »Anrecht« hatte – und sicherte sich auf diese Weise die eigene Zukunft, so, wie auch ich es bald machen würde.

Als wir uns voneinander verabschiedeten, war Ian enttäuscht, dass Wales 1 : 2 gegen England verloren hatte. Ich umarmte ihn. Er war körperlich nurmehr ein Schatten seines ehemaligen Selbst, aber sein dickköpfiger, aufbrausender schottischer Geist war so quicklebendig wie eh und je. »Mach deine Arbeit weiter so gut«, sagte er zu mir.

Als ich von seinem Haus aus den Hügel hinunterging, blinkte auf meinem Telefon plötzlich die Eilmeldung auf, dass die Labour-Abgeordnete Jo Cox ermordet worden war, erstochen vor der Bibliothek ihres Wahlkreises in Yorkshire, wahrscheinlich von einem rechtsextremen Terroristen. Die UKIP ließ den Rest ihrer Plakatkampagne fürs Erste im Regal liegen. Ich schickte Ian eine SMS, er solle den Fernseher einschalten. »Mach ich«, kam zurück.

ALTERNATIVE FAKTEN Der Wahlkampf im direkten Vorfeld des Referendums gliederte sich in eine Reihe von TV-Duellen zwischen den Anführern der beiden Lager. Das Niveau war einigermaßen armselig. Jedes Mal, wenn Boris Johnson den Mund aufmachte, bekam er johlenden Beifall von den Leavers. Jedes Mal, wenn David Cameron sich äußerte, bekam er Applaus von den Remainers. Auf beiden Seiten waren die Argumente emotionsgeladen und ließen nicht selten jede Form von intelligenter Analyse missen.

Den täglichen Umfragewerten zum Referendum folgte ich mit der Besessenheit eines Fußballfans zum Saisonende. Die Werte deuteten darauf hin, dass das Feld eng beieinanderlag: Kurz vor der Abstimmung hieß es, 41 Prozent seien für den Verbleib, 40 Prozent für den Austritt, 14 Prozent noch unentschieden.

Es wurde mit harten Bandagen gekämpft. Beide Seiten stellten Zahlen und Fakten oft verzerrt dar. Vor allem den Leavers schien alles, was ihnen erlaubte, eine drastische Setzung zu machen, nur recht und billig zu sein. In den Richtlinien der Advertising Standards Agency ist festgelegt, dass politische Werbung in Großbritannien ausgenommen ist von den Regeln, denen Konsumgüter unterliegen – mit dem haarsträubenden Ergebnis, dass man nach britischem Recht zwar nicht behaupten darf, dass ein Kräutertee den Kunden dünner macht, aber durchaus, dass 350 Millionen Pfund pro Woche ins Gesundheitssystem fließen könnten statt in die Europäische Union, auch, wenn das schlichtweg nicht der Wahrheit entspricht. Es ist ein rechtliches Schlupfloch, das die Köpfe hinter der Leave-Kampagne schon zu einem frühen Zeitpunkt entdeckt und dann vollumfänglich ausgeschlachtet haben.

Die Stimmung wurde weiter angeheizt durch den Umstand, dass sich alle, wirklich alle, in die Debatte einmischten. Der Schauspieler Michael Caine *(out)* und der Schauspieler Matt Damon *(in)*, Victoria und David Beckham *(in)* und John Cleese von Monty Python *(out)*. Kein Interview war in dieser Zeit vollständig ohne die Frage nach dem jeweiligen Standpunkt zum Brexit. Viele wanden sich in sichtbarem Unbehagen und versuchten, die Beantwortung dieser Frage zu umgehen. Sich zu enthalten, war dennoch kaum möglich.

Auch US-Präsident Barack Obama gehörte zu denjenigen, die sich einschalteten. Er löste eine richtiggehende Kontroverse aus mit seiner Äußerung, das Vereinigte Königreich sei »dann am stärksten, wenn es dabei behilflich ist, eine starke Europäische Union anzuführen. Ein Teil der EU zu sein, trägt dazu bei, dass sich die Macht Großbritanniens erst voll entfaltet. Ich glaube nicht, dass die EU den britischen Einfluss in der Welt schmälert. Nein, sie macht ihn größer.« Er fügte hinzu, die »besondere Beziehung« zwischen den USA und dem Vereinigten Königreich würde nicht beeinträchtigt, sollten die Briten für den Austritt aus der Union votieren, allerdings müsse sich das Königreich in einem solchen Fall für Handelsabkommen mit den USA »hinten anstellen«. Es war diese »Hinten anstellen«-Bemerkung, die bei vielen Leavers quer saß – Leavers, die mittlerweile die Ansichten der Remainers als Eliten-Expertenmeinungen abqualifizierten.

Auch Donald Trump tat seine Meinung kund, natürlich, und sagte in einem am 16. Mai ausgestrahlten Interview, dass er, wäre er Brite, wahrscheinlich für den Austritt stimmen würde. Die EU bezeichnete er als sehr bürokratisch und sehr schwierig, kurzum: als »ein Desaster«.

Am Mittwoch, den 22. Juni, am Abend vor der Abstimmung, übertrug die BBC ein letztes großes TV-Duell aus der Wembley Arena, einem Stadion, das üblicherweise großen Popkonzerten und Fußballspielen vorbehalten ist, was für mich nur den Eindruck erhärtete, dass das Referendum für viele nichts als Unterhaltung war. Verstärkt wurde dieser Eindruck durch die Entscheidung der BBC, diese Sendung *The Great Debate* zu betiteln, was vom Klang her nicht sehr weit weg war von der allseits beliebten Backsendung *The Great British Bake-Off*.

An diesem letzten Wahlkampfabend lieferten sich Leave und Remain ein zweistündiges Rededuell zu sämtlichen relevanten Themen, von Einwanderung über Wirtschaft bis hin zu Souveränität und Gesundheitssystem. Vor einem über tausendköpfigen Live-Publikum gerieten die Anführer der beiden Lager wiederholt aneinander, ein bisweilen unwürdiger Schlagabtausch, der in die Wohnzimmer von Millionen Zuschauern übertragen wurde, die ihre Wahlentscheidung am Folgetag nicht selten auf der Grundlage dessen tätigen sollten, was sie in dieser Debatte zu hören bekommen hatten.

In ihrem Schlussstatement sagte Ruth Davidson, die Parteivorsitzende der schottischen Torys, zum Publikum im Wembley-Stadion, man müsse sich bei der Stimmabgabe am folgenden Tag »zu 100 Prozent sicher sein«, und fügte hinzu, dass es »am Freitagmorgen kein Zurück« mehr gebe. Auch wenn die Leaver dazu aufriefen, nicht auf sogenannte Experten zu hören: Remainer handhaben das ausdrücklich anders, sagte Davidson und berief sich auf Wirtschaftswissenschaftler, führende Manager und Galionsfiguren aus der Kultur, die sämtlich der Ansicht seien, dass »Großbritannien innerhalb der EU besser dran« sei.

In derselben Diskussionsrunde sagte Boris Johnson, das Problem des Remain-Lagers sei, dass es Großbritannien ständig schlechtrede. Als er ergänzte, bei einem Sieg für seine Seite würde der 23. Juni ein für alle Mal als Großbritanniens »Unabhängigkeitstag« in die Geschichte eingehen, erntete er Standing Ovations.

Sadiq Khan, der beliebte Londoner Bürgermeister, sprach von der im Zuge des Wahlkampfs angestachelten Fremdenfeindlichkeit und warf seinem Amtsvorgänger Johnson vor, Kopf von »Projekt Hass« zu sein. Worauf Johnson zurückfeuerte, die Remainer hätten nichts weiter getan, als Werbung zu machen für das »Projekt Angst«, der Angst vor allem, was bei einem britischen EU-Austritt schiefgehen könnte. In diesem Fall hatten beide stichhaltige Argumente.

Die letzte, entscheidende Phase des Wahlkampfs brach am Morgen des Abstimmungstags an, als Johnson noch einmal alles gab: Er stand in aller Herrgottsfrühe auf, um auf dem Markt von Billingsgate Fische zu küssen und Millionen von Zuschauern im Frühstücksfernsehen zu sagen, dass Großbritannien, wenn sie für den Austritt stimmten, endlich »damit anfangen könnte, sich aus diesem niederdrückenden, antidemokratischen Herrschaftssystem herauszulösen« – und das betraf in seinen Augen auch das Fischereirecht. Daher seine Entscheidung, den Fischen medienwirksam zu Leibe zu rücken ... Einen Ausdruck wiederholend, der geradezu zum Mantra der Brexiters geworden war, sagte er: »Optimal für uns wäre, morgen wieder die Kontrolle zu übernehmen und große Geldbeträge wieder für das verwenden zu können, was für uns Priorität hat. Die Kontrolle wiederzuerlangen über unser System der Einwanderung, kurz: die Kontrolle wiederzuerlangen über unsere Demokratie.«[23] Die Phrase »*taking back control*« war zu jenem Zeitpunkt wahrscheinlich die Formulierung, die alle, die die EU verlassen wollten, auf der Straße oder im Pub am häufigsten benutzten.

Aber auch das Remain-Lager machte noch einmal mobil, um letzten Einfluss auf das Wahlergebnis zu nehmen. Unter anderem erschien in der *Times* ein Appell, den über tausend Manager, darunter die Vorstände von 51 börsennotierten Unternehmen, verfasst hatten.

Ich sah mir das alles von Berlin aus an, folgte Tweets und anderen Wortmeldungen in den sozialen Medien, darunter dem, was im Live-Blog des *Guardian* geschrieben wurde, und tauschte mich mit Freunden und Kollegen in ganz Europa aus. Und auch wenn wir hinsichtlich des Endergebnisses alle nicht übermäßig zuversichtlich waren, klammerten wir uns doch an den Glauben, dass »schon alles gut gehen« würde. Sicherlich würde der gesunde Menschenverstand doch noch obsiegen, und am 24. Juni würden wir in einer beruhigten Welt aufwachen, der augenblickliche Sturm würde sich gelegt haben, man würde wieder freundlicher miteinander umgehen – zumindest für den Moment.

Doch wenn ich genauer hingesehen hätte, hätte ich den Ausgang des Referendums vielleicht schon aus der Beobachtung meines nächsten Umfelds präziser vorhersagen können. Bei einem Familientreffen kurz vor der Abstimmung kamen Cousinen, Tanten und Onkel von beiden Seiten im Garten meiner Eltern zusammen. Während wir von meinem Vater gegrilltes Fleisch auf die Salatberge auf unseren Tellern häuften und dabei schon nach dem von meiner Mutter aufgetragenen Baisergebäck und anderen köstlichen Desserts schielten, unternahm ich den Versuch, zwei Verwandte, die ich im Verdacht hatte, Brexiter beziehungsweise Remainer zu sein, über ihre Ansichten auszufragen. Sofort ging mein Onkel dazwischen und warnte, der Brexit sei als Thema zu sensibel, um es anzuschneiden.

»Keine gute Idee – es sei denn, du willst, dass diese Feier tränenreich zu Ende geht«, sagte mein Onkel, der im Normalfall selbst gut darin ist, kleine Streitereien vom Zaun zu brechen. Wie sich später herausstellte, hatten einige der Anwesenden für den EU-Austritt gestimmt. Unter anderem meine eigene Mutter.

DER 23. JUNI 2016

Am 23. Juni waren meine Nerven den ganzen Tag über bis zum Zerreißen gespannt. Es wurde zudem ein sehr nasser Tag. Über den Großteil des Vereinigten Königreichs ergoss sich ein sintflutartiger Regen, manche Leute mussten wegen Überflutung sogar in die Wahllokale getragen werden, zwei Wahllokale wurden infolge des Hochwassers verlegt. Es passte irgendwie.

Die Wahllokale öffneten um 7 Uhr morgens britischer Zeit. In welch unversöhnliche Lager die gesamte Nation gespalten war, zeigte sich an jenem Tag auf den Titelseiten der Zeitungen. Das Boulevardblatt *The Sun* druckte eine Erdkugel mit Großbritannien im Zentrum, dahinter die aufgehende Sonne, dazu die Schlagzeile »*Independence Day – Britain's Resurgence*«, in etwa: »Unabhängigkeitstag – Großbritanniens Wiederauferstehung«. Meine Zeitung, der *Guardian*, schrieb auf die Titelseite »*Last Ditch Attempt to Stay in Europe*« – »Letzter Versuch, in Europa zu bleiben«, darunter stand fragend: »Wer wollen wir sein? Nach der erbittertsten politischen Schlacht aller Zeiten entscheidet die Nation«. Das ›I‹ und das ›N‹ im Wort *Guardian* waren gelb hervorgehoben. Das linke Massenblatt *The Daily Mirror* illustrierte seine Titelseite mit einem gähnenden schwarzen Loch: »Springen Sie nicht ins Ungewisse … Wählen Sie heute REMAIN.«

Drüben in Deutschland hing ich über den Titelseiten und schickte Gerüchte-, Analyse- und Kommentarbrocken an die Kollegen in London, die unseren Live-Blog damit fütterten, während Tanit Koch, die Chefredakteurin der Boulevardzeitung *Bild*, klarmachte, wie wichtig die Abstimmung für andere Länder war. Sie titelte und twitterte, dass Deutschland, wenn Großbritannien für den Verbleib in der EU stimmen würde, aus lauter Dankbarkeit das Wembley-Tor von 1966 anerkennen würde.

Die *Bild* versprach in ihrem Leitartikel außerdem, dass die Deutschen, sollten die Briten gegen den Brexit stimmen, nicht länger Sonnenliegen an Hotelpools in Beschlag nehmen und beim nächsten Elfmeterschießen zwischen Deutschland und England ihren Torhüter vom Platz stellen würden. Ebenso schwor *Bild*, ab jetzt für jeden neuen James-Bond-Film den Bösewicht zu liefern, die Uhren in Deutschland eine Stunde zurückzustellen und eine EU-Richtlinie einzuführen, die Schaum auf dem Bier verbietet.

Eine weitere gut gelaunte deutsche Intervention kam von dem deutschen, in England beheimateten Kinderbuchillustrator Axel Scheffler – berühmt vor allem für den *Grüffelo* –, der eine winzige Maus in einem T-Shirt mit Union Jack darauf zeichnete. Die Maus zeigt auf ein bedrohliches, in die blau und gelb besternte Flagge der EU gewandetes Monster und ruft: »*There's no such thing as a Brusselo!*« – »Es gibt ihn ja gar nicht, den Brüsselo!«

Europaweit wurden markante Gebäude in den Farben des Union Jack illuminiert, um Unterstützung für das Remain-Lager zu bekunden. Egal wo: Die Luft knisterte vor Spannung.

Nachdem der Wahlkampf vorbei war und es vorerst noch keine Neuigkeiten zum Ausgang des Referendums zu vermelden gab, konzentrierte sich die Berichterstattung an jenem Tag auf dümmlich-oberflächliche Themen wie Wähler, die Füller statt Bleistifte benutzten, offenbar aus Angst, die Ergebnisse könnten manipuliert werden. Es kam die unausweichliche Flut an Selfies von Leuten, die zusammen mit ihrem Hund vor einem Wahllokal standen. Andere Berichte konzentrierten sich auf das Wetter oder auf die Verspätungen im öffentlichen Nahverkehr, die viele Menschen daran hinderten, pünktlich von der Arbeit nach Hause zu kommen und noch wählen gehen zu können. Oder auf die Unmutsbekundungen diverser politischer Hauptakteure beim Einwurf ihres jeweiligen Stimmzettels.

Als die Wahllokale um 22 Uhr schlossen, ergaben zwei große Nachwahlbefragungen, dass das Remain-Lager wohl mit zwei bis vier Prozentpunkten vorne lag. Das Pfund legte sofort zu. Mit einem offenbar berechtigten Gefühl der Zuversicht legte ich mich um Mitternacht bei laufendem Radio ins Bett. Die Flasche Champagner allerdings, die wir optimistisch gekauft hatten, stand, wie gesagt, noch im Kühlschrank.

In dieser Nacht schlief ich unruhig. Den Stöpsel mit dem BBC World Service im Ohr, sickerten mir die Nachrichten in die Träume. Erst gab es Stimmen von feiernden Remainers, dann von feiernden Leavers, es ging hin und her, während die Ergebnisse aus dem ganzen Land nach und nach eintrudelten, beginnend mit Sunderland, das mit unerwartet deutlichem Vorsprung für den Austritt gestimmt hatte und die ersten Alarmglocken klingeln ließ.

Hartlepool: Leave. Basildon: Leave. Westminster: Remain. Das Pfund geriet ins Taumeln. Glasgow: Remain. Ich dämmerte im Halbschlaf vor mich hin. Ich wachte auf. Um 1.30 Uhr vermeldete die Nachrichtenagentur Press Association einen 250-prozentigen Anstieg der Google-Suchanfragen »*What happens if we leave the EU?*«, als die ersten Ergebnisse doch stärker als erwartet für Leave sprachen. Um 2 Uhr nachts wurde Leave als Favorit gehandelt.

Um 5.40 Uhr Berliner Zeit wurde ich von der BBC-Eilmeldung, das Leave-Lager habe gesiegt, abrupt und endgültig aus dem Schlaf gerissen. Um 5.45 Uhr bekam ich eine SMS von einem Kollegen, die aus nichts als Schimpfwörtern bestand.

UNTER SCHOCK Zunächst war ich vor Schreck wie gelähmt, vollkommen bewegungsunfähig lag ich im Bett, fühlte mich benebelt, in meinem Magen grummelte es, mein Kopf schmerzte von der Schlaflosigkeit und der größer werdenden Hitze dieses Tages. Auch heute noch kann ich mich gut an die körperlichen Schocksymptome dieses Augenblicks erinnern, so, wie ich mich an die Wehen vor der Geburt erinnere oder an den Moment, in dem ich mal in einem Pariser Parkhaus gestolpert und dann eine ganze Treppe hinuntergesegelt bin. Zuerst kommt der Schock des Schmerzes, das Blut wandert aus dem Kopf zu anderen Stellen im Körper, dann, wenn man realisiert, dass man die Situation nicht mehr unter Kontrolle hat, kommen die Tränen.

»Brexit-Panik vernichtet 2 Billionen Dollar auf dem Weltmarkt«, lautete eine Schlagzeile. Gegen 8 Uhr Berliner Zeit waren alle Ergebnisse da.

WAHLBEZIRKE
Verbleib: 119
Austritt: 263

STIMMEN
Verbleib: 16 141 241 (48,11 Prozent)
Austritt: 17 410 742 (51,89 Prozent)

Sofort erschien ein triumphierender Nigel Farage auf sämtlichen Bildschirmen. Der Parteichef der UKIP sagte in der Nachrichtensendung *Today* auf BBC Radio 4, wenn es nach ihm ginge, sollte der 23. Juni ein Nationalfeiertag werden, ein »Unabhängigkeitstag«, wie er es nannte – immerhin hätten weltweit 183 andere Länder einen solchen Feiertag. »Wir können jetzt das 184. werden!«

Seiner Meinung nach sei es überdies »sehr schwer«, sich vorzustellen, wie David Cameron jetzt noch Premierminister bleiben wolle, nachdem er im Wahlkampf so entschieden gegen den Brexit eingetreten sei. »Ich finde die Vorstellung schwierig, dass er zum Brexit-Premier wird. Ich kann mich irren, aber ich bezweifle es«, so Farage.

In der Downing Street erwarteten die Journalisten das Eintreffen David Camerons gegen 7 Uhr in der Früh. Ich schickte einem Kollegen eine SMS, und er schrieb zurück, die Atmosphäre ähnele der Stimmung bei einer Beerdigung. Die »Trauernden« seien mit schwarzen Ringen unter den Augen aufgetaucht, niemand habe in der Nacht viel geschlafen, man habe Freunden und Bekannten schweigend zugenickt.

Bei uns in Deutschland war, wie ich schon erzählte, am Vortag meine Freundin Lenka eingetroffen, um mit mir und den Kindern das Wochenende zu verbringen. Wir hatten uns an diesem Morgen mit einer Umarmung begrüßt, und ich brachte ihr eine Tasse Tee, die ich beinahe großzügig mit Zucker gesüßt hätte, weil man das in Großbritannien immer so macht, wenn jemand einen Schock erlitten hat. Mit geröteten Augen und einigen Flüchen auf den Lippen sahen wir uns im Fernsehen die Berichterstattung über die Reaktionen auf das Ergebnis an. Meine Kinder, damals fünf und gut zwei Jahre alt, lasen den Schock in unseren Gesichtern und wollten wissen, was denn passiert sei.

UND WAS WAR PASSIERT?

Aus der Perspektive einer, die in der EU bleiben wollte, müsste die Frage wohl lauten: Was war da schiefgegangen? Als das große Wundenlecken begann, sah es so aus, als sei für die meisten Briten der ausschlaggebende Grund, für den Austritt zu stimmen, tatsächlich die Unzufriedenheit mit der Dimension der Zuwanderung gewesen. Die Abstimmung war also letztendlich ein Referendum darüber gewesen, ob den Menschen die Freizügigkeit als Preis für den Freihandel zu hoch war oder nicht.

Das allgemeine Unwohlsein, so sagten die Analysen, sei entstanden durch das politische Versagen, den durch die Einwanderung entstehenden Druck auf Arbeitsmarkt und Daseinsvorsorge nicht auszugleichen. Außerdem hätten die Politiker sich geweigert, die Zahl der Europäer, die sich nach der EU-Osterweiterung 2004 und 2007 im Vereinigten Königreich einen neuen Wohnsitz gesucht hatten, klar zu benennen. Vielen Menschen war es ein Anliegen, zumindest einen Teil der Schuld der Labour-Regierung unter Tony Blair in die Schuhe zu schieben, die ja »die Türen« überhaupt erst so weit geöffnet hatte.

Vor der Wahl von 2010 hatte Cameron versprochen, die Zuwanderung von Hunderttausenden auf Zehntausende zu begrenzen. Dass er dieses im Jahr 2015 noch einmal wiederholte Versprechen nicht hielt, hatte das Vertrauen in seine Führungsstärke stark unterminiert und das Gefühl entstehen lassen, britische Politiker seien hinsichtlich einer Eindämmung der EU-Binnenmigration machtlos.

Anfänglich hatte das Leave-Lager noch versucht, die Argumente für den Brexit eher auf Wirtschaft und Autonomie statt auf Zuwanderung zu fokussieren, aber man erkannte schnell, dass das Schlagwort *»taking back control«* vor allem in Bezug auf Immigration den größten Nachhall erzeugte und dasjenige war, das die Wähler am stärksten elektrisierte. Also versuchte man, die Missstimmung der Menschen so weitgehend wie möglich mit dem Thema Einwanderung zu verkoppeln. Schwierigkeiten, einen Termin beim Hausarzt zu bekommen? Einwanderung. Angespannter Immobilienmarkt und Lohnsenkungen? Einwanderung.

Die andere Kraft, die während des Wahlkampfs zur vollen Entfaltung kam, war eine aus tiefstem Herzen empfundene Abscheu vor dem, was in den 40 Jahren, seit Großbritannien zuletzt in einem Referendum über seinen Platz in Europa abgestimmt hatte, aus Brüssel geworden war. Das Vereinigte Königreich hatte sich nie aktiv dafür entschieden, Teil jener Europäischen Union zu sein, wie sie 1992 durch den Maastricht-Vertrag entstanden war, eine EU, die seitdem ihren Aufgabenbereich stark ausgeweitet hatte: War sie vormals ausschließlich eine Wirtschaftsgemeinschaft gewesen, übernahm sie nach und nach auch Aufgaben im Auswärtigen, in der Justiz und der Strafverfolgung. Das Leave-Lager hatte auch daraus Kapital geschlagen und behauptet, Brüssel habe seit jeher nur eine Mission: Machtzuwachs. Ungebremst führe das zu immer weitergehender politischer Integration – was in eklatantem Widerspruch stehe zu dem, wofür das Vereinigte Königreich ursprünglich votiert habe.

Man darf auch nicht vergessen, dass das Referendum zu einem

Zeitpunkt stattfand, als populistische Revolten gegen vermeintliche Eliten allgemein stark im Aufwind waren, angefangen bei den euroskeptischen Parteien in Frankreich, Deutschland, Österreich und Skandinavien bis hin zu Donald Trumps Spielart des US-Republikanismus. Das Leave-Lager schaffte es durchgängig, die EU und die Brüsseler Beamten als einen Tummelplatz für unverantwortlich handelnde politische Eliten zu zeichnen, die vom britischen Volk nicht demokratisch gewählt worden waren und deswegen kein Anrecht darauf hatten, auch nur auf irgendeinen Aspekt des britischen Lebens Einfluss zu nehmen.

Obwohl die Mitglieder des Europäischen Parlaments gewählt werden und die EU-Ratspräsidentschaft jeweils ihr eigenes Mandat hat, ist es seit Langem ein Glaubensgrundsatz des Euroskeptizismus, dass die Union deutlich zu weit weg ist von den Menschen, die sie regiert. Pro-Brexit-Wahlkämpfer sprachen häufig von den »fünf europäischen Präsidenten«, von denen noch niemand je gehört habe, wie sie behaupteten, und wiesen eifrig darauf hin, dass die nicht gewählte EU-Kommission Gesetzesvorschläge unterbreite, die schließlich vom EU-Parlament ratifiziert würden.

Es half kaum, dass der Wahlkampf des Remain-Lagers von so gut wie dem gesamten politischen Establishment geführt wurde. Als David Cameron, George Osborne und jeder noch lebende ehemalige britische Premierminister von Tony Blair bis hin zu John Major sich zusammentaten und vor dem Austritt warnten, fühlten sich viele Menschen, als würden sie von ihren Schulrektoren in die Ecke gestellt.

David Cameron hatte sich in vielerlei Hinsicht schlicht verzockt. Als er im November 2013 in einem Artikel in der *Financial Times* die Hoffnung weckte, die Freizügigkeit EU-weit einschränken zu lassen, hatte er zu dick aufgetragen, was seine Einflussmöglichkeiten auf EU-Reformen anbelangte. Er hatte hochfliegende Ziele formuliert, musste seine Forderungen aber wieder zurückschrauben, weil andere

EU-Spitzenpolitiker nicht bereit waren, grundlegende Prinzipien zu verwässern.

Als Cameron seine Fehleinschätzung realisierte, versuchte er zwar noch eine strategische Kehrtwende, indem er politisch eher auf Einschnitte bei den Sozialleistungen für Zuwanderer setzte als auf Obergrenzen bei den Einwanderungszahlen. Doch trotz einiger Verhandlungserfolge ging seine Strategie nicht auf.

Die Situation war von Anfang an zudem erschwert worden durch den Umstand, dass Labour sich so ambivalent verhielt. Die Parteispitze hatte sich zu keinem Zeitpunkt wirklich wohlgefühlt, gemeinsam mit Cameron in den Wahlkampf zu ziehen. »Für den Brexit – aber nur halbherzig«, so hieß es auch in einem Bericht der deutschen *Tagesschau* über den Labour-Wahlkampf, in dem herausgearbeitet wurde, wie tief gespalten die Partei war. Tatsächlich war diejenige, die sich bei Labour am meisten für das Leave-Lager einsetzte, keine andere als ausgerechnet eine aus Bayern stammende Britin – Gisela Stuart, die gegenüber der *Tagesschau* sagte, sie sei seit Langem überzeugt, dass es für Großbritannien besser sei, aus der EU auszutreten.

Am Tag nach der Abstimmung war Großbritannien stark mit Nabelschau beschäftigt, aber durchaus auch daran interessiert, was Angela Merkel als Kanzlerin der größten europäischen Wirtschaftsmacht und als Schlüsselfigur bei den Reformverhandlungen zur Sache zu sagen hatte. Besonnen wie immer gab sie ihr »tiefes Bedauern« über die Entscheidung zu Protokoll, sagte aber auch, dass die übrigen 27 Mitgliedsstaaten »die Situation ruhig und umsichtig analysieren und auswerten sollten, bevor man gemeinsam die richtigen Entscheidungen trifft«. Die EU-Mitglieder sollten »willens und auch in der Lage sein, nicht allzu voreilige, einfache Schlüsse aus dem Referendum zu ziehen … was Europa nur weiter auseinandertreiben würde«.[24]

Die EU, fügte sie hinzu, sei stark genug, um die richtige Antwort auf das Ergebnis vom 23. Juni zu finden. Sie überzeugte nicht alle mit ihrer Reaktion, vielfach wurde behauptet, sie wolle gleichgültiger wirken, als sie tatsächlich war. In Berlin war die Nervosität, andernorts in Europa könne man sich die wild entschlossene Haltung der Brexit-Befürworter zum Vorbild nehmen und weitere Mitgliedsstaaten dazu bringen, ebenfalls austreten zu wollen, auf jeden Fall groß.

Unterdessen verbreiteten britische Pro-Brexit-Boulevardblätter bereits, dass Deutschland mit den Briten »Brexit-Psychospielchen« spielen wolle. Eine Nachricht, die genau in dem Moment kam, als Analysen in Großbritannien übereinstimmend bekundeten, die Briten seien im Referendumswahlkampf schon einer ganzen Menge an psychologischer Kriegsführung ausgesetzt gewesen.

Helen Lewis, führende politische Kommentatorin im *New Statesman*, schrieb entsprechend, die ersten Tage nach dem Referendum hätten sich angefühlt wie »*an extended period of gaslighting*«.[25] Der Begriff *gaslighting* stammt aus der Psychologie und beschreibt eine längerfristige Form des psychischen Missbrauchs, bei der das Opfer derart mit Informationen beschossen wird, dass es die eigene Realitätswahrnehmung zwangsläufig infrage stellt.

Im Kontext des Brexits bedeutete das, so Lewis, zum Beispiel auch, plötzlich gesagt zu bekommen, dass Dinge, an die man sich eindeutig erinnerte, real nicht passiert seien. Ob sich denn, wollte Lewis wissen, noch irgendjemand daran erinnere, dass das Leave-Lager zusätzliche 350 Millionen Pfund für das staatliche Gesundheitssystem versprochen habe? Die Austrittsverfechter hatten der BBC nach der Abstimmung gesagt, diese Summe sei eine bloße Hochrechnung gewesen, Teil einer Reihe von Möglichkeiten, was man so alles machen könne. Lewis konzentrierte sich also auf das Foto des Wahlkampfbusses der Leave-Seite mit der Aufschrift: »*We send the EU £350 million a week. Let's fund the NHS instead.*« (in etwa: »Wir schicken jede Woche 350 Millionen Pfund an die EU. Füllen wir doch lieber die Kassen des Gesundheitssystems.«)

Lewis schrieb: »Diese Menschen haben uns ein Einhorn versprochen und behaupten jetzt, sie hätten nie von etwas anderem gesprochen, als dass wir ganz vielleicht ein Shetland-Pony haben dürfen.« In ihren Augen hatte das Leave-Lager differenzierte Betrachtung, Kompromissfähigkeit und die Notwendigkeit des Verhandelns mit Füßen getreten – und einen unerwarteten Sieg errungen. Aber, und das fragen sich neben Helen Lewis auch noch viele andere, »zu welchem Preis?«

NO MAN IS AN ISLAND

Mir schien der Preis sehr hoch zu sein. Als ich über den langen Weg nachdachte, der uns bis zu diesem Punkt gebracht hatte, und mir ein Bild zu machen versuchte von unserer ungewissen Zukunft, ging mir erneut auf, wie wichtig meine europäische Identität für mich geworden war. Und wie befremdlich, ja rational und emotional falsch sich dieses vom Leave-Lager konstruierte »Wir gegen die«-Narrativ für mich anfühlte.

Im Spätsommer 2016, einige Wochen nach dem Referendum, fuhr ich nach Hamburg, zur Taufe des Sohns guter Freunde. Die Paten waren zwei meiner ältesten britischen Freunde, beide mit tief reichenden deutschen Wurzeln – der eine hatte eine deutsche Mutter, der andere Deutsch studiert. Vor dem Altar stehend trugen sie ein Gedicht vor, das der englische Poet John Donne geschrieben und im Jahr 1624 veröffentlicht hat, *No Man is an Island*:

> No man is an island,
> Entire of itself,
> Every man is a piece of the continent,
> A part of the main.
> If a clod be washed away by the sea,
> Europe is the less.
> As well as if a promontory were.
> As well as if a manor of thy friend's

Or of thine own were:
Any man's death diminishes me,
Because I am involved in mankind,
And therefore never send to know for whom
the bell tolls;
It tolls for thee.

Sie trugen es erst auf Englisch vor, dann las es ein deutscher Pate noch auf Deutsch:

Kein Mensch ist eine Insel,
in sich ganz;
ein jeder ist ein Teil des Kontinents,
ein Teil des Festlands.
Würde auch nur ein Klümpchen Erde
vom Meer geholt,
so wäre Europa schon weniger.
Gerade so, als wäre eine Landzunge fort,
oder der Hof deines Freundes
oder dein eigener.
Der Tod eines jeden Menschen nimmt
etwas von mir,
denn verstrickt bin ich in die Menschheit,
verlange deshalb nie zu erfahren,
wem die Stunde schlägt;
denn sie schlägt dir.[26]

Ich hatte mich mit diesem Gedicht schon an der Universität beschäftigt, dort aber vor allem im Zusammenhang mit der Literatur des 17. Jahrhunderts. In diesem Moment war ich vollkommen baff, wie gut es zur Atmosphäre in der Post-Brexit-Zeit passte und wie aktuell es klang. Als ich es dann noch dieses zweite Mal auf Deutsch hörte, wurde es für mich nur noch eindringlicher, schmerzlicher. Mir liefen die Tränen übers Gesicht. Schnell wischte ich sie weg, peinlich berührt ob dieses unerwarteten Gefühlsausbruchs und in der Hoffnung, dass mich niemand beobachtet hatte.

Warum, mag man fragen, fühlten sich der Brexit-Entscheid und das dazu führende Referendum für mich so bedrohlich, ja identitätszerrüttend an? Teilweise wohl deswegen, weil die Idee von Identität, mit der ich groß geworden war, eine war, die allen eine große Entscheidungsfreiheit ließ: Man konnte sich als Europäer sehen (wie ich), als Brite oder als Engländer. Auf jeden Fall hatte sich Identität nach freier Wahlmöglichkeit angefühlt. Plötzlich jedoch kam es einem so vor, als müsste man sich klar für eine Seite entscheiden. Als müsste man die Fahne hissen. Und als würden alle, die dazu nicht bereit waren, als unerwünscht, unverbindlich und unpatriotisch angesehen.

Einige Monate nach dem Referendum stellte Theresa May es rundheraus infrage, dass man überhaupt zu einer weiter gedachten Welt gehören und dass man überhaupt in der Lage sein könne, seine Identität nicht klar festzulegen. Ihr Ansatz von Nationalismus schließt – obwohl er sich den Anschein gibt, alle Menschen in Großbritannien zu meinen – all diejenigen aus, die das Gefühl haben, mehrere Nationalitäten oder Identitäten zu besitzen.

May sagte: »Heute benehmen sich zu viele Menschen in Machtpositionen so, als ob sie mehr gemeinsam hätten mit den internationalen Eliten als mit den Menschen am anderen Ende der Straße, den Menschen, denen sie Arbeit geben, den Menschen, an denen sie auf der Straße vorbeigehen. Wer aber glaubt, ein Bürger der ganzen Welt zu sein, ist Bürger eines Niemandslandes. Er begreift nicht, was Staatsangehörigkeit wirklich bedeutet.«

Bin ich also Bürgerin eines Niemandslandes?

Eine Erhebung, die Globescan 2016 zusammen mit dem BBC World Service in 18 Staaten durchgeführt hat, kam zu dem Ergebnis, dass 47 Prozent der Briten der Aussage, dass sie sich stärker als Welt-

bürger denn als Bürger des Vereinigten Königreichs betrachten, »eher«
oder »voll und ganz« zustimmten. Globescan führt solche Umfragen
seit 2001 durch, und 2016 gab global zum allerersten Mal eine Mehrheit – nämlich 51 Prozent – an, sich »eher« als »Weltbürger« zu fühlen.
Am stärksten ausgeprägt war dieses Gefühl in den Entwicklungs-
ländern. Interessanterweise war die Identifikation mit dem Weltbür-
gertum am drastischsten in Deutschland zurückgegangen, wo, verglichen mit 43 Prozent im Jahr 2009, im Jahr 2016 nur noch 30 Prozent angaben, sich eher weltbürgerlich als national zu identifizieren.[27]
(Ich wage allerdings zu unterstellen, dass diese Zahl lediglich für die
Normalisierung der deutschen Haltung in Bezug auf die Nationalität
steht.)

Die harscheste Kritik kassierten Mays Auslassungen von Vince
Cable, einem Liberalen: »Diese Worte könnten direkt aus *Mein Kampf*
entnommen sein. Ich glaube, genau daher kamen sie auch, oder? Ich
sage nur: ›wurzellose Kosmopoliten‹.«[28] Das größte Problem ist, dass
May und der weitere Kreis der Brexiters einen neuen Post-Brexit-Na-
tionalismus entwerfen, der eine große Zahl von Menschen in Großbritannien einfach ignoriert: Menschen mit mehreren Nationalitäten
oder Identitäten, darunter Millionen Eingewanderte.

Ich fand es immer einigermaßen tendenziös und ungerecht von der
deutschen Sprache, Inselbewohner als Insulaner zu bezeichnen. Für
mich klang das Insulanerische immer latent negativ und nur auf
sich selbst blickend, wohingegen mir Großbritannien immer als sehr
weltoffen und alles andere als inselmäßig vorgekommen war. Mittlerweile fand ich diese Bezeichnung aber zunehmend stimmig. Der
wachsende Wunsch, britischen Nationalismus neu zu definieren, ging
Hand in Hand mit politischen Vorschlägen, die Zahl ausländischer
Studierender zu beschränken sowie Firmen dazu zu zwingen, den
Anteil ihrer ausländischen Arbeitnehmerschaft offenzulegen. Hinzu
kamen Hinweise darauf, dass im Vereinigten Königreich lebende und
arbeitende Wissenschaftlerinnen und Wissenschaftler, die keine briti-

sche Staatsbürgerschaft hatten, aus Regierungskonsultationen ausgeladen wurden.

Welches Schicksal mag diesem Land wohl beschieden sein, wenn es auf dem eingeschlagenen Weg der Exklusion weitergeht? Ich fürchte, die Zeichen deuten auf Isolation und Stagnation – sofern nicht genügend Leute noch rechtzeitig realisieren, was auf dem Spiel steht. Wenn man die Brexiters mit derartigen Bedenken konfrontiert, betonen sie, dass sie die Beziehungen des Vereinigten Königreichs zum Rest der Welt ja nicht kappen, sondern weiterhin ein weltoffenes Land sein wollen. Dass wir schon nicht vergessen werden, dass kein Mensch – wie Donne schrieb – eine Insel sei, »in sich ganz«.

3

WE ARE FAMILY

MEIN LEBEN ZWISCHEN GROSSBRITANNIEN UND DEUTSCHLAND

Wie viele lang anhaltende Freundschaften nahm auch meine Beziehung zu Deutschland einen unerwarteten, einigermaßen unvergesslichen Anfang. Wenn ich die Augen schließe und daran zurückdenke, kommen mir immerhin ausschließlich angenehme Erinnerungen. Es war 1985 in einem Klassenraum meiner Gesamtschule, einem Gebäude im Stil des Edwardianischen Barock in einer kleinen Marktstadt in Südengland. Mr. Russell wurde der Klasse als Deutschlehrer vorgestellt. Er sollte uns einen kleinen Vorgeschmack auf das Deutsche geben, anschließend sollten wir uns überlegen, ob wir Lust hätten, diese Sprache zu lernen.

Mr. Russell sagte zunächst, Deutsch sei eine wirklich unflätige Sprache. Was wir ja sicher schon wüssten. Ein guter Einstieg, um sich der Aufmerksamkeit einer Gruppe Teenager sicher sein zu können. Mr. Russell tischte uns prompt ein paar dieser »unflätigen Wörter« auf: »Flasche«, »Fahrt«, »Vater« und »dick« habe ich noch am besten in Erinnerung. Zur Erklärung: Ein *flasher* ist im Englischen ein Exhibitionist. »Fahrt« ähnelt dem englischen *fart*, was wiederum »Furz« heißt, und auch der »Vater« ist ganz klar ein »Furzer«. Und ein *dick* natürlich ein »Schwanz«.

Lebhaft erinnere ich mich daran, wie viel Spaß diese Unterrichtsstunde gemacht hat. Im Handumdrehen war sie vorbei, und ich war mir sicher, noch nie zuvor im Klassenzimmer so viel gelacht zu haben. Am Ende der Stunde konnte ich schon zwei Sätze auf Deutsch sagen: »Mein Name ist Kate« und »Ich bin 13 Jahre alt«. Außerdem war ich bewaffnet mit einer Liste von unanständigen Wörtern, mit denen ich bei meinen Freundinnen Eindruck schinden konnte, die bislang noch kein Interesse an Deutsch gezeigt hatten.

Für alle, die bereits jetzt eine gewisse Ablehnung gegenüber Mr. Russell empfinden, der das Deutsche mit Schmutz beworfen hat, statt uns von der Schönheit der Sprache Goethes und Schillers zu überzeugen: Dass er sich für diesen Weg entschied, hatte mit erschwerten Umständen zu tun. Damals musste man in der Schule zwar noch eine Fremdsprache lernen, aber ganz gewiss nicht gleich zwei. Mit Französisch anzufangen, war für uns alle Pflicht, später konnten wir dann noch Deutsch oder Spanisch dazuwählen, mussten das aber nicht. In der Konsequenz spielte Deutsch die zweite Geige hinter Französisch, und die Deutschlehrer mussten sich wirklich ins Zeug legen, um ihrem Fach eine Zukunft im Schulsystem zu sichern.

Bei mir persönlich kam noch hinzu: Ich hatte eine mürrische, todernste schottische Französischlehrerin, die ich extrem nervtötend fand. Es war mir egal, dass sie mir immer nur Bestnoten gab und dass Französisch eine schöne, bereichernde Sprache ist. Für mich zählte: Ich konnte sie nicht leiden, so wie es bei Teenagern eben ist. Also wählte ich in meiner flatterhaften Art Französisch ab, sobald ich konnte, und fing mit Deutsch an. (Es war damals schon einfach, sich so zu entscheiden, aber heute ist es traurigerweise noch leichter, da Schüler an weiterführenden Schulen nicht mehr verpflichtet sind, auch nur eine einzige Fremdsprache zu lernen.)

Nach dieser ersten Unterrichtsstunde lief ich draußen auf dem Hof zur älteren Schwester einer meiner Freundinnen, die ich schon seit Langem bewunderte. Ich wusste, dass auch sie Deutsch lernte. Ich sagte meine zwei Sätze auf und freute mich, ihre Aufmerksamkeit zu haben. Es war, als unterhielten wir uns in einer Geheimsprache. Meine Sprachkenntnisse vertieften sich rasch, und ich konnte nach Deutschland reisen und meine ersten Bücher auf Deutsch lesen. Als mir Heinrich Bölls Kurzgeschichte *Die blasse Anna* in die Hände fiel, war ich völlig platt, dass ich den Text nicht nur verstand, sondern tief bewegt davon war.

MUSICALS, BÜCHER UND APFELSTRUDEL

Dass ich Deutschland zum ersten Mal als einen geografischen Raum oder ein kulturelles Ganzes wahrgenommen habe, muss mit dem damals immens populären Rodgers-und-Hammerstein-Film *The Sound of Music (Meine Lieder – meine Träume)* zu tun gehabt haben, den ich sah, als ich sechs oder sieben Jahre alt war. Es ist ein Musical, das die wahre Geschichte der jungen Österreicherin Maria erzählt, die im Salzburg des Jahres 1938 Nonne werden möchte. Gespielt von Julie Andrews, wird Maria als Kindermädchen ins Haus eines ehemaligen Marineoffiziers und Witwers (gespielt von Christopher Plummer) geschickt, um für dessen sieben Kinder zu sorgen. Die beiden verlieben sich und bringen gemeinsam den Mut auf, aus Nazi-Österreich zu fliehen und ein neues Leben in der Schweiz zu beginnen.

Der Film ist furchtbar kitschig und drückt massiv auf die Tränendrüsen. Es kommen darin außerdem eine Menge Braunhemden und viele grandiose Songs vor, die mich sämtlich nachhaltig geprägt haben. In dem Hit *My Favourite Things* gibt es eine Stelle, an der es heißt: »*crisp apple strudels, door bells and sleigh bells, and schnitzel with noodles*« – »krosse Apfelstrudel, Türklingeln und Schlittenglöckchen, dazu Schnitzel mit Nudeln«. Auch wenn sich das auf das damalige Leben in Österreich bezieht, war es für meine Generation, sowohl in Großbritannien als auch in den USA, doch die Essenz eines märchenhaften, nicht von den Nazis befleckten »deutschen« Lebensstils – obwohl dieser Lebensstil zum einen wenig deutsch war und zum anderen von einem amerikanischen Produzenten und einem amerikanischen Songwriter in die Welt hinausgetragen wurde. Aber die Bilder blieben hängen, und bis heute halten noch immer viele diesen Film für deutsch.

Konkreter und deutlich deutscher war das Second-Hand-Exemplar von *Emil und die Detektive*, das ich als wahrscheinlich Acht- oder Neunjährige auf einem der Flohmärkte entdeckte, einem der *jumble sales*, wie es sie in den 1970er-Jahren in Großbritannien an allen Ecken und Enden gab. Die Geschichte dieses ganz normalen Jungen, dem im Zug nach Berlin sein ganzes Geld geklaut wird, nahm mich sofort gefangen. Mich fesselte, wie Emil tiefe und völlig unterschiedliche Freundschaften zu anderen Kindern aufbaut, bis sie sich zu einer Bande zusammentun, um mit vereinten Kräften die Räuber zu stellen, was ihnen am Ende natürlich gelingt und ihnen reichen Lohn einbringt für ihre straßenschlaue Cleverness. Auch wie Kästner das Leben in der Stadt darstellte, faszinierte mich – ich sehe diese sich hoch auftürmenden Gebäude immer noch vor mir. Sie lassen Berlin als einen Ort voller Abenteuer erscheinen, an dem man zeigen kann, was in einem steckt.

Ungefähr im selben Alter habe ich wahrscheinlich auch Johanna Spyris *Heidi* gelesen – wieder eine Geschichte voll frischer Luft, Alpenblumen und Ziegenmilch in Holzschüsseln, aber auch ein Buch, in dem die Stadt Frankfurt als Bedrohung für die geistige und körperliche Gesundheit in Erscheinung tritt, eine Darstellung, die allerdings nicht sehr stark bei mir verfing.

Kurz darauf kam ein *Reader's Digest* in meinen Besitz. Auf dem Titel eine Luftaufnahme der Berliner Mauer, innen dann ein ausführlicher Artikel über die geteilte Stadt mit Fotos, die mich derart faszinierten, dass ich mehr wissen wollte, mich andererseits aber auch stark erschütterten: Bilder von Frauen in Wintermänteln und Kopftüchern, die mit gramerfüllten Gesichtern ihren Verwandten auf der anderen Seite mit Taschentüchern zuwinkten.

Meine ersten Eindrücke von Deutschland waren vielleicht nicht sonderlich tiefgehend, reichten jedoch aus, um tiefe Spuren zu hinterlassen. Am wichtigsten war in diesem Zusammenhang natürlich meine Entscheidung, die Sprache zu lernen. Die Verbundenheit mit

Deutschland, die ich heute empfinde, hat im Kern mit der Beherrschung der Sprache zu tun. Dass ich Deutsch spreche, ist ein Aspekt meines Lebens, der mich sehr bereichert hat und der mir nicht mehr genommen werden kann, auch dann nicht, wenn ich mal nicht mehr hier leben sollte. Unmöglich, dass sich irgendwer irgendwo integriert, ohne die jeweilige Sprache zu sprechen. Die Sprache war ohne jeden Zweifel meine Eintrittskarte.

Die erste Chance, sie anzuwenden, war allerdings eine holprige Angelegenheit. Mit 14 wurde ich von meinem Ortsverband ausgewählt, unsere *Girl Guides* bei einem internationalen Pfadfindertreffen im niederösterreichischen Lilienfeld zu vertreten. Im Sommer 1986 ging es ins Zeltlager. Ich war damals sehr schüchtern. Nach nur wenigen Tagen bekamen wir die Möglichkeit, an Aktivitäten außerhalb des Zeltlagers teilzunehmen. Ich zog das Wort »Landwirtschaft« aus einem Hut und kaum, dass ich mir hätte klarmachen können, was es bedeutete, wurde ich schon von einem Auto weggekarrt und am Fuß eines – so sah es zumindest aus – Berges abgesetzt, zusammen mit zwei feschen österreichischen Pfadfindern, die aussahen, als seien sie aus *Meine Lieder – meine Träume* entsprungen.

In sengender Hitze marschierten wir bergauf. Die nächsten vier Tage verbrachte ich auf der Alm einer sehr netten Familie und benutzte mein Anfängerinnendeutsch, so gut es eben ging. Erst Jahre später stellte ich fest, dass ich es mit einem stark ausgeprägten Dialekt zu tun bekommen hatte, obwohl ich glaube, dass sich die Familie, um es mir leichter zu machen, auf ihr bestes Hochdeutsch verlegt hatte. Noch nie zuvor hatte ich eine ähnliche Erfahrung gemacht – dass eine Sprache der Schlüssel zu neuen Erlebnissen und Abenteuern ist. Im Laufe der Jahre kehrte ich immer mal wieder zu diesem Hof zurück.

MEINE FAMILIE UND DER KRIEG

Ich erinnere mich, dass mein Vater, als ich ein Kind war, hin und wieder ein hölzernes Ding hervorholte, das nicht bei den anderen Spielsachen lag, sondern an einem besonderen Ort aufbewahrt wurde. Es bestand aus zwei parallelen Holzstäben, die man zusammendrücken musste, worauf das Figürchen obendrauf hochsprang und einen Salto machte. Es sei handgemacht, erzählte mir mein Vater, und zwar von deutschen Kriegsgefangenen, die in seiner Heimatstadt Wantage in der damaligen Grafschaft Berkshire (heute Oxfordshire) mit seiner Familie befreundet gewesen waren. Man sei sonntags gemeinsam in die Kirche gegangen, und danach habe man die Deutschen zum Mittagessen eingeladen. Im Gegenzug bastelten sie Spielzeuge für meinen Vater und seine drei Geschwister. Diese schlichten Gegenstände entführten mich in eine andere Welt, eine Welt, in der Großbritannien einen Feind hatte, der Deutschland hieß.

Dieses Spielzeug war wahrscheinlich meine erste konkrete Begegnung mit dem Zweiten Weltkrieg. Eine, die verknüpft war mit einem kaum greifbaren warmen Gefühl für eine Zeit, in der Menschen in Kontakt mit Fremden kamen und etwas so Unschuldiges wie Spielsachen hervorbrachten. Auf der anderen Seite standen die vielen traumatischen Erinnerungen, von denen man mir auch bald erzählte. Meine Mutter, 1944 im Süden Englands geboren, erzählte etwa, ihre eigene Mutter habe im Blitzkrieg das Babybettchen zwangsläufig unter den Küchentisch schieben müssen. Ich glaube nicht, dass sie sich daran erinnert, aber trotzdem steht diese Geschichte symbolisch für den Einfluss, den der Krieg auf die Kindheiten dieser Generation genommen hat. Der abwesende Vater kam nach seinem Kriegseinsatz bei der Operation von Dünkirchen, später als Pionier der Royal Engineers mit der Denazifizierung in Österreich betraut, nach Hause zurück, als meine Mutter drei war. Für sie ein völlig Fremder. Noch heute spricht sie darüber, als sei ihr Verhältnis zu ihm dadurch möglicherweise schon immer gestört gewesen.

Bei Ausbruch des Krieges arbeitete mein Großvater als Vermesser beim Staatlichen Geodätischen Institut in Southampton. Seine Abteilung wurde rasch der Armee unterstellt. Bald reiste er dann mit dem Militärischen Vermessungsdienst und einem Kartierungsgefährt, das aussah wie ein riesiger Lastwagen und darauf ausgelegt war, notwendiges Kartenmaterial direkt vor Ort zu drucken, zu vervielfältigen und schnell an die britischen Truppen zu verteilen, quer durch Europa. Als bei der Operation von Dünkirchen der Rückzugsbefehl gegeben wurde, kam die Anweisung, sämtliche Gerätschaften zu zerstören, die für den Feind von etwaigem Nutzen sein könnten. Der Kartierungswagen wurde also auf einen Hügel hinaufgefahren, man löste die Bremsen, und der Wagen rollte hügelabwärts in den Fluss. Der Fahrer, der sich mit Hingabe um seinen geliebten Wagen gekümmert hatte, war am Boden zerstört und heulte wie ein Baby. Mein Großvater blieb mehrere Tage am Strand von Dünkirchen, bevor er es auf ein Truppenschiff schaffte, das ihn in Sicherheit brachte. Während des Wartens in den Dünen flogen feindliche Flugzeuge über ihre Köpfe hinweg, um sie zu ärgern. Mein Großvater mit seinen knapp zwei Metern Länge warf sich zu Boden und landete auf einem anderen Soldaten, der zu ihm sagte: »Keine Ahnung, wer du bist, Kumpel, aber ich bin verdammt froh, dass du da bist!«

Geschichten solcherart bekamen wir im Laufe der Jahre immer wieder zu hören: Zu den Kriegserinnerungen, die uns Kindern in den 1970er- und 1980er-Jahren häufig erzählt wurden, gehörten auch die Essensrationierungen, die in Großbritannien, das immer noch Kriegsschulden abzubezahlen hatte, bis weit in die 1950er-Jahre hinein gang und gäbe waren. Diese schauderhaften Butterstücke, die in Zucker getaucht und von den gütigen Großeltern verteilt wurden, im guten Glauben, man würde den Enkelkindern – meinen Eltern – einen Gefallen tun, die wiederum viel zu schüchtern und respektvoll waren, um den Großeltern zu sagen, wie sehr sie sich vor den Übelkeit erregenden süßen Fettstücken ekelten. Die Zeitung, auf dem Klo in Streifen gerissen und über eine Schnur gehängt, weil Toilettenpapier nur etwas für Reiche war. Die ältere Nachbarin und Freundin, die tatsächlich Seifenstücke hortete, nur weil sie im Krieg keine Seife gehabt hatte, und die mir im Laufe der Jahre zu Geburtstagen und zu Weihnachten derart viele Seifen geschenkt hat, dass ich heute, 25 Jahre später, immer noch welche davon habe. Weiterverschenken kann ich die Seife nicht: Die Nachbarin ist inzwischen verstorben und die Seife erinnert mich an sie und daran, wie anders das Leben noch vor gar nicht allzu langer Zeit war.

Diese kleinen Begebenheiten aus meiner Kindheit, für sich genommen unbedeutend, haben dennoch eine gewisse Allgemeingültigkeit, werfen sie doch Licht auf die Probleme und Themen, die man in Großbritannien damals hatte. Sie zeigen, wie die Kriegserlebnisse noch Jahrzehnte später das Leben und die Einstellungen der Menschen prägten. Was dann wiederum doch nicht so unbedeutend ist, denn es sagt, denke ich, etwas darüber aus, wie a) sich die Briten selbst sehen, b) der Rest der Welt sie ihrer Ansicht nach sehen sollte und c) wie ungerecht sie sich manchmal behandelt fühlen, wenn sie den Eindruck haben, anderen, die das ihrer Meinung nach eigentlich nicht verdient haben, ginge es gut. Was mich zurückbringt zu meinem Großvater – der im Krieg war und der zwei Jahre vor meiner Geburt starb. Dass ich ihn weder in seiner beeindruckenden Knapp-zwei-Meter-Körpergröße noch in seiner Größe als Persönlichkeit habe kennenlernen dürfen, hat mich schon immer mit tiefer Traurigkeit erfüllt.

Als ich neun oder zehn war und wir im Fach Geschichte ein Projekt über Großbritannien zu Kriegszeiten machten – Titel: »Wie wir gelebt haben« –, stellte ich meiner Großmutter viele Fragen. In unserem Schulbuch stand, dass die Menschen »zu jener Zeit« keine Trockner hatten, sondern ihre Wäsche mit handbetriebenen Mangeln auswrangen, und tatsächlich sagte meine Oma, sie habe so eine und würde sie auch immer noch benutzen. Sie zeigte sie mir in ihrem Schuppen im Garten und gab mir dann noch eine Schachtel mit diversen Gegenständen darin, unter anderem ihre alte Gasmaske und den Brief, den mein Großvater, bevor er in den Krieg zog, von der britischen Regierung erhalten hatte. Darin sprach man ihm Dank aus für seine Dienste. Beigelegt waren ein Gebet und ein kleines, aus Bakelit gefertigtes Kruzifix, das in der Mitte gebrochen und mit Tesafilm geklebt worden war.

Es waren Erinnerungsstücke aus einem Leben in einer weit entfernten Vergangenheit, die nur 40 Jahre zuvor Gegenwart gewesen war. Den Brief wollte meine Oma behalten, aber das Kreuz durfte ich mir nehmen. Über Opas Einsatz im Krieg weiß ich wenig, außer dass er 1940 bei der Evakuierung von Dünkirchen dabei war, eine Begebenheit, die die englischen Erinnerungen an den Zweiten Weltkrieg stärker prägt als eigentlich alle anderen, und dass er, wie gesagt, nach Kriegsende nach Österreich geschickt wurde, um bei der Entnazifizierung behilflich zu sein. Angeblich verlor er dort beim Skifahren seinen Ehering. Und er brachte ein ledergebundenes Exemplar von *Mein Kampf* mit zurück, das er in einem österreichischen Kloster gefunden hatte.

Als Memento an diese Jahre, sicher nicht als politisches Statement, stand dieses Buch bei meinen Großeltern im Regal. Innen gibt es eine kaum leserliche, handgeschriebene Widmung: »Ich glaube an Deutschland und kämpfe dafür, heute und morgen und in der Zukunft, bis unser der Sieg ist!« Darunter schlicht: »Karl, Wien, 19. Februar 1940«. Zwischen den Seiten steckt noch ein vergilbtes Lesezeichen mit aufgedruckter Parole »›Du bist nichts, dein Volk ist alles.‹ Adolf Hitler«.

Als meine Oma 1998 starb, hoffte ich darauf, ihre so schön zerlesene Kollektion der Schriften des amerikanischen Humoristen James Thurber zu erben, die auf dem Regal neben dem Lehnstuhl stand, wo Oma für gewöhnlich gesessen, ihre Kreuzworträtsel gelöst und im

Fernsehen Cricket gesehen hatte. Die Familie entschied jedoch, dass ich *Mein Kampf* bekommen sollte.

»Wir dachten, dass du am meisten damit anfangen kannst, weil du als Einzige in der Familie Deutsch sprichst«, sagte mein Onkel ohne – glaube ich zumindest – den geringsten Anflug von Ironie. Daraus entspann sich ein bizarrer Wortwechsel. Fast hätte ich gesagt: »Ähem, vielen Dank, sehr lieb von euch, dieses Buch wollte ich schon immer im Bücherregal stehen haben ...« Aber das Buch war gleichzeitig ein makabres Symbol und etwas, das mich emotional mit meinem Großvater verband, einfach, weil ich weiß, dass er es gefunden und entstaubt, in seinen Armeerucksack gesteckt und zusammen mit weiterer »Kriegsbeute«, darunter ein Tuscheporträt, das ein Österreicher von ihm angefertigt hatte, mit nach Hause gebracht hat. Vermutlich hat der Besitz dieses Buchs bei ihm auch das Gefühl verstärkt, zu den Siegern zu gehören. Mit seinem auffallend braunroten Ledereinband und der orangefarbenen Heftung steht *Mein Kampf* bis heute in meinem Bücherregal. Vielleicht nicht direkt auf einem Ehrenplatz, aber ganz sicher doch als ein Objekt, das mich an meine Vergangenheit bindet.

Auf demselben Regal steht auch das schwarz-weiße Hochzeitsfoto meiner Großeltern – er in Uniform, sie zwar nicht in einem langen weißen, aber trotzdem eleganten Kleid. Die beiden heirateten übereilt am 2. September 1939 in Southampton, am Tag vor Ausbruch des Zweiten Weltkriegs, der die beiden gleich nach der Hochzeit für mehrere Jahre trennen sollte.

Erst neulich hat meine Mutter ein von Großvater verfasstes Gedicht herausgekramt, das sie gescannt und mir per E-Mail geschickt hat. Mit seiner Überschrift, »Ruf zu den Waffen«, ist es eindeutig während des Krieges verfasst und nach Hause geschickt worden. Mein Großvater erzählt darin, wie er und andere sich nach der deutschen Invasion in Polen berufen fühlten, zum Schutze Europas in die Schlacht zu ziehen – und wie sie sich gleichzeitig danach sehnten, heil nach Hause zurückzukehren. Das Gedicht schließt so: »Und wenn das letzte böse

Samenkorn des Hasses / Aus einer wahnsinnig gewordenen Welt aus-
gerissen ist, / Wird der Sieger zurückkehren, um zu leben: / Die Toten
werden nicht umsonst gestorben sein.« Darunter steht: »An meine geliebte Frau und meine Tochter Joan, in der Hoffnung, dass ich bald in
die Heimat zurückgerufen werde.« Das Absendedatum ist wegen eines
gelben Wasserflecks nicht mehr zu erkennen.

Diese Bruchstücke sind es, die mir die Geschichte meiner Familie
begreiflich machen – eine eigentlich banale und der jeder anderen britischen Familie sehr ähnliche Geschichte. Aber eben auch eine, die
zeigt, wie präsent der Zweite Weltkrieg war, auch wenn er im Einzelfall
nicht mehr Schaden anrichtete, als Familienmitglieder für eine be-
grenzte Zeit voneinander zu trennen. »Deutschland« war bei uns zu
Hause nie ein beherrschendes Thema, Deutschland war einfach nur
der ehemalige Feind. Die von Margaret Thatcher vertretene Ansicht,
ein vereinigtes Deutschland sei möglicherweise eine große Gefahr für
unseren Frieden, wurde auch in meiner Familie mit gewisser Sorge ge-
teilt.

Die Sowjetunion war jedoch gefühlt die deutlich größere Bedrohung. Am südöstlichen Rand unserer Stadt Newbury, ungefähr 90 Kilometer vor London, lag der Flugplatz Greenham Common, wo die
US-Armee Anfang der 1980er-Jahre Cruise-Missiles stationierte. Insgesamt 96 landgestützte Marschflugkörper und ballistische Pershing-
II-Raketen wurden nach Greenham verbracht und in großen, über-
irdischen Lagern aufbewahrt. Zu den prägenden Erinnerungen meiner Kindheit gehören die niedrig fliegenden Flugzeuge der US Air
Force und der Royal Air Force, die manchmal so nah über unser Haus
hinwegflogen, dass wir, wenn wir gerade im Garten waren, den Piloten
in die Augen schauen konnten. Das beteuert zumindest mein älterer
Bruder. Es war auf jeden Fall der Kalte Krieg direkt vor unserer Tür,
der deutlich realer und greifbarer war als irgendein Kriegsrestkomplex
wegen Deutschlands vermeintlichem Vormachtstreben.

Wenn wir in Sachen Deutschland überhaupt etwas klar hatten,

dann das moralische Oberwasser, das uns als Briten und »Gewinner« des Zweiten Weltkriegs vergönnt war. Dass dieser Sieg nicht im Alleingang erstritten wurde, sondern zusammen mit vielen anderen Ländern und Soldaten unterschiedlichster Nationalität, wurde oft noch nicht mal in einem zweiten Atemzug erwähnt. Die Briten haben das im letzten Weltkrieg erwirtschaftete moralische Kapital nie ganz aufgebraucht, und ich bin groß geworden in dem Glauben an genau dieses Kapital. Dieses Narrativ war in Comics für Jungs genauso präsent wie in populären Filmen wie *Gesprengte Ketten*. Die Kenntnis der deutschen Sprache belief sich bei den allermeisten Briten auf einzelne Worte wie »Achtung« oder »Schweinehund«. Wenn man dann noch den mit starkem deutschem Akzent geäußerten Satz *»We have ways of making you talk«* hinzunimmt, konnte man problemlos bei den Kriegsspielen der Jungs mitmachen, mit denen ich aufgewachsen bin. Interessanterweise stammt dieser Satz allerdings aus einem Gary-Cooper-Film namens *Bengali* und wird hier in perfektem Englisch von einem indischen Militärführer geäußert. Dass wir solche Sätze noch Jahrzehnte nach Kriegsende mit demonstrativer Selbstverständlichkeit den Deutschen in den Mund legten, zeigt, wie tief das Misstrauen ihnen gegenüber saß. Vom Krieg blieb also eher mangelndes Vertrauen als Hass.

Entsprechend kann ich mich nicht erinnern, dass es bei uns zu Hause irgendwelche antideutschen Bemerkungen gab. Aus deutscher Sicht muss es auch vollkommen unverständlich anmuten, dass uns als Kindern nicht viel über den Holocaust erzählt wurde. Das Bild vom Zweiten Weltkrieg war geprägt von Hitler und den Soldaten, die in seinem Namen gekämpft hatten. Sie waren die Bösen, wir waren die Guten. Als Kind hörte ich also ständig, dass Opa gegen Hitler gekämpft hatte, um ihn am Einmarsch in Großbritannien zu hindern, ein Kampf, den Großbritannien gewonnen hatte. Über das Kriegsziel, einer unvorstellbaren Todesmaschinerie Einhalt zu gebieten, die sechs Millionen Juden umbrachte, hörten wir nicht gerade viel. Ich war wahrscheinlich 13 Jahre alt, als ich zum ersten Mal *Das Tagebuch der Anne Frank* las. So fesselnd und entsetzlich die Geschichte auch war – es war mir nicht möglich, sie in einen historischen Zusammenhang zu stellen, bis mein Geschichtslehrer Mr. Sharpe uns eines Tages eine Kassette vorspielte, auf der eine Frau mit deutschem Akzent ihre Flucht vor den Nazis schilderte und wie sie im Vereinigten Königreich Zuflucht gefunden hatte. Für die damals 15-Jährige war das ein Schock gewesen, ein Schlag ins Gesicht. Erst ganz zum Schluss enthüllte unser Lehrer: »Das war meine Mutter.«

Ich denke schon, dass die moralische Festigkeit Großbritanniens, die aus diesem Geschichtsbild hervorging, mir ihren Stempel aufgedrückt hat. Dazu gehörten nicht zuletzt auch Zeitzeugenberichte wie der von Mr. Sharpes Mutter. Die Argumente überzeugen mich bis heute. Ich würde allerdings sagen, dass dieses Gefühl, moralisch auf der richtigen Seite zu stehen, in letzter Zeit dazu geführt hat, das britische Insel-Empfinden zu verstärken – was uns, wie das Brexit-Referendum gezeigt hat, nicht immer guttut.

Während Großbritannien sich also moralisch wie geografisch schon lange »gesondert« bzw. »besonders« fühlt, ja buchstäblich exzentrisch (ein Wort, das dem griechischen Wort *ekkentros* für »außerhalb des Mittelpunkts« entlehnt ist), ist die deutsche Identität viel stärker bestimmt von der Lage im Mittelpunkt des europäischen Kontinents, mit allen Vor- wie auch Nachteilen, die das mit sich bringt. In Berlin empfange ich regelmäßig eine Gruppe von US-amerikanischen Studierenden, denen ich dann etwas über das deutsche Verhältnis zur Europäischen Union erzähle. Ich führe aus, wie wenig sich die deutsche von der europäischen Identität unterscheiden lässt, und beschreibe, wie viele Deutsche mir gegenüber im Laufe der Jahre betont haben, dass Europa beziehungsweise die EU Nachkriegsdeutschland vor sich selbst gerettet habe.

Die Briten wiederum haben bis heute ambivalente Gefühle gegenüber Deutschland: Sie bewundern die deutschen Nachkriegserrungenschaften – Autos, Fußball, fahrplanmäßige Züge, die Industrieproduktion – und gleichzeitig verachten sie genau das. Das hatte auch mein Bruder klar auf dem Schirm, als er 1997 zum ersten Mal seine deutsche Freundin mit nach Hause brachte und unserer Großmutter vorstellte.

Meine Oma war damals 81 Jahre alt und stand am Beginn einer Demenzerkrankung. Eine Pflegerin hatte ihr jüngst neben einer Reihe von Routinefragen – Name, Alter, Adresse, Datum und vielem mehr – auch die Frage gestellt: »Und wer ist der britische Premierminister?« Und zur Antwort bekommen: »Blair!« Sie spuckte den Namen aus, als ob es schon kaum zu ertragen sei, ihn in den Mund zu nehmen. »Erinnern Sie sich an seinen Vornamen?«, fragte die Pflegerin. »Nein«, kam es von meiner Oma. »Aber er ist ein verfluchter Idiot!«

Diese Freimütigkeit war nichts Neues bei ihr, aber ihr Tonfall wurde noch ein Stück schärfer, als die Krankheit ausbrach. Mein Bruder war also durchaus nervös, als er ihr seine zukünftige Frau vorstellte, die er auf einer Geschäftsreise nach Potsdam kennengelernt hatte. Meine Oma saß im Schaukelstuhl, der Gehstock baumelte an ihrer Seite. »Oma, das ist Heike«, sagte mein Bruder. Meine Großmutter schien tief in Gedanken versunken, offenbar überlegte sie, was sie sagen sollte. Meine Eltern sahen beklommen zu. Nach einer gewissen Zeit nahm Oma Heikes Hand in ihre faltige, mit Leberflecken übersäte und sagte mit großer Behutsamkeit: »Was für schöne blaue Augen sie hat.«

Die Erleichterung war mit den Händen zu greifen. Wir hatten Tränen in den Augen. Meine Mutter sagte später: »Ich hatte befürchtet, sie würde irgendetwas Gemeines über die Deutschen sagen und ihn fragen, warum er denn ausgerechnet eine Deutsche heiraten wolle!«

Das also war Heike, meine neue Schwägerin, die meine Familie und Deutschland noch viel enger zusammenbringen sollte als ich. Diese Begebenheit stand mir eindrücklich vor Augen, als ich meinen Eltern viele Jahre später sagen musste, dass ich Deutsche werden würde.

Meinen ersten Direktkontakt mit Deutschland hatte ich erst mit 17, als es auf Schüleraustausch nach Braunfels in Hessen ging, die Partnerstadt von Newbury. Ich kam bei einem Mädchen namens Tanja unter, die zur Freude meiner Mutter derart gern strickte, dass sie Stricknadeln und Wolle sogar mit an den Abendbrottisch brachte. Ich war ein bisschen weniger entzückt von ihr – obwohl wir mit dem Film *Dirty Dancing* durchaus eine Leidenschaft teilten und sie mich mit den *Ärzten* und den *Toten Hosen* in Kontakt brachte (deren Texte mir ungemein dabei halfen, mein Deutsch zu verbessern) – als von dem Jungen, den ich in der örtlichen Disco kennengelernt hatte.

Anders als die meisten deutschen Austauschpartner meiner männlichen Mitschüler hatte Tobi keinen Oberlippenbart, den wir Briten einigermaßen fies als »Flaumschnäuzer« bezeichneten. Tobi kreiselte mit mir über die Tanzfläche und schenkte mir am letzten Abend eine rote Rose. So erfuhr ich, dass Deutsche auch romantisch sein können. Wir blieben in Kontakt. Als er zur Bundeswehr musste, schickte er mir ein Foto von sich in Uniform. Naiv, wie ich war, geriet ich darüber geradezu ins Schwärmen. Mir war nicht bewusst, dass es nicht unbedingt angebracht war, verzückt zu sein von einem Deutschen in Uniform. Genauso begeistert aber war ich, als er mir ein Foto schickte, auf dem er neben seinem ersten Auto stand, einem VW Golf.

Über Ostern kam er zu Besuch, was meine Eltern in nervöse Anspannung versetzte. Er half mir bei meinem Schulabschluss-Essay über Friedrich Dürrenmatts *Der Besuch der alten Dame*, wir gingen zu Partys von Freunden, und ich führte ihn meinen Freundinnen vor. Die deutsche Mutter einer meiner Freundinnen verriet mir, das Geheimnis ihrer langjährigen Ehe mit ihrem britischen Mann sei das Essen gewesen. »Liebe geht durch den Magen«, sagte sie in der Küche zu mir, und der ebenfalls anwesende Tobi nickte eifrig. Die Engländer sagen es etwas nüchterner: »*The way to a man's heart is through his stomach.*«

Wir fuhren nach Portsmouth, um der Mary Rose einen Besuch abzustatten, dem Flaggschiff der Flotte von Heinrich VIII., das 1545 während der Seeschlacht mit den Franzosen im Golf von Solent sank und 1982 wieder geborgen wurde. Im Licht einer Straßenlaterne schworen wir uns, in 20 Jahren, nach der Restaurierung des Schiffes, erneut herzukommen. Was wir nicht getan haben.

Stattdessen trennten wir uns wenige Tage später tränenreich auf der Treppe des Bahnhofs von Reading (einen tristeren Ort gibt es nicht) und sahen uns nie mehr wieder. Obwohl ich nicht unbedingt mit seinen Hawaii-Hemden klargekommen war, war alles andere an ihm natürlich perfekt, wie ja doch meistens bei einer ersten Liebe. Aber diese britisch-deutsche Verbindung sollte einfach nicht sein. Es sollte noch neun Jahre dauern, bis mein Bruder in diesem Punkt nachlegte und Heike in den Schoß der Familie brachte.

NEU ENTDECKTE ALTE BINDUNGEN ZU DEUTSCHLAND Und dann stieß ich 2014 auf ein Familienmitglied, von dem mir nie jemand erzählt hatte – was in mir die Vermutung keimen ließ, dass wir, wie jede andere Familie auch, weitere unter den Teppich gekehrte Geheimnisse haben, die noch ihrer Entdeckung harren. Ich bin jenem geheimnisvollen Deutschen, der offenbar jahrzehntelang mitten unter uns lebte, regelrecht dankbar dafür, dass er meine Familie deutlich interessanter erscheinen ließ, als sie mir während der vorausgegangenen 46 Jahre vorgekommen war.

Lange bevor das Brexit-Referendum bestimmte, worüber wir reden beziehungsweise nicht reden konnten, war ich 2014 über Ostern mit den Kindern bei meinen Eltern und sah Dokumente der Familie durch, darunter auch den Stammbaum meines Großvaters. In den Aufzeichnungen meiner Großmutter stieß ich dann auf den Namen Willi Hülsebusch und fragte meine Mutter und meinen Onkel, wer das denn sei.

Willi war offenbar kurz nach dem Zweiten Weltkrieg als Untermieter in das Haus meiner Großtante Margaret auf der Annamoe Road im nördlichen Dublin eingezogen. Mein Onkel und meine Mutter hatten ihn auf Reisen nach Irland in den 1950er- und 1960er-Jahren kennengelernt. Nach allem, was man mir sagte, war Willi Hülsebusch ein stolzer, höflicher und gut gekleideter Mensch. Sein Aufkreuzen in der Nachbarschaft verursachte allenthalben erhebliche Neugierde, nicht zuletzt, weil seine wahre Identität samt jeglichen biografischen Details ein Geheimnis blieb. Wilde Gerüchte darüber, was ihn nach Irland verschlagen haben könnte, machten damals die Runde. Manche glaubten, er sei Kommandant auf einem deutschen U-Boot gewesen, andere wiederum hielten ihn für einen deutschen Spion, der die Briten ausspioniert und nach dem Krieg in Irland Zuflucht gesucht habe. Die einzige Gewissheit, die man über ihn hatte und die zugleich Gesprächsthema der gesamten Nachbarschaft war, bestand darin, dass er jeden Donnerstagabend um Punkt 19 Uhr einen Anruf von seinem Sohn in Deutschland bekam. Dieser Sohn rief immer bei Familie Moylett an, weil sonst noch niemand auf der Straße ein eigenes Telefon hatte.

Die Kinder in der Straße, darunter auch meine Mutter und ihr Bruder, wenn sie dort zu Besuch waren, fanden Willi Hülsebusch faszinierend. Am besten gefiel ihnen die Version der Geschichte, in der er in Dublin stationiert worden war, um entlang der Dubliner Hauptstraßen Fackeln zu entzünden und so der deutschen Luftwaffe anzuzeigen, wo man landen konnte, um von Irland aus einen koordinierten Angriff gegen den »gemeinsamen Feind« zu planen. Dahinter stand die Annahme, dass Irland als ehemalige britische Kolonie auf jedwede Gelegenheit, London in Bedrängnis zu bringen, genauso erpicht war wie Nazi-Deutschland.

Die antibritische Stimmung in Irland damals brachte es mit sich, dass Willi Hülsebusch mit einem gehörigen Maß an Hochachtung behandelt wurde. Mehr als einmal organisierten die Nachbarn eine Fahrt zum deutschen Soldatenfriedhof in Glencree für ihn. Auf dem in den Wicklow Mountains in Ostirland gelegenen Friedhof, der vom Volksbund Deutsche Kriegsgräberfürsorge betreut wird, gibt es 134 Gräber, in denen mehrheitlich Angehörige der Luftwaffe oder der Kriegsmarine bestattet liegen. 53 von ihnen sind identifiziert, 28 unbekannt. Sechs der Gräber gehören zu Kriegsgefangenen, 46 zu deutschen Zivilgefangenen, die getötet wurden, als das Schiff, das sie von Großbritannien nach Kanada ins Gefängnis bringen sollte, vor der Küste von Donegal von einem deutschen U-Boot mit Torpedos beschossen wurde. Das vielleicht faszinierendste Grab aus Sicht von Willi Hülsebusch – wenn wir denn den Gerüchten Glauben schenken dürfen, dass er ein Spion war – ist das von Dr. Hermann Görtz, einem Spion der Abwehr, der nach dem Krieg aus Angst, an die Sowjets ausgeliefert zu werden, Selbstmord beging.

Der Willi Hülsebusch entgegengebrachte Respekt reichte so weit, dass man ihn, als er erkrankte, mit großer Ehrerbietung und Sorgfalt behandelte. Mr. Moylett, der Telefonbesitzer, kam täglich ins Haus meiner Großtante, um ihn zu rasieren. Als Hülsebusch im Alter von 70 Jahren starb, reiste sein Sohn nach Irland, um sich bei meiner Großtante Margaret und den Moyletts für alles zu bedanken, was sie für ihn getan hatten.

Ich wühlte mich noch ein bisschen weiter durch die Familienarchive (obwohl das vielleicht ein etwas großes Wort ist für die Schuhkartons und Aktenordner voller Infofetzen) und entdeckte irgendwann in einer nicht in der Sammlung enthaltenen Quelle, dass Willi mit meiner anderen Großtante (Anne Agnes) verehelicht gewesen war und nach deren Tod deren Schwester Mary Hannah geheiratet hatte. Als Sohn eines deutschen Vaters und einer irischen Mutter in Limerick geboren, hatte er es bei der Armee in Norddeutschland (vor dem Zweiten Weltkrieg) bis zum Geheimdienstoffizier gebracht.

Die Gerüchte waren also gar nicht allzu weit hergeholt, obwohl ich nicht weiß, was ihn tatsächlich zurück nach Irland gebracht hat – die Liebe zu seinem Mutterland oder die Abscheu vor den Briten. Als mein »Großonkel« hatte dieser weltmännisch-gewandte, elegante deutsche Spion es zweifellos verdient, dass ich weitere Recherchen zu ihm anstellte. Ich habe in meiner Familie herumgefragt, warum nie über ihn gesprochen wurde, und alle behaupten einhellig, sie hätten nicht gewusst, dass er meine Großtante geheiratet hatte. Die Geschichte, die sich durch den Fund im Familienarchiv vor mir ausbreitete, versetzte mich in Staunen. Nicht zuletzt das Wissen, dass meine persönliche Verbindung zu Deutschland tiefer war, als ich mir das bislang hatte vorstellen können, machte mich sprachlos.

ICH WERDE BERLINERIN

Erst als ich im Fach Deutsch mein A-Level ablegte, vergleichbar mit dem Abitur, und darüber nachdachte, Deutsch zu studieren, fing ich an, Deutschland auch in einem politischen Kontext zu sehen. So peinlich mir das ist, muss ich doch zugeben, dass ich bis dahin in dieser Hinsicht keine Ahnung hatte.

Als 1989 die Mauer fiel, war ich 18 – was zu hundert Prozent zu meiner jugendlich-egoistischen Weltwahrnehmung passte: Das war meine Geschichte, das Leben bekam größere Spielräume, es gab neue Anfänge und das Gefühl von Hoffnung. Der Weltfrieden, von dem wir immer geträumt hatten, wurde vor meinen Augen Wirklichkeit! Die sich in schneller Folge anschließenden Revolutionen in Prag und Rumänien verstärkten dieses Gefühl, genau wie die Freilassung von Nelson Mandela im Februar 1990.

Mein Bruder schaffte es vor mir nach Berlin: Er fuhr mit seinem klapprigen Peugeot quer durch Europa und kam pünktlich zum Pink-Floyd-Konzert am 21. Juli 1990 an. Wenige Tage später war er wieder zu Hause. Um Benzin zu sparen und wegen des felsblockgroßen, auf seine Rückbank gequetschten Stücks Berliner Mauer, ganz aus Stahlbeton und heute Bestandteil seines Steingartens in Brighton, hatte er auf dem Heimweg langsam fahren müssen.

Ich kam erst im Herbst 1990, eine Woche nach der Wiedervereinigung, zum ersten Mal nach Berlin. Für die Lokalzeitung der norddeutschen Stadt, in der ich gerade ein dreimonatiges Praktikum bei einem Pressevertrieb absolvierte, sollte ich über die Feierlichkeiten schreiben. Vor Kurzem habe ich den Zeitungsausschnitt dieses Artikels gefunden, der in mir sowohl Scham als auch Wehmut auslöste. Wie ich im Vorspann zu meinem Text als modellhafte Europäerin dargestellt werde, hat mich wiederum sehr amüsiert – als hätte ich 1990 zum Erfolg des vereinten Europa beigetragen, weil ich mir aus eigenem Antrieb einen Aufenthalt in Deutschland organisiert hatte! Das klang dann so:

> »Wie eines Tages ein vereintes Europa funktionieren soll, darüber zerbrechen sich Experten schon lange die Köpfe. Eine der Voraussetzungen für das Gelingen dieses Projekts jedenfalls ist das Verständnis der Menschen für die Bewohner in den Nachbarländern. ›Andere Länder, andere Sitten‹ kennenlernen können junge Leute bereits im Rahmen eines Schüleraustauschs. Manche machen sich auch selbstständig auf den Weg in fremde Gefilde. So wie die 19-jährige ›Kate‹ Catherine Connolly aus Newbury, Südengland, die von September bis Weihnachten einen ›Blick auf die Deutschen‹ geworfen hatte. Rund drei Monate lang sah sie sich um, hauptsächlich im Landkreis Soltau-Fallingbostel. Wie aber sieht eine junge Engländerin nach so einem Aufenthalt ›die Deutschen‹? Sie hat ihre Eindrücke vom vereinten Deutschland für unsere Zeitung notiert – in Deutsch, wohlgemerkt …«:

Am 2. Oktober habe ich ein Praktikum angefangen in einem Pressevertrieb. Ich habe in fast allen Abteilungen gearbeitet und ein tolles Arbeitsklima erlebt. Die meisten waren sehr locker und humorvoll, und mit meinem manchmal schlecht zu verstehenden Deutsch waren alle sehr geduldig. Ich muss ehrlich sagen, dass diese Situation das

Gegenteil von dem Bild ist, das wir in England von einem deutschen
Arbeitsplatz haben: streng und wenig humorvoll …
Ich war auch sehr überrascht, dass fast keine Frau einen Rock anhat-
te und die Männer keine Anzüge trugen. Im konservativen England
ist so etwas gar nicht normal.
Gleich zu Beginn in diesem Land habe ich festgestellt, wie die deut-
sche und amerikanische Kultur sich vermischt haben. So gibt es die
Übernahme »neuer Wörter«, zum Beispiel »Manager«, »clever«,
»small-talk«, »no way out« und so weiter. Eine Menge populäre
Musik kommt außerdem aus England oder Amerika. Fernsehsen-
dungen ebenfalls. Ich fand es total stark, eine englische, rote Telefon-
zelle zu sehen, die von allen bewundert im Pressevertrieb steht!
Vielleicht aber könnten manche Deutsche auch denken, dass wegen
dieser neuen »Trends« Deutschland einen Teil seiner Identität ver-
liert. Dennoch habe ich den Eindruck, dass die Deutschen weiterse-
hen als bis zu ihren Bergen im Süden und den Blick in alle Welt nicht
vergessen: ob in Bezug auf englische Politik, Shakespeare oder allge-
meine europäische Interessen. Deshalb freuen sich die Deutschen
sehr auf 1992. (Anmerkung der Redaktion: gemeint ist der Europäi-
sche Binnenmarkt).
Für mich sehr aufregend war es, am 3. Oktober in Deutschland zu
sein. Am 2. Oktober abends bis 3. Oktober morgens habe ich sehr
aufmerksam Fernsehberichte verfolgt. Ich war zuerst überrascht,
dass, obwohl die Wiedervereinigung ein glückliches Ereignis war,
nicht die Euphorie aus dem November 1989 entstand – es war so wie
eine gemütliche Party. Es hat mich aber sehr berührt, und das dar-
auffolgende Wochenende habe ich einen Ausflug nach Berlin ge-
macht. Eine Studentin, bei der ich gewohnt habe, und zwei Freunde
haben mich durch die Stadt geführt. Als ich zum Brandenburger
Tor gegangen bin und die Mauer gesehen habe und den ganzen Tag
durch Ost-Berlin gelaufen bin und Leute und Leben beobachtet
hatte, konnte ich schließlich begreifen, was es bedeutet, dass die

Mauer weg ist und dass Deutschland nach 40 Jahren wiederver-
einigt ist.

Trotzdem war ich ganz überrascht, dass ich kein Stück Mauer mehr
finden konnte. Schließlich habe ich einen Polizisten gefragt. »Fräu-
lein, davon ist nichts mehr übrig – haben Sie die Zeitungen nicht
gelesen?« Aber 10 Minuten später habe ich doch noch eine Strecke an
der Bernauer Straße gefunden, und da habe ich sogar einen Ham-
mer gemietet! Was ich traurig finde in der ehemaligen DDR und den
Reaktionen in West-Deutschland ist, dass jetzt, nach so viel Freude,
die West-Deutschen einer vereinigten Zukunft sehr skeptisch gegen-
überstehen. »Warum sollen wir für die DDR-Leute bezahlen, damit
die sich ein neues Leben aufbauen können?«, haben viele zu mir
gesagt. Dies, muss ich ehrlich sagen, kann ich gar nicht verstehen.

»Und was mögen Sie in Deutschland am liebsten?« Das ist nicht
schwer zu beantworten. Zuerst sind die Straßen immer sauber, in
Restaurants sind Essen und Service viel besser und billiger, die Knei-
pen sind abends lange auf (in England bis 23 Uhr). Den Post-Dienst
finde ich super – hier gibt's einen schnellen Spitzen-Service. In den
letzten zwölf Wochen bin ich viel gereist in Norddeutschland, und
meiner Meinung nach ist das Verkehrsangebot toll, obwohl es ein
bisschen teuer ist.

Ich muss außerdem sagen, dass ich gute Erinnerungen mit nach
Hause nehme. Die Leute sind immer hilfsbereit gewesen und sehr
freundlich … Im Alltagsleben klar zu sehen ist, dass die Klassenkluft
zwischen den Leuten gar nicht so groß wie in England ist, und auch
nicht so kompliziert …

Wurst, Glühwein, Stollen, Apfelkuchen, Berliner und Marzipan …
was alles sehr lecker ist, hätte ich in England nie kennengelernt …
und Nachteile? In Norddeutschland ist der Kaffee für mich zu stark,
und auch die Norddeutschen sind manchmal sehr schwer kennen-
zulernen. Das aber sind nur Kleinigkeiten. Ich muss jedoch sagen,
dass eines total anders ist zwischen Deutschland und meinem Hei-

*matland: der Humor. In Deutschland ist er sehr direkt und ironisch,
finde ich, und in England hat er viel mit Wortspiel zu tun, Sarkas-
mus und versteckten Bedeutungen. Aber die Deutschen und ihr
Humor sind total untrennbar, und jetzt kann ich auch mitlachen –
Gott sei Dank!*

*Im Dezember war ich bei der Weihnachtsfeier der Firma und habe in
einer Tombola mit vielen wahnsinnigen Preisen eine »Butterfahrt«
gewonnen. Ich musste in einer Schubkarre sitzen, ein Paket Butter in
der Hand, und vor allen meinen Kollegen wurde ich durch den
Raum geschoben …! Eine unvergessliche Erfahrung und etwas, von
dem ich in England erzählen kann. Aber keine Sorge, trotzdem komme ich irgendwann wieder zurück.«*[29]

Und natürlich bin ich zurückgekommen, und wer weiß, was mein
19-jähriges Selbst von der Tatsache gehalten hätte, dass ich sogar Deutsche geworden bin. Obwohl: Wenn ich mir ansehe, was mich umtrieb,
sieht es für mich so aus, als sei ich damals schon auf dem besten Weg
gewesen, Deutsche zu werden.

Wie besorgt ich war um das Verschwinden der deutschen Kultur,
die von der englischen Sprache infiltriert wird, verstärkt noch dadurch, dass kaum deutsche Lieder im Radio gespielt werden! Und ob
ich als Teenager wirklich so beeindruckt war von den sauberen Straßen und dem Netz der Deutschen Bahn? Vielleicht habe ich den Deutschen, die drei Monate liebenswürdige Gastgeber gewesen waren, nur
das aufgetischt, was sie, wie ich annahm, von mir hören wollten?

Dass mir die effiziente Postzustellung gefiel, lasse ich wiederum
gelten: Das war sicherlich wichtig für mich, die ich in Prä-Internet-
und Hohe-Telefonkosten-Tagen zum ersten Mal von zu Hause weg
und für jegliche Kommunikation mit Freunden und Familie vollkommen abhängig war von der Post. Ich erinnere mich noch genau daran,
wie ein Paket von meiner Großmutter ankam. Ich war so aufgeregt –
bis ich es öffnete und nichts darin fand als Zahnweißer für Raucher,

weil Oma Sorge hatte, dass mir der starke, bittere norddeutsche Kaffee Flecken auf den Zähnen hinterlassen würde.

Die am Schluss des Artikels erwähnte Butterfahrt war übrigens einer der verwirrendsten Momente meines bisherigen Lebens, weil ich erst lernte, was es mit einer solchen Fahrt auf sich hatte, nachdem man mich wieder aus der Schubkarre entlassen hatte. Hätte ich vorher gewusst, welche historische Dimension das Konzept der Butterfahrt hatte – schließlich waren die Schnäppchenfahrten nach Dänemark, bei denen man traditionell billig Butter und anderes einzukaufen versuchte, 1999 von der EU verboten und entsprechend eingestellt worden! Schade, dass ich nie bei einer echten dabei war.

Die bunten, graffitibesprühten Stücke der Berliner Mauer, die ich an meinem Tag als Mauerspecht an der Bernauer Straße abgeschlagen habe, sind immer noch in meinem Besitz (es tut mir leid für diejenigen, die die Mauer erhalten wollten!). Sie befinden sich in einem großen Marmeladenglas auf meinem Bücherschrank, quasi als eingemachte Erinnerung an die Geschichtsträchtigkeit und Aufregung, die Berlin mir und so vielen anderen damals auf dem Silbertablett serviert hat.

Und ganz im Vertrauen: Ich halte bis heute große Stücke auf die deutsche Post, und ich bin weiterhin, zumindest meistens, großer Fan der Deutschen Bahn. Nur die deutschen Kleidungsnormen verwirren mich noch immer: Es scheint vollkommen in Ordnung zu sein, in Jeans bei einer Hochzeit aufzukreuzen, aber wenn ich einen Hut trage, amüsiert man sich darüber …

DAS BERLIN DER NACHWENDEZEIT Meine nächste Probe in Sachen Leben in Deutschland absolvierte ich 1993, als ich an der Universität im nordenglischen Leeds Deutsch und englische Literatur studierte. Das zweite Studienjahr des vierjährigen BA-Studiengangs sollte im Ausland verbracht werden. Da ich meine Eltern finanziell nicht mehr als unbedingt nötig belasten wollte, entschied ich mich, in einer

Schule als Lehrassistentin zu arbeiten. Nachdem ich zunächst eine Stelle in einer Kleinstadt in der deutschen Provinz zugewiesen bekommen hatte, kam zu meiner Erleichterung kurz darauf ein Anruf von der Vermittlungsagentur und ich wurde gefragt, ob ich denn auch nach Berlin gehen würde. Eine katholische Schule im ehemaligen Ostteil der Stadt suchte eine Assistenz.

Ich stürzte mich auf diese Gelegenheit und stieg im September 1993 am Ostbahnhof aus dem Zug aus Prag, wo ich ein Praktikum bei einer Tageszeitung gemacht hatte. Zunächst dachte ich, es hätte mich in den wahrscheinlich langweiligsten Kiez der Stadt verschlagen. In meinem Stadtführer wurde Berlin-Prenzlauer Berg, wo ich wohnen sollte, beschrieben als »voll von Rentnern«. Mein Führer war wohl nicht mehr so ganz aktuell, denn zum Zeitpunkt meiner Ankunft wurde es dort bereits schwierig, eine Wohnung zu finden, so schnell füllte sich der Stadtteil mit Szenemenschen von überallher aus Deutschland. Damals waren es noch weniger junge Menschen aus dem Rest Europas, das kam erst später.

Ich wurde in der Dachgeschosswohnung eines Pfarrhauses geparkt und hatte Nonnen als Nachbarinnen, freitags zog Fischgeruch durchs Treppenhaus, und noch bevor die Glocken überhaupt zu läuten begannen, weckte mich sonntags um 7 Uhr morgens ihr Quietschen, meistens dann, wenn ich nach dem Ausgehen in einem der temporären Clubs oder einer der illegalen Bars gerade erst eingeschlafen war.

Kommuniziert wurde im Normalfall über handbeschriftete Zettel, die man sich an die Haustüren klebte, oder über die Telefone an den Hausecken, vor denen sich oft lange Schlangen bildeten, weil die Leute hier ihre Jobschichten und ihr Nachtleben zu organisieren versuchten. Im Winter fror manchmal die Telefonleitung ein. Ich erinnere mich, wie ich in der S-Bahn auf einer der hölzernen Bänke sitzend zum ersten Mal ein Mobiltelefon gesehen habe: ein großes, ziegelsteinartiges Gerät, das sich manche Menschen zwangsläufig anschaffen mussten, einfach, weil das Festnetz so miserabel funktionierte. Außerdem fiel mir auf, wie viele junge Männer Kinderwägen schoben, ein Anblick, der mich zunächst richtiggehend irritierte, so ungewohnt war er. Im Vereinigten Königreich kam das nur sehr selten vor, und ich hatte sofort den Eindruck, an einem sehr entspannten, liberalen Ort gelandet zu sein.

Ich lebte von Milchkaffee und Börek, versuchte, Vegetarierin zu sein, scheiterte aber nicht nur an meiner eigenen körperlichen Verfassung, sondern auch an einer spezifisch deutschen Herausforderung. Ich erinnere mich an Wortwechsel wie:»Ist in der Suppe Fleisch drin?« Antwort:»Nein!« Man tauchte den Löffel ein, und das Erste, was man entdeckte, waren Fleischstückchen, die an der Oberfläche schwammen.»Aber Sie haben doch gesagt, dass da kein Fleisch drin ist!« Entgegnung:»Das ist ja auch kein Fleisch, das ist Wurst.«

An der Schule, an der ich arbeitete, bekam ich die Spannungen, die die Wiedervereinigung mit sich brachte, sehr direkt und wie unter dem Brennglas mit. Die Lehrer gehörten zu unterschiedlichen Besoldungsgruppen, je nachdem, in welchem System sie ihre beruflichen Erfahrungen und Qualifikationen gesammelt hatten. Das führte dazu, dass die hart arbeitende Direktorin weniger Lohn bekam als einige deutlich jüngere Lehrer aus ihrem Kollegium – und zusätzlich noch zur Abendschule gehen musste, um ihre Berufsbefähigungsnachweise auf»Weststandard« zu heben. Es gab Streit über Belanglosigkeiten wie Kreide und Klopapier. Die alten DDR-Bestände sollten erst aufgebraucht werden, bevor neues Material gekauft werden durfte. Einige der westdeutschen Kollegen wiesen nur allzu gern darauf hin, was für eine furchtbar minderwertige Qualität die Ausstattung hatte. Diese Kritik wiederum war für manche der ostdeutschen Lehrer nur schwer zu ertragen, kam sie doch noch obendrauf auf das Gefühl, dass alles, was ihnen bekannt gewesen war, zum Alteisen geworfen und in Stücke gerissen wurde.

Die Schüler waren mir gegenüber zuerst nervös. Ich hatte einen kleinen Raum unterm Dach (schon wieder), in dem ich mit einer kleinen Gruppe Englisch sprechen sollte. Ihnen den Mut zu vermitteln, einfach draufloszureden, war wahnsinnig schwer. Meine Mutter schickte mir Illustrierte, die ich für Rollenspiele zerschnitt. Einmal probierte ich mit ein paar Abiturienten das Spiel »Stell dir vor, du sitzt in einem Heißluftballon, der abstürzen wird, wenn nicht jemand mit dem Fallschirm aussteigt und damit die Traglast verringert«. Ich legte Fotos von diversen Promis vor sie hin – vom Papst, von Prinzessin Diana, Helmut Kohl und einigen anderen. »Aber wir sind doch gar nicht in einem Heißluftballon, der abstürzt«, sagte einer der Jungs. »Tut doch einfach so«, meinte ich. »Aber das ist doch was für kleine Kinder«, kam prompt die Erwiderung.

Anders als in britischen Schulen üblich, schienen meine deutschen Schüler glücklicher, wenn ich irgendetwas an die Tafel schrieb, was sie dann abschreiben konnten. Ein ziemlicher Kulturschock für mich. Genauso seltsam wie die Trauer, die beim Tod von Kurt Cobain durch die ganze Schule schwappte. Viele Mädchen waren in Tränen aufgelöst. Zu sehen, wie ein Sänger sich in derart kurzer Zeit in ihrem Leben festgesetzt hatte und wie wichtig die US-amerikanische Kultur insgesamt für sie zu sein schien, machte mich sprachlos. Offenbar war ich auch ein bisschen naiv, weil ich mich selbst emotional noch nie derart an einen Star gebunden hatte.

In einem Wirbelsturm aus Loveparades und Christopher-Street-Day-Paraden, Veranstaltungen, wie ich sie noch nie zuvor erlebt hatte, flog das Jahr nur so dahin. Ich machte mit bei einem Filmprojekt, bei dem ich als Köchin fungierte. (Seitdem ich für die Crew ein Curry zubereitet habe, weiß ich, dass Deutsche nicht so gerne scharf essen …) Ich ging in die Volksbühne, und bei einer Inszenierung von *A Clockwork Orange*, die ich nie vergessen werde, bekam ich Farbe auf meine weiße Leinenhose gespritzt, die ich nie wieder rausgekriegt habe. Vielleicht deswegen habe ich nie so richtig ein Faible für die Volksbühne entwickelt. Dafür ging ich zum ersten Mal in meinem Leben oft in die Oper. Unzählige Male kaufte ich mir für zwei Mark Studentenkarten

im oberen Rang der Staatsoper. Ich liebte auch die Berliner Flohmärkte, spürte zum ersten Mal die Kraft des preußischen Winds und
schämte mich, meine Nachbarn zu hören, wenn sie lautstark Sex hatten. Dass mir das derart auffiel, lag teils daran, dass die Wände schlecht
isoliert waren, teils daran, dass ich nicht daran gewöhnt war, in einem
Mehrparteienhaus zu wohnen, und hing vermutlich außerdem damit
zusammen, dass Briten (zumindest die, die ich kannte) einfach nicht
dazu tendieren, lauten Sex zu haben.

Ich bemühte mich, so schnell wie möglich wieder aus dem Pfarr-
haus auszuziehen, und fand ein Zimmer in einer kurzen Straße, an deren Ende die Mauer gestanden hatte. Der vorige Bewohner war bei der
Stasi gewesen und hatte beim Auszug halb verbrannte Unterlagen im
Ofen hinterlassen. Die Nachbarschaft war eine Offenbarung: Man
ging beieinander ein und aus, ständig lieh man sich Lebensmittel und
Werkzeug. Die Leute waren alle superpraktisch veranlagt – immer,
wenn irgendetwas repariert werden musste, war sofort jemand mit einer Idee oder dem entsprechenden Wissen zur Stelle. Das Bier kaufte
man am offenen Fenster der Wohnung im Erdgeschoss. Dass diese
Sitte auch Nachteile hatte, musste ich erfahren, als eines Tages meine
heiß geliebte Kamera verschwand.

Zuerst verstand ich mich ganz gut mit meinem Mitbewohner, obwohl die Nachbarn fanden, dass er mir als Untermieterin zu viel Geld
abknöpfte. Als es weiterhin gut klappte zwischen uns – auf rein plato-
nischer Ebene –, nahm er mich hin und wieder mit in irgendeinen Un-
derground-Club oder er fuhr mit mir auf dem Motorrad dort durch
Berlin, wo man heute nicht mehr fahren darf, zum Beispiel über die
Straße vor dem Reichstag oder unterm Brandenburger Tor hindurch.
Aber nach und nach wurde deutlich, dass er ein versoffener Investor in
spe war, der jede Nacht eine andere Frau mit nach Hause brachte und
dem es um nichts als Geld ging.

Möglicherweise wollte er mich nach einer gewissen Zeit auch einfach wieder loswerden. Als eines Tages eine Telefonrechnung nicht bei

ihm ankam, zog er gar nicht in Betracht, dass der kaputte Briefkasten (den er sich weigerte, reparieren zu lassen) das Problem sein könnte, sondern warf mir vor, die Rechnung entwendet zu haben, um zu verschleiern, dass ich das Telefon benutzt und eine astronomisch hohe Rechnung verursacht hatte. Ich konnte es nicht fassen.

Also suchte ich mir eine neue Bleibe und fand bald etwas über Freunde, in Friedrichshain. Die Wohnung hatte eine sardinenbüchsengroße Waschgelegenheit, und das Klo war auf halber Treppe, für mich eine bizarre Sache, auch wenn es zu der Zeit in Berlin vollkommen normal war. Aber ich war erleichtert, von meinem boshaften Mitbewohner wegzukommen und einen Strich unter das schrecklichste Kapitel meiner Berlin-Erlebnisse ziehen zu können.

Die meisten anderen Erfahrungen, die ich gemacht habe, wenn ich mich mit Deutschen angefreundet habe, waren deutlich positiver. Seit diesem Berliner Jahr pflege ich tiefe Freundschaften, die auch ein Vierteljahrhundert später noch intakt und lebendig sind. Meine deutschen Freundinnen und Freunde würde ich insgesamt als extrem loyale Menschen beschreiben – die hartnäckig an dir dranbleiben, wenn sie mit dir befreundet sein wollen (Gott bewahre, wenn du das gar nicht möchtest!), die Aufmerksamkeit haben für alles, was in deinem Leben so passiert, und die sehr gerne Geburtstage feiern, und zwar unbedingt am selben Tag (das scheint eine deutsche Obsession zu sein).

Zur Feier dieser Freundschaften habe ich im Sommer 1995, als ich schon wieder in Großbritannien lebte, ein informelles Wiedersehenstreffen vor Christos eingepacktem Reichstag organisiert. Spontan haben wir uns wie Tausende andere entschieden, vorm Reichstag zu zelten, um die historische Kunstaktion in uns aufsaugen zu können. Wir picknickten und schliefen dann auf dem Rasen ein, mitten in einem Wahnsinnsspektakel, das die These, in Berlin gebe es die besten Partys, mit Nachdruck untermauerte. Was nicht der Hauptgrund ist, warum ich mich entschieden habe, hierher zurückzukommen – aber sicherlich einer von vielen.

EIN BISSCHEN DEUTSCH,
EIN BISSCHEN BRITISCH

1996 nahm ich an einem von der deutschen Botschaft in London aus-geschriebenen Wettbewerb für einen journalistischen Text teil, der sich mit irgendetwas Deutschem oder einem Aspekt deutschen Le-bens in Großbritannien auseinandersetzen sollte. Nur wenige Wo-chen zuvor war ich, jetzt Studentin in *Print Journalism* an der City University, wortwörtlich über *The German Gymnasium* gegenüber vom Bahnhof King's Cross in Nordlondon gestolpert, ganz in der Nähe von dort, wo heute die Redaktion des *Guardian* sitzt. Erbaut hat dieses Gebäude der Preuße Carl Volker, der die Gymnastik nach Großbritannien brachte und hier eine Sporthalle für deutsche Ein-wanderer eröffnete, die sich Mitte des 19. Jahrhunderts in der bri-tischen Hauptstadt niederließen. Dem unter Denkmalschutz stehen-den Gebäude, das ein Jahr nach Schließung als Turnhalle in einer Aufwallung antideutscher Ressentiments bombardiert und teilweise zerstört worden war, stand Ende der 1990er-Jahre der vollständige Abriss bevor, weil hier der Endbahnhof der Kanaltunnelstrecke ent-stehen sollte.

Aus lauter Neugierde klingelte ich, ging aber nicht davon aus, dass mir irgendjemand öffnen würde. Aber die Künstlertruppe, die das Ge-bäude vor dem Abriss bewahren und in ein Kunsthaus umwandeln wollte, machte mir auf, und dann stand ich in dem kirchenähnlichen Raum mit seiner hohen Gewölbedecke, in dem die Künstler gerade eine Notfallsitzung abhielten. Die Geschichte, die ich daraus machte, war ein kleines Juwel – und gleichzeitig der erste Text, den zu drucken ich den *Guardian* überreden konnte.[30] Damals ließ sich noch kaum ab-sehen, dass ich zehn Jahre später Berlin-Korrespondentin dieser Zei-tung sein würde, aber im Rückblick nimmt sich dieser Artikel als ein recht stimmiger Einstieg aus.

Erst letztens habe ich erfahren, dass das Haus heute ein Restaurant mit dem Namen *The German Gymnasium* ist, spezialisiert auf mittel-europäische Küche. Jay Rayner, der Restaurantkritiker des *Guardian*, schrieb in seiner Besprechung von 2015 allerdings, es sei überteuert und nichts als Hype, es wolle »ein Tempel für deutsches Essen« sein, das meiste auf der Karte jedoch habe auf ihn »so deutsch gewirkt wie meine Katze«.[31] Was diese, darauf weist er umgehend hin, keineswegs ist.

Die Leiterin unseres Journalismus-Seminars las die Bedingungen für den Wettbewerb der deutschen Botschaft vor. Der erste Preis sei »eine Woche in Deutschland«. »Und der zweite Preis?«, fragte ein Kommilitone. »Zwei Wochen in Deutschland«, kam es schlagfertig und ohne Zögern von einem anderen. Alle lachten. Und da war es wieder, in kondensierter Form: Deutschland ist in Großbritannien sicher kein Land, in das man *freiwillig* in den Urlaub fahren würde, und meistens eher nur für einen Witz gut. (Ich habe den Wettbewerb übrigens gewonnen, konnte den Deutschland-Aufenthalt jedoch leider nicht antreten, weil ich gerade meinen ersten Job bekommen hatte.)

»DIE DEUTSCHE GESCHICHTE HÖRT MIT 1945 NICHT AUF«

2002 hatte Deutschland im Vereinigten Königreich einen derart schlechten Ruf, dass das Goethe-Institut eine Multimedia-Werbekampagne für Schulen aufsetzte, um das Image des Landes aufzupolieren und den Horizont der Schüler etwas zu erweitern, die nicht immer nur das Bild von »Hitlerdeutschland« vor Augen haben sollten. Man arbeitete mit Postkarten, Plakatwänden und dem Internet, man setzte Promis wie Claudia Schiffer und Michael Schumacher ein, alles in dem Bemühen, Deutschland von seinem Handtücher-auf-Strandliegen-werfende-Spießer-Image zu befreien und britische Jugendliche davon zu überzeugen, dass es cool – und ein Schlüssel zu beruflichem Erfolg – sei, Deutsch zu lernen.

Auf den 10 000 verteilten Postkarten war das Model Claudia Schiffer abgebildet, zusammen mit dem einigermaßen fragwürdigen Slogan: *Find out whether Germany has more to offer than blondes*, in etwa: »Finde heraus, ob Deutschland mehr zu bieten hat als Blondinen.« Auf dem Bild des Formel-1-Weltmeisters Michael Schumacher prangte folgende Botschaft: *Learn German and you too can be in the pole position*, also etwa: »Lern Deutsch, dann kannst auch du aus der Poleposition starten.«

Ulrich Sacker, damals Leiter des Londoner Goethe-Instituts, sagte: »Für die meisten Briten ist Deutschland nicht mehr als ein kaltes Land, in dem ergebnisorientiert gearbeitet wird und aus dem hin und wieder gute Fußballer kommen.« Und er fügte hinzu: »Die wenigsten Briten kennen die junge, hedonistische Seite von Deutschland – die Kunstszene, die Loveparade in Berlin und vieles mehr.« Es sei ein Fehler, dass die Schüler im Geschichtsunterricht außer über die Nazizeit nichts über Deutschland erfahren würden.

Ein Jahr darauf unternahm ein Kollege von mir den Versuch, in einem Artikel für die Zeitung *The Scotsman* der Frage »Warum lachen wir immer noch über Deutschland?« nachzugehen.[32] Er zitierte seinen damals 17-jährigen Stiefsohn aus Nordrhein-Westfalen: »Ich habe letztens in Großbritannien Urlaub gemacht. Es war total toll. London hat mir supergut gefallen – so cool! Aber einige Leute haben, als sie uns Deutsch sprechen hörten, angefangen, im Stechschritt zu marschieren. Und den Hitlergruß zu zeigen. Sie haben sich einen Kamm unter die Nase gehalten und einen auf Hitler gemacht. Ob ich das lustig finden sollte? Was hat denn das mit mir zu tun?« Was sein Stiefvater beantwortete mit: »Keine Ahnung.«

Catherine Mayer, damals Londoner Korrespondentin des deutschen Magazins *Focus*, sprach höchstwahrscheinlich für die Mehrheit der Deutschen, als sie sagte: »Die Deutschen haben die Nase einigermaßen voll von John Cleese und Polenwitzen, von Hitlergrüßen und dem ganzen Zeug.« Jahrelang haben die deutschen Botschafter im Vereinigten Königreich die Schulen dazu gedrängt, den Lehrplan im

Fach Geschichte etwas weiter zu fassen. Im Dezember 2002 sagte Thomas Matussek, damals deutscher Botschafter in London, britische Schüler »müssen wissen, dass die Geschichte nicht 1945 stehen geblieben ist«. Im Süden Londons waren zwei Monate zuvor zwei Jugendliche attackiert worden, offenbar nur deswegen, weil sie Deutsche waren. »Dass Kinder auf offener Straße verprügelt werden, bekümmert mich sehr«, sagte Matussek.

Als Reaktion auf diese wachsenden Probleme gab das britische Bildungsministerium 2005 Richtlinien für weiterführende Schulen heraus, die das Lehrpersonal dazu anhielt, mit 11- bis 14-Jährigen die deutsche Nachkriegsgeschichte durchzunehmen, und zwar unter der leitenden Frage: »Wie hat sich Deutschland vom geteilten zum wiedervereinigten Land entwickelt (1945–2000)?« Ken Boston, Leiter der für die Lehrpläne zuständigen Behörde, gab zu Protokoll, der allzu enge Fokus, also das, was man landläufig als die »Hitlerisierung« der Geschichte nach 1914 bezeichnet, habe viele Kinder zu der Ansicht gebracht, die deutsche Geschichte sei »mit dem Tod eines Diktators zu Ende gegangen«.[33]

Die schlimmsten antideutschen Ausbrüche habe ich persönlich rund ums Halbfinale der Europameisterschaft 1996 erlebt. Mit meinem damaligen Freund war ich in einem Pub in London. Die Stimmung war überaus optimistisch, alle glaubten felsenfest, dass das englische Team die Erzrivalen aus Deutschland besiegen und zum ersten Mal seit 30 Jahren (d-r-e-i-ß-i-g!) ins Finale einziehen würde.

Beim nervenzerrüttenden vierten Schuss vom Elfmeterpunkt hieb ein bierseliger England-Fan die Knöchel seiner freien Hand auf den Tisch und brüllte: »Lasst uns diese Scheißnazis fertigmachen!« Wie allgemein bekannt kam es zum K.-o.-Schießen, weil beide Seiten ihre ersten fünf Schüsse jeweils versenkt hatten. Gegen Andreas Möllers zentimetergenau ins Tor gezimmerten Elfer aber konnte David Seaman dann nichts mehr ausrichten, und die deutschen Fans brachen in Jubel aus, während die englischen Fans in ihr Bier schluchzten.

Zugegeben, ich habe wirklich nicht viel Zeit meines Lebens mit Fußballschauen verbracht, weswegen meine Reaktion vielleicht naiv war, aber ich war abgestoßen von dieser Gefühlsaufwallung und in diesem Augenblick eigentlich ganz zufrieden damit, dass Deutschland gewonnen hatte – was ich aber für mich behielt. Wenig überraschend ist ja oft der Alkohol der Auslöser dieser reflexhaft hurrapatriotischen Emotionsausbrüche.

Ein ähnlicher Vorfall ereignete sich bei der Hochzeit meiner Schwester im Jahr 2008, die nach außen hin eigentlich den Anschein einer zivilisierten Zusammenkunft in einem englischen Herrenhaus hatte. In ihren maßgeschneiderten Klamotten nippten die Gäste am Champagner, bis jemand aus unerfindlichen Gründen plötzlich anfing, im Stechschritt zu marschieren und sich den Zeigefinger wie ein Hitlerbärtchen unter die Nase zu halten. Ein Freund gab dem Mimen einen Stoß in die Rippen, als er merkte, dass ich mit meinem deutschen Freund direkt dabeistand. Der Witzbold klappte seine Beine schnell wieder ein und nuschelte ein paar Entschuldigungen in sein Bier. Mein Freund winkte ab und sagte lachend: »Kein Problem, daran bin ich schon gewöhnt«, und die Spannung löste sich auf. Aber solche einigermaßen erbärmlichen Vorfälle ereignen sich doch immer noch viel zu häufig, wie nicht zuletzt Prinz Harry persönlich demonstrierte, als er in Nazi-Aufmachung bei einer Studentenparty auflief.

Mein damaliger Freund und jetziger Ehemann ist umgekehrt auch der fleischgewordene Beweis dafür, dass junge Briten dazu imstande sind, über billige Nazi-Klischees hinauszugehen. Als mein Mann, groß und rothaarig, wie er ist, in den späten 1980er-Jahren in Eastbourne über die Straße lief, hörte er zu seiner freudigen Überraschung »Boris, Boris!«-Schreie und wurde von Leuten um ein Autogramm gebeten.

FUSSBALL UND STAHLHELME

Auch die britischen Medien hatten ihren Anteil an der antideutschen Stimmungsmache. Kehren wir noch einmal zurück zu *dem* Fußballspiel der deutsch-britischen Geschichte. Im Nachgang des Halbfinalspiels der EM 1996 steigerte sich der antideutsche Rausch in der britischen Boulevardpresse zu bislang ungekannten Höhen. Der schlimmste Übeltäter war der *Daily Mirror*, der zwei Tage vor dem Spiel Bilder von den englischen Stars Paul Gascoigne und Stuart Pearce auf der Titelseite zeigte, auf deren Köpfe Wehrmachtshelme und die Schlagzeile *»ACHTUNG! SURRENDER! For you Fritz, ze Euro 96 Championship is over«* montiert waren. Daneben druckten sie einen Brief vom Herausgeber der Zeitung, Piers Morgan, ab, eine Parodie auf Premierminister Neville Chamberlains Kriegserklärung an die Deutschen 1939. Der *Daily Star* wiederum krakeelte auf der Titelseite: *»Here We Go, Bring on the Krauts«*. Und *The Sun*, die britische Zeitung mit der höchsten Auflage, erklärte auf Seite 4: *»Let's Blitz Fritz«*.[34]

Kurz gesagt: Die britische Boulevardpresse schleimte sich bei ihrer enorm großen Leserschaft ein, indem sie so tat, als sei Großbritannien immer noch eine Weltmacht. Der Zweite Weltkrieg war, ist und bleibt für die britischen Medien eine Obsession. Und so oft die Boulevardmedien auch behaupten, nichts als die öffentliche Meinung wiederzugeben: Sie haben einen wesentlichen Anteil daran, dieser Obsession immer wieder Ausdruck zu verleihen und sie zu verstärken.

Falco Pfalzgraf, damals stellvertretender Direktor des Centre for Anglo-German Cultural Relations, erklärte 2011 gegenüber dem *Guardian*, der Zweite Weltkrieg sei immer ein einfacher Weg für die Briten gewesen, besser dazustehen als Deutschland. Er fände allerdings, dass sich darin vor allem britische Unsicherheit spiegele. »Großbritannien«, so Pfalzgraf, »war vor dem Krieg eine Supermacht, seit dem Kriegsende allerdings wird Deutschland stärker und immer stärker.«[35]

Interessanterweise gibt es keine Erzählung über den kleiner werdenden internationalen Einfluss des Vereinigten Königreichs, die nicht in Bezug stünde zur Rolle Deutschlands. Entsprechend blieb Deutschland immer eine wichtige Folie für die kollektive Identität der Briten, und das auch noch Jahrzehnte nach dem Zweiten Weltkrieg.

Ein Paradigmenwechsel kam mit der Fußballweltmeisterschaft 2006, die eine Menge dazu beitrug, das britische Deutschlandbild zu verändern. Es war hochgradig spannend, direkt vor Ort darüber berichten zu können, und ich erinnere mich noch, wie überrascht mitreisende Fußballfans waren, wie offen, freundlich und zugänglich das Land sich zeigte – und wie gut es sich darauf verstand, eine grandiose Party zu feiern. Geradezu schockiert aber waren umgekehrt die Deutschen darüber, wie sehr sie plötzlich gemocht wurden. Plötzlich konnten sie, zumindest bei Fußballspielen, mit ihrer Nationalflagge wedeln, und das sogar mit einem Fünkchen Stolz. Es war eine Freude, das mit anzusehen.

Ob nun Zufall oder nicht, die WM-Euphorie spiegelte sich kurioserweise auch in dem Baby-Boom wider, über den ich neun Monate später berichten konnte. Man schrieb ihn einer beherzt aufspielenden deutschen Mannschaft, der erfolgreich über die Bühne gebrachten Weltmeisterschaft und, quasi als i-Tüpfelchen, dem gutem Wetter zu. Rolf Kliche, Leiter der Frauenklinik Dr. Koch in Kassel, wo die Geburtenrate um 25 Prozent stieg, sagte zu mir: »Während der Weltmeisterschaft waren die Leute für ungefähr einen Monat konstant guter Laune. Der Glückshormonspiegel stieg, die Menschen waren bereiter für Sex und ihre Körper öffneten sich einer eventuellen Schwangerschaft. Wenn wir in Deutschland jedes Jahr eine Weltmeisterschaft hätten, hätten wir die Lösung für unser Problem mit der niedrigen Geburtenrate gefunden.«

Wer jetzt denkt, es sei doch von vornherein ausgemachte Sache gewesen, dass diese WM (in jeglicher Hinsicht …) zum Erfolg werden würde, sollte noch einmal zurückblicken: Es hatte im Vorfeld erhebliche Bedenken gegeben, ob Deutschland eine solche Party würde auf die Beine stellen können. Im März 2006 schrieb ich noch über die Kampagne der Organisatoren, die die Leute im Land dazu anhielt, gute Gastgeber zu sein, und die sicherlich auch von der echten Befürchtung motiviert war, die Deutschen könnten sich gegenüber ihren Gästen unhöflich verhalten. Unter dem Motto »Die Welt zu Gast bei Freunden« ermahnte Franz Beckenbauer die Deutschen dazu, den Gästen aus dem Ausland doch bitte »den roten Teppich auszurollen«. Bei der Vorstellung der Kampagne sagte er: »Leider werden wir ja nicht als besonders freundliche Menschen wahrgenommen, da können wir noch besser werden.«[36]

DER LANGE SCHATTEN DER GESCHICHTE

Tatsächlich ist die Beziehung zwischen Großbritannien und Deutschland in all ihrer Komplexität nicht erst ein Phänomen der Nachkriegszeit. Man kann durchaus bis in die 1870er-Jahre zurückgehen und findet auch dort unabweisbare Belege für einen britischen Negativismus gegenüber den Deutschen. Der deutsche Sieg im Deutsch-Französischen Krieg hatte greifbare Ängste davor geschürt, dass Großbritannien das nächste Opfer Deutschlands werden könnte.

Bekanntermaßen wurde die Kennzeichnung *Made in Germany* 1887 in Großbritannien eingeführt, um die Menschen dazu anzuhalten, britische Produkte zu kaufen. Selten ist eine PR-Strategie derart nach hinten losgegangen – *Made in Germany* ist der wahrscheinlich erfolgreichste Marketing-Slogan aller Zeiten und dank der globalisierten Wirtschaft heute stärker als je zuvor. Damals wurden in Großbritannien lebende Deutsche wegen ihrer freudigen Bereitschaft, Überstunden zu machen, von der britischen Arbeiterschaft oft als Bedrohung angesehen. In jener Zeit waren die Deutschen sozusagen die Entsprechung der osteuropäischen Arbeitskräfte von heute, die erneut den Vorwurf zu hören bekommen, den Briten die Jobs wegzunehmen – wiederum eines der Hauptargumente dafür, den EU-Binnenmarkt (und die EU als Ganzes) zu verlassen.

Insgesamt wuchs Ende des 19. Jahrhunderts die Bewunderung für die deutsche Kultur und Literatur, wurde aber auch schnell wieder durch von der Presse genährte Ängste gegenüber dem zunehmenden deutschen Militarismus verdrängt. 1906 druckte die *Daily Mail* den Roman *The Invasion of 1910* (deutsch: *Der Einfall der Deutschen in England*) von William Le Queux in Fortsetzungsteilen ab. Zu seinen zentralen Themen gehörte die alarmierende These, dass es für Großbritannien unumgänglich sei, auf einen Krieg gegen Deutschland vorbereitet zu sein, denn andernfalls drohe die vollständige Vernichtung. Historiker gehen heute davon aus, der germanophobe Stil dieser Geschichte habe zusammen mit der paranoiden Grundstimmung dazu beigetragen, dass sich massenhaft Panik und antideutsche Gefühle breitmachten – angeheizt nicht zuletzt von den Zeitungsverkäufern selbst, die aus »Marketinggründen« dafür bezahlt wurden, sich als preußische Soldaten mit Pickelhauben zu verkleiden.

1914, bei Ausbruch des Ersten Weltkriegs, wurden die Deutschen in den Medien als »Hunnen« bezeichnet, ein Bild, das sich über Jahrzehnte festsetzte. Die antideutsche Stimmung erreichte – verständlicherweise – einen Höhepunkt, mit hochschwappenden Wellen der Hysterie: Alteingesessene britische Bürger mit deutsch klingenden Namen wurden auf der Straße angegriffen, ihre Wohnungen und Geschäfte geplündert. Sogar der königlichen Familie blieb bald nichts anderes übrig, als ihrer deutschen Abstammung eine neue Verpackung zu geben. König George V. wurde dazu gedrängt, seinen Namen vom deutschen »Saxe-Coburg and Gotha«, den die royale Familie in Großbritannien seit 1840 trug, in »Windsor« zu ändern sowie auf sämtliche, ihm aufgrund seiner verwandtschaftlichen Beziehungen zustehenden deutschen Titel zu verzichten.

Seither spielen die britischen Monarchen ihre deutsche Abkunft bewusst herunter. Immer wieder werden Versuche unternommen, alles, was der Familie wichtig, aber eigentlich deutschen Ursprungs ist, kleinzureden, sei es Prinz Charles' Sympathien für die Homöopathie, diese »verrückte deutsche Erfindung«, sei es Prinz Philips Faible für Marzipan. Der Deutsche Schäferhund beziehungsweise German Shepherd, der seinen Namen in Großbritannien ungefähr zeitgleich mit den Royals in Alsatian ändern musste, schaffte es 1977 immerhin, sich seinen Taufnamen zurückzuholen. Die Royals nicht.

Während des Zweiten Weltkriegs befürchtete die britische Regierung, dass die negativen Gefühle gegenüber den Deutschen nicht stark genug sein könnten, und ging 1940 mit der sogenannten Anger Campaign (»Wutkampagne«) in die Offensive. Unter Federführung des Informationsministeriums sollte dieser Öffentlichkeitsfeldzug in den Menschen »persönliche Wut gegen das deutsche Volk und Deutschland« schüren. Die Propagandaschlacht spielte sich überall ab, im Radio, auf Plakaten, auf Seifenschachteln und an den öffentlichen Debattierplätzen im Park. Radiosendungen hatten vermutlich die größte Wirkung. Sir Robert Vansittart, damals diplomatischer Chefberater im Außenministerium, hielt eine ganze Reihe von Radiovorträgen, in denen er behauptete, der Boden für den Nazismus sei bereitet gewesen, weil die deutsche Nation aufgewachsen sei mit »Neid, Selbstmitleid und Grausamkeit«. Der Nazismus, so seine Schlussfolgerung, habe »der Schwärze der deutschen Seele schlussendlich Ausdruck gegeben«.

Der Erfolg der Kampagne wurde vom British Institute of Public Opinion (BIPO) durch eine ganze Reihe von Meinungsumfragen evaluiert. Hielten 1939 nur sechs Prozent der Befragten das deutsche Volk eher für den Feind der Briten als die NSDAP-Regierung, war nach einem Jahr Anger Campaign und Blitzkrieg diese Zahl auf 50 Prozent gestiegen.[37]

Der Schriftsteller J. R. R. Tolkien, Autor von Der Hobbit und Der Herr der Ringe, schrieb in einem Brief an seinen Sohn über seinen Ekel

angesichts einer solchen Einstellung, die die britischen Propagandis-
ten seiner Ansicht nach auf ein Niveau mit Goebbels stellte: »Es ist
aber doch ein Jammer, zu sehen, daß unsere Presse ebenso tief in der
Gosse wühlt wie Goebbels in seinen besten Tagen. … In der Lokalzeitung stand ein feierlicher Artikel, der ernsthaft die systematische Aus-
rottung des ganzen deutschen Volkes als einzig sinnvolle Maßnahme
nach dem militärischen Sieg empfahl: Denn, bittschön, das ist eine
Schlangenbrut und kennt keinen Unterschied zwischen Gut und
Böse!«[38]

Später nahm man wieder mäßigenden Einfluss auf diese Haltung, nicht zuletzt deswegen, weil der Inlandsgeheimdienst keinen allzu nachhaltigen Hass auf Deutschland schüren wollte. Schließlich
sollte Großbritannien danach streben, »zivilisierenden Einfluss« auf
Deutschland zu nehmen. Umfragen belegen, dass die Toleranz dem
deutschen Volk gegenüber wieder stieg, je länger der Krieg dauerte.
1943 machten schon wieder 60 Prozent der Briten einen Unterschied
zwischen den Deutschen und dem NS-Regime.

Auch wenn die Zahl derjenigen, die die Deutschen auch heute noch
als Erstes mit den mehr als 70 Jahre zurückliegenden mörderischen
Taten des NS-Regimes in Verbindung bringen, klein ist, ist es doch
frappierend, dass der Unterschied zwischen den Menschen und dem
NS-Regime in der allgemeinen Vorstellung heute wieder stärker zu
verschwimmen scheint als noch 1943, wie die oben angeführten Bei-
spiele zeigen, die keine Einzelfälle sind und nur auf den ersten Blick
banal erscheinen. Fußballspiele und sogar Ereignisse wie die Wahl eines Deutschen zum Papst – die Schlagzeilen wie »›Gottes Rottweiler‹
ist neuer Papst« zur Folge hatten – reproduzieren die stereotypen As-
soziationen immer wieder aufs Neue. Als hätte die Wutkampagne für
manche nie ein Ende gefunden.

In der jüngsten Meinungsumfrage zum jeweiligen Ruf verschie-
dener Länder, die in den letzten zehn Jahren vom BBC World Service
wiederholt durchgeführt wurde, gab jedoch eine Mehrheit der Briten

an, sie habe ein positives Bild von Deutschland und finde, Deutschland nehme auf die Welt vorrangig positiven Einfluss. 2008 betrug der Anteil derer, die diese Einschätzung zu Protokoll gaben, 62 Prozent. 2014 waren es noch 60 Prozent. 2017 fiel dieser Anteil auf 59 Prozent, sicherte Deutschland so allerdings immer noch den zweiten Platz hinter Kanada.[39] Aber Weltmeisterschaften mal beiseitegelassen: Es ist ein Gefühl der Nähe, das für gegenseitiges Verständnis dringend nötig ist und das immer noch oft zu fehlen scheint.

LEITFADEN FÜR BRITISCHE SOLDATEN IN DEUTSCHLAND

In dieser Hinsicht ist es gleichermaßen vergnüglich wie aufschlussreich, sich mit einem kleinen roten Büchlein zu befassen. Die *Instructions for British Servicemen in Germany 1944* (deutscher Titel: *Leitfaden für britische Soldaten in Deutschland 1944*) wurden allen 30 000 britischen Truppenangehörigen ausgehändigt, die als Teil des alliierten Angriffs auf Deutschland fast zehn Monate nach dem D-Day den Rhein überquerten. Das Buch sollte britische Soldaten in vielerlei Hinsicht aufklären, unter anderem über deutsche Geschichte und Kultur, sowie ihnen rudimentäre Sprachkenntnisse vermitteln. Aus Angst, sie könnten von der für überaus mächtig erachteten deutschen Propagandamaschine überwältigt werden, trimmte man die Soldaten darauf, jegliche Fraternisierung mit der Bevölkerung zu vermeiden. Kurz gesagt: Es sollte laut Anweisung keinerlei »Nachgiebigkeit oder Sentimentalität« geben. Die Soldaten wurden davor gewarnt, Mitleid zu haben mit den Deutschen, die schließlich die Verantwortung zu tragen hätten für den Krieg und die weiterhin als »gefährliche Feinde« angesehen werden sollten – eine Fortsetzung der bereits erwähnten *Anger Campaign* in Buchform.

Ein Lehrfilm, der in jener Zeit herauskam, beinhaltete eine ähnlich rigorose Warnung: »Sie werden wunderschöne Landschaften sehen. Lassen Sie sich nicht täuschen. Sie sind in Feindesland. Seien Sie allem und jedem gegenüber wachsam und misstrauisch. Gehen Sie keine Risiken ein. Sie haben es mit mehr zu tun als mit Touristenattraktionen. Sie haben es mit deutscher Geschichte zu tun. Und die ist durchaus schlecht.«[40]

Fraternisierung konnte einem Soldaten die damals heftige Geldstrafe von 16 Pfund einbringen. Erst deutlich später wurden die Regeln gelockert und Gespräche auf der Straße waren erlaubt. Man sah es irgendwann als förderlicher an, dem ehemaligen Feind gegenüber ein gewisses Wohlwollen und eine gewisse Großzügigkeit an den Tag zu legen, als immer auf Distanz zu bleiben und das Misstrauen vor sich hin köcheln zu lassen. Für die Truppe galt jedoch weiterhin das Verbot, deutsche Frauen zu heiraten.

Aber John Pinfold von der Bodleian-Bibliothek in Oxford, wo die *Instructions* entdeckt und 2007 wiederveröffentlicht wurden, arbeitet überzeugend heraus, dass die meisten Darstellungen der deutschen Geschichte und Charaktereigenschaften in diesem Buch, das zu lesen immerhin von 30 000 Truppenangehörigen erwartet wurde, extrem stereotyp sind und im letzten Viertel des 19. Jahrhunderts wurzeln, als Deutschland im Zuge des Deutsch-Französischen Kriegs erstmals zu einem vereinten Land wurde. Pinfold schreibt in seiner Einleitung: »Einerseits unfreiwillig komisch, andererseits voll krasser Klischees, entlarvt diese Broschüre ebenso viel von britischen Eigenschaften und Vorurteilen nach dem Krieg wie vom zerstörten Deutschland, das die alliierten Soldaten zum ersten Mal erleben sollten.«

»Sie gehen nach Deutschland«, wird da der Soldat gewarnt. »Hüten Sie sich also vor ›Propaganda‹ in Form von Unglücksgeschichten. Bleiben Sie anständig und gerecht, aber werden Sie nicht weich.«[41]

Er solle sich nicht täuschen lassen, so wird der Soldat des Weiteren ermahnt, »wenn Sie die Deutschen kennenlernen (.) [und] wahrscheinlich denken, dass sie uns sehr ähnlich sind. Sie sehen aus wie wir, nur dass es den drahtigen Typus seltener gibt, sondern eher große, fleischige, hellhaarige Männer und Frauen, besonders im Norden.

Aber sie sind uns nicht so ähnlich, wie es scheinen mag.« Der hauptsächliche charakterliche Mangel der Deutschen sei, so steht da, dass sie seit Jahrhunderten »daran gewöhnt [sind], sich Autoritäten zu fügen«.[42]

»[Hitler] kommandierte sie herum, und das gefiel den meisten. Es ersparte ihnen die Mühe des Nachdenkens. Sie mussten lediglich gehorchen und konnten das Denken ihm überlassen.«[43] Obwohl der Brutalität durchaus fähig, seien die Deutschen, so steht es in dem Führer, »zugleich sentimental. Sie lieben melancholische Lieder. Sie neigen zu Selbstmitleid. Selbst kinderlose alte Ehepaare bestehen auf ihrem eigenen Weihnachtsbaum.«[44]

Laut diesem Büchlein denken wiederum die Deutschen über die Briten, »dass wir fair sind, anständig und tolerant, und dass wir politisch über gesunden Menschenverstand verfügen. Da der Nazitraum von der Weltherrschaft jetzt zerschlagen ist, wirken diese schlichten Eigenschaften sogar noch attraktiver, und heute würden wahrscheinlich viele Deutsche sagen, dass ihre Idealvorstellung des neuen Deutschlands in etwa dem Bilde der Deutschen von Großbritannien entspricht.«[45]

Auf den letzten Seiten finden sich Hinweise zum deutschen Umgang mit Essen, darunter auch die Warnung, dass die Deutschen nicht wüssten, wie man Tee zubereitet – aber dafür durchaus ein Händchen für Kaffee hätten. Einem Soldaten, der die deutsche Küche probieren möchte, wird empfohlen, »Sauerkohl« (sic!) oder Rotkohl und dazu Wiener Schnitzel oder Schweinekotelett zu essen, aber er wird ausdrücklich dazu angehalten, »vorsichtig« zu sein »mit Schnaps«. Und schließlich wird ganz grundsätzlich darauf hingewiesen, dass der geneigte Leser sich nicht wundern solle, wenn die ein oder andere Information seit dem Tag der Veröffentlichung schon wieder überholt sei. Im Licht all dieser profanen Beobachtungen ist es nicht wenig verstörend, dass in dem ganzen Buch keine einzige Bemerkung zum Schicksal der Juden in Deutschland oder zum Holocaust zu finden ist.

Man stelle sich vor, wie nachhaltig dieses vom »Ausschuss für Politische Kriegsführung«, einer geheimen Propagandaabteilung des Außenministeriums, zusammengeschusterte seltsame Büchlein das Deutschlandbild vieler britischer Soldaten geprägt hat, die dann ihre Ansichten möglicherweise an ihre Kinder und Enkelkinder weitergegeben haben. Erwähnenswert ist auch, dass das Buch in Deutschland nach seiner Wiederveröffentlichung durch den Verlag Kiepenheuer und Witsch 2014 ein Bestseller wurde. Worin sich wahrscheinlich spiegelt, was ich hier wiederholt erlebt habe: Die Deutschen sind sehr erpicht darauf zu wissen, was andere über sie denken. Und wenn man es ihnen sagt, kommentieren sie es nicht selten mit echter Überraschung oder einem anständig leisen Lachen.

Ich bin übrigens über ein Paar auf das Büchlein aufmerksam geworden, das ich an der baltischen Küste kennengelernt und mit dem ich bei selbst gebranntem pinkfarbenem Schlehenschnaps über den Brexit philosophiert hatte – er Künstler, sie Historikerin, beide über 70. Die beiden hatten es jahrelang auf dem Klo liegen, wo sie hin und wieder ein paar Seiten darin lasen. Als sie hörten, dass ich an diesem Buch hier schreibe, wickelten sie es in Packpapier und schickten es mir zusammen mit der schönsten handschriftlichen Notiz: »Verehrte liebe Kate … jetzt schicken wir Dir den ›Leitfaden‹ für die britischen Soldaten – ein äußerst zivilisiertes Büchlein! So habe ich die Besetzung unseres Dorfes Laer im westlichen Münsterland erlebt: sehr zivilisiert. Hab' Freude damit!«

FREMDSPRACHEN UND
VÖLKERVERSTÄNDIGUNG

Das Interesse der Briten an Deutschland ist über die Jahre zweifelsohne beträchtlich gewachsen, was zu großen Teilen den Billigfliegern zuzuschreiben ist. Andere westeuropäische Länder, mit denen man schon mehr Erfahrungen gesammelt hat, stehen aber weiterhin deutlich höher im Kurs.

Erst seit relativ kurzer Zeit, seit 20 Jahren vielleicht, erleben wir, wie Berlin sich als Reiseziel und zunehmend auch als Wohnort steigender Beliebtheit erfreut. In den letzten Jahren schwärmt man von dort auch hin und wieder aus, um Städten wie Leipzig und Dresden einen Besuch abzustatten. Aber es gibt große Unterschiede zwischen denjenigen, die Berlin lediglich als gute Alternative zu London betrachten – billige Mieten, tolles Nachtleben –, und denjenigen, die wirklich in ein Leben in Deutschland investieren, womit ich, wie schon in meiner Einleitung ausgeführt, meine: denjenigen, die die Sprache lernen.

Fremdsprachen stehen in Großbritannien nicht gerade hoch im Kurs, insbesondere nicht das Deutsche. Gewisse Kreise im Vereinigten Königreich sehen darin jedoch überhaupt kein Problem, wie etwa ein Kolumnist meiner Zeitung, der 2017 schrieb: »Schüler sind nicht dumm. Sie wählen Fächer, die sie für ihr zukünftiges Leben als relevant erachten. Europa macht sich das Englische durchgängig als Lingua franca zu eigen … Diejenigen, die Deutsch lernen müssen, um dort zu leben oder zu arbeiten, können das sehr viel schneller, effizienter und deutlich billiger tun, wenn sie sich in einen Crashkurs setzen, als wenn sie jahrelang eine Stunde pro Woche in einem Klassenzimmer hocken – was der todsichere Weg ist, eine Sprache nicht zu lernen, sondern immer wieder zu vergessen. Deutschkenntnis sollte etwas für Spezialisten sein, Deutsch sollten diejenigen beherrschen, die diese Sprache lieben oder brauchen, und als Exotenfach sollte sie auch gelehrt werden.«[46]

Aber wie genau soll man erkennen, dass man eine Sprache lieben lernen kann, wenn die Schule nicht den Erstkontakt zu ihr herstellt? Ich zum Beispiel hätte das ohne meinen Lehrer Mr. Russell sehr wahrscheinlich nicht herausgefunden. Das Bild vom britischen Touristen, der einem Pariser Kellner besonders laut und in extra gebrochenem Englisch (damit es der Ausländer nicht zu schwer hat) erklärt, was er gern von der Karte bestellen würde, während der Kellner mit den Augen rollt, ist leider kein Klischee.

Peinlicherweise sind drei Viertel aller Briten nicht in der Lage, ein Gespräch in einer anderen Sprache als in Englisch zu führen, und da das obligatorische Erlernen von Fremdsprachen an britischen Schulen während der letzten 15 Jahre massiv zurückgefahren wurde, wird sich diese Tendenz wohl noch verschärfen.

Mein Vater, der Gute, gehört zu diesen drei Vierteln. Seine Versuche, in dem letzten Urlaub, den ich 1990 gemeinsam mit meiner Familie in der Toskana verbracht habe, Essen zu bestellen, sind in die Annalen der Familie eingegangen. Wir Kinder werden ewig und drei Tage davon erzählen, was aber (ehrlich!) vor allem ein Ausdruck unserer Zuneigung zu ihm ist.

Ich erinnere mich, wie wir in Florenz ein nettes, familiengeführtes Restaurant betreten. »Buenos Aires«, sagt mein Vater, im Brustton der Überzeugung. »Buonasera, signore«, kommt die reizende Entgegnung des Kellners. »Casa da vino?«, fragt mein Vater. Ein Knuff in die Rippen: »Dad, du meinst *vino de la casa*!« Wir bestellen Spaghetti bolognese, danach Tiramisu. Mit Essen kennen wir uns aus. Am Ende der Mahlzeit macht mein Vater diese typisch britische Geste, schnipst mit den Fingern und tut so, als würde er sich etwas auf die Handfläche schreiben, um zu signalisieren, dass er die Rechnung möchte. Der Kellner kommt, und mein Vater fragt: *»Acceptez credito carto?«* Beim Verlassen des Restaurants winkt er noch einmal und ruft: *»Grassi – a River Derry!«* Wir würden am liebsten im Kopfsteinpflaster versinken.

Aber jedes Mal, wenn wir diese Anekdote erzählen, immer sehr zur Freude meines Vaters, sagt er nur: »Hat doch alles geklappt, sie haben mich doch verstanden, was habt ihr denn bloß für ein Problem?« Was, ich sage es nur ungern, eine allgemein verbreitete Haltung ist und der typisch britischen Kunst des Durchwurschtelns perfekt entspricht.

2002 hat die Labour-Regierung es allen Schülern ab dem Alter von 14 Jahren freigestellt, ob sie an der Schule eine Fremdsprache belegen wollen oder nicht. Ein Szenario wie das oben geschilderte dürfte also deutlich alltäglicher werden. Allein im Jahr 2016 fiel die Zahl derjenigen, die ihren Mittelstufe-Abschluss (das *General Certificate of Secondary Education*, GCSE, das man mit 16 ablegt) in Französisch machten, im Vorjahresvergleich um 8,1 Prozent, die Zahl derjenigen, die sich in Deutsch prüfen ließen, fiel um 7 Prozent. A-Levels, vergleichbar mit dem deutschen Abitur, wurden in Französisch 6 Prozent weniger abgelegt, in Deutsch waren es 4,2 Prozent minus. Nur Spanisch freute sich über Zuwachsraten.[47]

2002, also vor dieser außerordentlichen Labour-Entscheidung, die unserer sprachlichen Faulheit die staatliche Genehmigung verpasste, lernten noch 76 Prozent aller Schüler auf GCSE-Niveau eine Fremdsprache. Nur ein Jahrzehnt später war diese Zahl bereits auf 40 Prozent gesunken. Und nachdem die nachfolgenden Tory-Regierungen ihr Augenmerk besonders auf die sogenannten Stammfächer wie Naturwissenschaften, Technologie, Technik und Mathematik gerichtet haben, sind die Fremdsprachen auf der Liste der schulischen Prioritäten noch weiter nach unten gerutscht. Zusammen mit dem dramatischen Interessensabfall ist unausweichlich auch die Zahl der Lehrkräfte gesunken, sodass sogar dann, wenn ein innovativer Bildungsminister etwas ändern wollte, die wichtigste Ressource fehlen würde: Menschen, die über genügend Wissen verfügen, um es überhaupt weitergeben zu können. Darüber hinaus lohnt der Blick darauf, dass 35 Prozent der Fremdsprachenlehrer in Großbritannien ausländische

EU-Bürger sind, heißt, es droht die Gefahr, dass diese Lehrer angesichts des Brexits keine andere Wahl haben könnten, als zu gehen.[48]

In einer Zeit, in der Individuen ihr Wert anhand ihres Marktwerts beigemessen wird (die britischen Universitäten wurden erst letzthin aufgefordert zu erfassen, wie viel Geld ihre Absolventen verdienen), argumentieren manche öffentlichen Schulen sogar, Fremdsprachen seien unrentable Lehrfächer.

Man mag spekulieren, welche Auswirkungen der Brexit auf solche Tendenzen haben wird. Die Optimisten prophezeien, der Brexit werde die Menschen dazu anhalten, sich neue Kenntnisse anzueignen, darunter auch Fremdsprachen, weil landesweit die Motivation steigen werde, Großbritanniens Wettbewerbsfähigkeit zu verbessern. Die Pessimisten vermuten hingegen, dass die Menschen sich nun erst recht fragen werden, warum sie noch eine Sprache lernen sollen, wenn sie sowieso nicht mehr Teil der EU sind. Und wenn die moderne Technologie mit ihren immer ausgefeilteren Übersetzungstools das Sprachenlernen auf lange Sicht doch ohnehin obsolet macht, so argumentieren sie.

Im Juni 2017, fast exakt ein Jahr nach dem Brexit-Referendum, hörte ich den deutschen Botschafter Peter Ammon im Frühstücksprogramm der BBC. Eindringlich bat er die jungen Briten, auch nach dem Brexit weiter Fremdsprachen zu lernen. »Ich kann verstehen, dass es einigermaßen verführerisch ist, sich auf euer Englisch, die weltweite Lingua franca, zu verlassen«, sagte er. »Aber die Entscheidung, eine Fremdsprache zu lernen, ist ein Akt der Freundschaft, eine ausgestreckte Hand, und das ist es, was wir brauchen.«

Damit paraphrasierte er den großen Spionageroman-Autor John Le Carré. Der hatte in einem Vortrag, den er anlässlich einer Preisverleihung für Deutschlehrer (in Anwesenheit von Kofi Annan) gehalten hat, betont, wie sehr er, der mit 13 Jahren Deutsch lernte, Karl dem Großen zustimme, der gesagt habe: »Eine zweite Sprache zu sprechen, bedeutet, eine zweite Seele zu besitzen.«[49]

»Ich versuche immer noch, mir darüber klar zu werden, warum es Liebe auf den ersten Klang war«, sagte der 86-jährige Le Carré. Die Antwort hängt wahrscheinlich, wie auch bei mir, eng mit seinem hervorragenden Lehrer zusammen. Der seinige, Mr. King, habe sich seinen Glauben an die Schönheit der Sprache, an die deutsche Literatur und Kultur bewahrt, führte Le Carré aus, obwohl man sich mitten im Zweiten Weltkrieg befand, als eine solche Haltung absolut nicht opportun war. »Eines Tages«, habe Mr. King oft gesagt, »kommt das wahre Deutschland zurück.« Und er hatte recht. Denn jetzt ist es wieder da.

Im Unterricht habe King dann oft Grammofonplatten aufgelegt, auf denen die Stimmen berühmter deutscher Schauspieler zu hören waren, die deutsche Gedichte vortrugen – von Heine bis Goethe, von Hölderlin bis Mörike. Le Carrés Einführung in die deutsche Sprache war also deutlich kultivierter als die meinige (man erinnere sich an die *farts* und die *flasher* ...), aber genau wie Le Carré stellte auch ich, später noch verstärkt durch Literatur und Theater, etwas fest, was er so elegant formulierte, wie ich es niemals könnte: »... dass die Sprache mir passte. Dass sie zu meiner Zunge passte und meinem nordischen Ohr gefiel.«

Le Carré beklagte, Deutschlehrer in Großbritannien seien inzwischen eine »gefährdete Art« und verdienten einen Preis für ihre Arbeit, weil sie einen wesentlichen Anteil daran hätten, »die europäischen Streitigkeiten auszugleichen und sie halbwegs sittsam und zivilisiert ablaufen zu lassen« sowie junge Briten mit Deutschland und Europa »in einer Verbundenheit zu halten«, wie er es formulierte. Unglücklicherweise ist dieses Argument für viele politischen Entscheider zu feinsinnig. Offenbar jedoch nicht für die jüngere Generation der *young professionals*: Neueste Entwicklungen zeigen, dass die Zahl derer, die einen bezahlten Deutschkurs besuchen, seit dem Referendum signifikant gestiegen ist.[50]

»ÜBRIGENS, ICH WERDE JETZT DEUTSCHE!«

»Du wirst nicht mehr dieselbe sein, wenn du Deutsche bist!«, sagte mein Mann halb im Scherz, als ich in den Tagen nach dem Referendum zum ersten Mal darüber nachdachte, einen Einbürgerungsantrag zu stellen. »Ich habe doch eine Engländerin geheiratet!« Angesichts der unsicheren Situation nach dem Referendum siegte jedoch schon bald sein Pragmatismus – außer etwas Zeit und einer überschaubaren Menge Geld gebe es schließlich nichts zu verlieren.

Trotzdem traf seine Bemerkung einen wunden Punkt, wo in mir die Frage lauerte, ob dieser Schritt nicht meine Identität destabilisieren, meine *Britishness* verwässern würde – also das, was nicht zuletzt mein Mann laut eigenem Bekunden besonders prägend und interessant an mir fand. Ich war fest entschlossen, das nicht zuzulassen, und sagte: »Keine Sorge, ich werde keine andere werden.« Trotz meiner Zweifel beschloss ich, auf das alte Sprichwort zu vertrauen: »*You can take the girl out of Britain, but you can't take Britain out of the girl.*«

Für meine Eltern in England und bis zu einem gewissen Grad sicher auch für die restliche Familie bin ich in all der Zeit, die ich jetzt in Deutschland lebe, sowieso längst deutscher und deutscher geworden. Früher war ich immer diejenige, die ihren Freunden und ihrer Familie mit ihrem ewigen Zuspätkommen auf den Zeiger ging. Aber seitdem ich in Deutschland lebe, bin ich pünktlicher und verlässlicher geworden. Außerdem habe ich gelernt, direkter zu sein – teilweise direkter, als es meiner Familie gefällt –, denn die Deutschen in meinem Umfeld haben mir beigebracht, dass es oft eine Menge Zeit, Kummer und Missverständnisse erspart, wenn man offen miteinander umgeht.

Als wir vor ein paar Jahren eine Familienkrise hatten, wurde mein Vorschlag, sich doch einfach zusammenzusetzen und das Problem, das tatsächlich alle von uns betraf, gemeinsam zu besprechen, rundheraus abgelehnt. Sich direkt mit den Dingen zu konfrontieren, so tickten wir als Familie nicht, hieß es, und mein Vorschlag wurde als kalt, geschäftsmäßig und wenig liebevoll aufgefasst. Hin und wieder wurde mir auch schon vorgeworfen, mich nicht »locker machen« zu können ... »Wo ist dein Sinn für Humor geblieben?«, hieß es dann, wenn ich meiner Familie zu ernst oder zu unflexibel erschien, mit anderen Worten: zu deutsch. Als ob die *Germanness*, der ich schließlich Tag für Tag ausgesetzt war, schon auf mich abgefärbt hätte.

Mein Vater, von Beruf Bauingenieur, ist einmal Zeuge davon geworden, wie ich mich am Telefon mit meinem deutschen Freund stritt, der sich weigerte, seine Pläne umzuschmeißen, damit wir uns sehen konnten. »Was erwartest du?«, kommentierte mein Vater aus dem Hintergrund, »er ist nicht nur Baustatiker – Structural Engineer – sondern auch noch Deutscher!« Da musste sogar ich lachen. Aber ich bin mir sicher, dass meine Eltern mich zunehmend als genau das sahen: als unflexible deutsche Statikerin, eine Kate, deren Persönlichkeit von ihrem Gastland verändert wurde.

Obwohl ich 2016 lange zögerte, meinen Eltern von meiner Entscheidung, »den Sprung wagen zu wollen«, zu erzählen, glaube ich nicht, dass sie übermäßig überrascht waren. Und wenn ich ehrlich bin, war ich von ihrer Reaktion genauso wenig überrascht. Schließlich wussten wir eine Menge voneinander. Meine Mutter hatte für den Brexit gestimmt. Mein Vater dagegen. Aber er hätte nicht im Traum daran gedacht, seine fast 50 Jahre während Ehe aufs Spiel zu setzen, indem er den Standpunkt meiner Mutter allzu vehement infrage stellte, weswegen es irgendwie so war, als stünden sie weiterhin voll hintereinander, so wie immer.

»Mum macht sich hauptsächlich wegen der Einwanderung Sorgen«, schrieb mir mein Vater am Tag vor der Abstimmung als Erklärung in einer E-Mail. Womit er natürlich meinte, dass es ihrer Meinung nach deutlich zu viel davon gegeben habe. Er selbst wiederum richtete sich vor allem nach seinen Erfahrungen aus der Geschäftswelt. Er hat früher ein Bauingenieurbüro geleitet und sitzt jetzt, da er im Vorruhestand ist, im Präsidium eines Busunternehmens, in dem, wie er mir schrieb, »30 Prozent der Angestellten einen Migrationshintergrund« haben. Ohne diese Mitarbeiter könnte das Unternehmen deutlich weniger Busse fahren lassen – was ihn zu der felsenfesten Überzeugung gebracht habe, dass der Brexit nicht richtig sei und nicht funktionieren könne. Am problematischsten war für meinen Vater jedoch, dass die Gültigkeit des Referendums nicht an eine absolute Mehrheit geknüpft war. »Ich finde eigentlich, dass eine Zweidrittel-Mehrheit erforderlich sein sollte, um einer solchen Abstimmung wirklich Nachdruck zu verleihen«, schrieb er.

Natürlich brachte er meine Mutter nicht von ihrer Meinung ab. In einem zugegeben eher armseligen Versuch, sie dazu zu bewegen, ihre Entscheidung noch einmal zu überdenken, habe ich ihr am Vorabend der Wahl eine Stellungnahme ihrer Lieblingsköchin Delia Smith geschickt, die oft als »britische Institution« bezeichnet wird und sicherlich deutlich bekannter ist für ihren Apple Crumble als für ihre politischen Äußerungen, sich aber wie viele andere Prominente auch passioniert in die Debatte gestürzt hatte. Smith schrieb: »Ich bin einigermaßen definitiv für den Verbleib in der EU. Und ich möchte alles in meiner Macht Stehende tun, um Sie zu ermuntern, unsere Mitgliedschaft in einer Gemeinschaft von Nationen zu unterstützen, die trotz vieler Fehler und Unzulänglichkeiten dabei ist zu lernen, wie man in einer näher zusammenrückenden Welt zusammenleben kann.« Ich weiß nicht mal, ob meine Mutter diesen Text je gelesen hat. Sie hatte sich zu diesem Zeitpunkt sowieso längst entschieden.

Mittlerweile ist wahrscheinlich deutlich geworden, dass ich aus einer ziemlich konservativen Familie komme. Meine Eltern lesen den *Daily Telegraph* und seit Neuestem auch die *Daily Mail*, die beiden konservativsten und am stärksten pro-Brexit-orientierten Tageszeitungen. Zudem ist meine Familie katholisch, sodass manche der von ihr vertretenen Ansichten in mehrerlei Hinsicht tief wurzeln. Wenn zum Beispiel Gewohnheiten und Verhaltensweisen, die in ihren Augen nicht infrage gestellt gehören, mit der Bemerkung »So ist es eben bei uns« bedacht werden, hat das wahrscheinlich genauso viel damit zu tun, dass man sich »Gottes Willen« zu beugen hat, wie auch damit, dass Althergebrachtes grundsätzlich vertrauenswürdiger zu sein scheint als Veränderung. Zu einer Religionsgruppe zu gehören, die in Großbritannien eine Minderheit ist, hat dieses Denken nur noch fester zementiert. Dieselbe göttliche Autorität scheint meinem Vater auch das Vertrauen einzuflößen, dass »alles schon irgendwie gut werden wird, wir müssen nur dran glauben« – eine Phrase, die er sowohl auf den Brexit als auch auf den Klimawandel anwendet.

Gleichzeitig ist vieles an uns als Familie durchaus widersprüchlich. Katholisch zu sein, also einer Minderheit anzugehören, hat meiner Familie und ihren Vorfahren sicher mehrfach einen gewissen Mut abverlangt. Trotzdem sind wir nicht besonders mutig. Wir sind Konformisten. Ein kleines Beispiel: Als ich ein Kind war, begingen wir wie die meisten Menschen in Großbritannien die Bonfire Night – waren also bei Fackelumzügen und Feuerwerken dabei, um zu feiern, dass der Versuch des Katholiken Guy Fawkes, 1605 das Parlament in die Luft zu sprengen, vereitelt und Fawkes daraufhin zum Tod am Galgen verurteilt wurde. Außerdem feierten wir Halloween, den heidnischsten aller Feiertage, der geradezu antikatholisch anmutet. Man hätte außerdem annehmen können, dass meine Mutter, die sich in ihrer Freizeit sehr für andere Menschen engagiert, den Mut gehabt hätte, sich dem geifernden Nationalismus im Brexit-Wahlkampf entgegenzustellen. Aber sie hat sich dagegen entschieden, vielleicht aus Gründen der Konformität.

Ich habe noch eine andere Theorie: Vielleicht hat meine Mutter auch deswegen für den Brexit gestimmt, um sich nach 50 Jahren Ehe und kaum voneinander abweichenden politischen Ansichten ihre Unabhängigkeit von meinem Vater zu beweisen. Beide haben nie eine andere Partei gewählt als die Konservativen. Meine Mutter hat ihr gesamtes Leben als Ehefrau der Familie gewidmet, während mein Vater arbeiten ging. Indem sie für den Brexit stimmte, konnte sie zum ersten

Mal in ihrem Leben zeigen, dass sie ihren ganz und gar eigenen Kopf hat. Möglicherweise war ihr Votum also mehr als nur Ausdruck ihrer Ängste vor der Einwanderung.

Ein paar Wochen vor dem Referendum war ich mit meinen Kindern und meinem Mann bei meinen Eltern. In deren Garten fand das bereits erwähnte Familienfest statt. Der Brexit war der Elefant im Raum, den alle geflissentlich ignorierten. »Keine Sorge«, sagte mein Onkel, der früher einen eigenen Laden hatte und nun in Rente war, zu meinem Mann, »das wird schon werden – wir gehen bestimmt nicht raus.« Obwohl er es, so viel wurde deutlich, durchaus befürworten würde, wenn wir es täten. Ein anderer Onkel, ein ehemaliger Pilot der Royal Air Force (der uns als Kindern immer eine große Freude gemacht hatte, wenn er von seinen militärischen Missionen etwas mitbrachte, sei es *Spaceman Ice Cream* aus Cape Canaveral, ein Stück echte Berliner Mauer oder sogar einen Grill aus den USA), hatte bei der letzten Wahl für die UKIP Wahlkampf gemacht und war beim Thema Brexit ganz in seinem Element, auch wenn er nicht glaubte, dass das Leave-Lager gewinnen würde.

Mein aufgeklärtester Onkel hingegen, ein Künstler und ehemaliger Direktor einer Werbeagentur, der sonst immer liebend gern Diskussionen vom Zaun brach, war sich, wie schon beschrieben, der Explosivität der Situation vollauf bewusst und versuchte nervös, mich zum Schweigen zu bringen, als ich über den Brexit reden wollte. »Nein, nein, nein, nicht heute!«

Ich verbrachte dann den Großteil des Festes an einem einzigen Tisch, wo ich in kleiner Runde mit einer Cousine, deren französischem Mann und dem Künstleronkel zusammenhockte und wir unserer Verzweiflung freien Lauf lassen konnten. Obwohl dieses Thema bei Familienzusammenkünften bis heute mit einem strikten Schweigegebot belegt ist, weiß ich, dass mindestens sechs der bei diesem Fest Anwesenden für den Austritt gestimmt haben.

Im August 2016, als das Abstimmungsergebnis ungefähr zwei Monate in der Welt war, standen die innerfamiliären Beziehungen bereits unter beträchtlicher Spannung. Da die politischen Wirren – Camerons Rücktritt, die Angriffe auf EU-Bürger in Großbritannien und der fehlende Wille, sich um die Rahmenbedingungen unseres Austritts zu kümmern – als Gesprächsthema nicht in Betracht kamen, wusste man nicht mehr, worüber man sich unterhalten sollte. Anlässlich der Hochzeit einer alten Schulfreundin waren wir jedoch erneut in meiner Heimatstadt, im Haus meiner Eltern, zu Besuch.

Eines Abends, die Kinder waren schon im Bett, saßen mein Mann und ich auf dem einen, meine Eltern auf dem zweiten Sofa, im rechten Winkel zueinander. Alle Gesichter waren gen Kamin und Fernseher gewandt, als ich unvermittelt sagte: »Also, ich werde jetzt Deutsche.«

Die alte Aufziehuhr auf dem Kaminsims tickte laut und vernehmlich in das sich anschließende betretene Schweigen hinein. Niemand sagte etwas, und meine Verkündigung hing schwer in der Luft wie ein Witz, der seiner Pointe harrt. Mein spontaner Eindruck war, dass sie meine Äußerung als Provokation werteten, als einen Köder, den sie nicht zu schlucken gedachten.

Leider bin ich nie ein Kind gewesen, das offen rebelliert hätte. Aber drei Mal habe ich es in meinem Leben geschafft, meine Eltern zu schockieren: als ich ihnen während des Studiums sagte, ich sei Vegetarierin geworden, als ich zwei Jahre später verkündete, ich würde Weihnachten mit meinem Freund auf einer abgelegenen schottischen Insel verbringen, und als ich ihnen am Vorabend meiner Hochzeit sagte, dass ich nicht seinen, sondern dass mein deutscher Verlobter meinen Nachnamen annehmen würde. Seltsamerweise hatte ich immer Angst davor gehabt, ihnen von einer unehelichen Schwangerschaft erzählen zu müssen, aber ich glaube, als sie von meiner Schwangerschaft erfuhren, war ich schon verheiratet, und sie waren derart erleichtert über meine Errettung aus der ewigen Ehelosigkeit, dass der Zeitpunkt der Empfängnis nie wirklich Thema wurde. Als ich ihnen sagte, dass ich

Deutsche werden würde, fühlte es sich zum vierten Mal so an, als ließe ich eine Bombe platzen.

Zu meiner Wandlung zur Vegetarierin bekam ich zu hören: »Aber wir haben dich auf eine bestimmte Weise erzogen, und jetzt ist es so, als ob du unsere Werte ablehnst!« Zur Weihnachtsflucht hieß es: »Was haben wir denn falsch gemacht, dass du nicht bei uns sein willst?« Und zu meinem Mann, der meinen Namen annahm: »Aber so etwas tut man doch nicht!«

Diesmal vergrub sich meine Mutter in ein Sudoku, und zwar derart tief, dass ich schon dachte, sie würde zu einer der Zahlen auf der Seite. Sie saß da, im Licht der Leselampe, und es kann sein, dass ich ihren Stift kurz zittern sah, aber sie hat nicht ein einziges Mal aufgeblickt oder auch nur versucht, mir in die Augen zu sehen.

Mein Vater sagte nur »Verstehe«, strich sich dann mit der rechten Hand über den Kopf, glättete eine seiner buschigen Augenbrauen und zeigte ein ansatzweise ironisches Grinsen, bevor er in aller Ruhe seine Bedenken äußerte, dass meine Kinder – seine Enkelkinder – wegen meiner Entscheidung möglicherweise ihr Recht auf einen britischen Pass verlieren könnten. Aber er erholte sich recht schnell und meinte einigermaßen gut gelaunt: »Du sammelst Pässe wie ich Briefmarken!« Diese Zeile gefiel ihm, und er würde sie noch oft anbringen.

Meine deutsche Familie, also die Geschwister und der Vater meines Mannes, machten anfänglich kurz den Eindruck, als brächte meine Idee sie etwas aus der Fassung. Aber sehr schnell werteten sie meine Entscheidung als nebensächliches Detail – indem ich ihren Sohn und Bruder geheiratet hatte und Deutsch sprach, hatte ich ja meine Bindung an Deutschland sowieso längst unter Beweis gestellt. Und wie die meisten Deutschen in meinem Umfeld waren auch sie weiterhin tief irritiert ob der Frage, wie es überhaupt zum Brexit hatte kommen können. Ob ich ihnen das erklären könne, fragten sie mich bei einem Familientreffen in einem Tonfall, als wollten sie von mir die unverständlichen Cricket-Regeln aufgedröselt bekommen. Und obwohl ich wirklich nur sehr wenig Ahnung habe von Cricket, hätte ich ihnen dazu wahrscheinlich besser Auskunft geben können als zum Brexit.

Wiederholt habe ich über die Szene im Wohnzimmer meiner Eltern nachgedacht, auch darüber, was ich vielleicht gern gesagt hätte – und nicht gesagt habe. Gern hätte ich zum Beispiel meiner Mutter sehr laut und deutlich klargemacht, wie tieftraurig mich ihr Votum für den Brexit gemacht hatte. Ich hätte ihr zurufen wollen: »Wie konntest du nur? Wie kann man nur so kurzsichtig sein? Wie konntest du uns das antun, deinen sehr europäischen Enkelkindern, allen, die die Folgen deiner Entscheidung ausbaden müssen, wenn du schon lange tot bist? Das Leben ist so kurz …« Und so weiter und so fort.

Aber das habe ich nicht getan. Stattdessen saß ich da, als würde ich schmollen. Ich war wieder 13 Jahre alt. Ich zitiere noch einmal meinen Freund und Kollegen: »… ein sehr britischer Selbstmord … ohne Menschenmengen auf der Straße, ohne besetzte Plätze«. Ich hätte ihr sagen wollen: »Einwanderer? Migranten? Eine davon ist deine Schwiegertochter, die Mutter deiner Enkel! Und glaubst du, dass dein deutscher Schwiegersohn – mal ganz unabhängig davon, ob er das angesichts der neu geregelten Arbeitnehmerfreizügigkeit überhaupt noch dürfte – noch darüber nachdenken möchte, in Großbritannien zu arbeiten? Wie wäre es denn mit einem intelligenten Kompromiss gewesen?« Und auch für die platteste aller Phrasen wäre ich mir nicht zu schade gewesen: »Und was ist mit den Schlangen, in denen du jetzt an der Passkontrolle stehen darfst?«

Aber als meine Mutter mit ihrem Sudoku fertig war, machte sie einfach die Leselampe aus und verließ den Raum. Über Politik solle ich mich mit meinem Vater unterhalten, dann machte sie sich in der Küche an den Abwasch und ging danach ins Bett.

4

ARE WE THERE YET?

BREXIT, EINBÜRGERUNG,
MEIN ERSTES JAHR ALS DEUTSCHE
UND ANDERE TURBULENZEN

IDENTITÄTSFRAGEN

Am 21. Juli 2016, knapp einen Monat nach dem Referendum, hatte ich die Liste mit den Dokumenten bekommen, die ich einzureichen hatte, um den Antrag auf die deutsche Staatsbürgerschaft stellen zu können. Ich hatte kaum jemandem von meiner Entscheidung erzählt – wohl nicht nur deswegen, weil sie mir selbst noch etwas absurd vorkam, sondern auch, weil ich nicht sicher sein konnte, ob meinem Antrag überhaupt stattgegeben werden würde. Um mich herum waren alle noch vollständig absorbiert von den Nachbeben des Votums. Alles verharrte in akuter Schockstarre und mein Privatvorhaben erschien mir banal und winzig angesichts des großen Ganzen.

Kurz zuvor, Anfang Juli 2016, war im *Guardian* ein langer Artikel erschienen, an dem ich monatelang gearbeitet hatte, zusammen mit Bernd Hainmüller, einem pensionierten Lehrer und Hobby-Historiker, der mich ein paar Jahre zuvor auf eine interessante Geschichte aufmerksam gemacht hatte: Am 17. April 1936 war eine 27-köpfige Gruppe britischer Schuljungen bei einer Bergwanderung im Schwarzwald von ihrem Lehrer Kenneth Keast mitten in einen Schneesturm geführt worden. Fünf Kinder waren gestorben – ein Schicksal, das noch viele weitere ereilt hätte, hätten nicht die Dorfbewohner von Hofsgrund ihr Leben aufs Spiel gesetzt und wären in jener Nacht hinaus in den Sturm gezogen, um die Jungs zu retten.

Als wir diese Geschichte, die in Großbritannien mehr oder weniger vergessen war und nur von den Ortsansässigen im Schwarzwald in Erinnerung behalten wird, in all ihren Einzelteilen zusammensetzten, stellte sich heraus, dass Keast die Warnungen der Einheimischen, die Wanderung bei solchem Wetter nicht zu unternehmen, wiederholt in den Wind geschlagen hatte. Besonders erschüttert hatte uns bei der Recherche, dass von denjenigen, die diese Tragödie überstanden hatten, nur wenige den Zweiten Weltkrieg überleben sollten, nachdem sie nur wenige Jahre nach ihrer Tortur im Schwarzwald zum Militär eingezogen worden waren. Einer der Jungs weigerte sich, gegen die Deutschen zu kämpfen, und gab zu Protokoll, er würde nicht gegen Menschen ins Feld ziehen, die ihm das Leben gerettet hatten.[51]

Ich war sehr überrascht, wie viel Leserecho dieser Artikel über eine doch eher unbekannte Begebenheit in der deutsch-britischen Geschichte bekam. Viele waren überzeugt, dass wir den Text absichtlich zu diesem Zeitpunkt gedruckt hatten – wegen der Parallelen zwischen der vermeidbaren Tragödie von 1936 und der Staatskrise, in der Großbritannien aufgrund des Brexits steckte.

»Das ist eine erweiterte Brexit-Metapher, habe ich recht?«, fragte ein Leser. Mein Onkel (eben derjenige, der mich zuvor gewarnt hatte, innerhalb der Familie über den Brexit zu sprechen) schrieb mir: »Ich finde, dieser Text passt wie die Faust aufs Auge in die momentane Post-Brexit-Zeit. Ein englischer Lehrer (Nigel Farage/Boris Johnson) führt eine willfährige Gruppe Nichtsahnender in einen aufziehenden Sturm und missachtet unbekümmert alle Hinweise, Warnungen und Hilfsangebote von Johnny Foreigner (den Deutschen), dazu dann noch der ganze politische Mummenschanz und das sich anschließende Wegducken.«

Kurz nach unserem Schwarzwald-Artikel war auch der Chilcot-Bericht veröffentlicht worden, jene von der Regierung beauftragte Untersuchung der britischen Beteiligung am Irakkrieg 2003. Der Bericht kam zu dem Schluss, dass die britische Öffentlichkeit von Tony Blairs vorgeschobenen Kriegsanlässen getäuscht worden sei. Das Vereinigte Königreich habe entschieden, sich an der Invasion im Irak zu beteiligen, bevor die Möglichkeiten einer friedlichen Entwaffnung ausgeschöpft worden seien, so stand es im Bericht. »*Plus ça change*«, konstatierte mein Onkel. Die Einschätzung, dass die britische Öffentlichkeit auch beim Brexit übers Ohr gehauen worden war – dass ihr, so sagt man in Großbritannien, statt eines Schweinchens ein Welpe verkauft worden war, *been sold a pup* –, grassierte allenthalben.

Am 27. August 2016 starb mein Kollege, der Brüsseler *Guardian*-Korrespondent Ian Traynor. Ich war gerade am Strand einer Insel vor der baltischen Küste, als ich die traurige Nachricht erhielt. Ians Berichterstattung über alles, was die EU betraf, war einfach immer dieses kleine bisschen besser gewesen als der Rest. Er hatte über den Krieg auf dem Balkan geschrieben, er hatte dort und in Zentraleuropa die düstersten Seiten des europäischen Nationalismus gesehen. Egal, wie mängelbehaftet die EU war, egal, wie oft sie versagte: Ihm war immer auch bewusst gewesen, dass die europäische Integration ein absolut notwendiges Ziel und alle Mühen wert war.

Es kann sein, dass er, nachdem er neben vielen anderen Katastrophen auch über die Euro-Krise berichtete, irgendwann einmal geschrieben hat, die EU würde in die Binsen gehen. Aber er hatte immer klargemacht, dass er weder mit faulen, selbstgefälligen Integrationisten und in Geld schwimmenden Eurokraten noch mit kleinkarierten Nationalisten, die sich als große Staatsmänner darstellten, etwas zu schaffen haben wollte. Als ich eine Woche vor dem Referendum zum letzten Mal mit ihm sprach, war er ganz niedergeschlagen gewesen, weil er einen Sieg des Leave-Lagers befürchtete. Sein Tod stürzte seine anderen Kollegen und mich in tiefe Trauer, nicht zuletzt deswegen, weil wir alle fanden, dass es eigentlich seine Aufgabe gewesen wäre, den Brexit journalistisch zu begleiten. Schließlich schmerzt einen Journalisten nichts mehr, als wenn ihm eine gute Story durch die Lappen geht.

DEUTSCHE BÜROKRATIE   Den Sommer 2016 über trug ich fleißig all das zusammen, was für meinen Einbürgerungsantrag vonnöten war. Ich nahm mir frei, um am 9. September den Einbürgerungstest und eine Woche später den B1-Sprachtest zu absolvieren – Letzterer war eine ganztägige Angelegenheit, auf die ich mich zugegebenermaßen nur sehr wenig vorbereitete. »Einbürgerungstest gemäß Paragraf 10 Abs. 5 Satz 1 StAG: Frau Catherine Connolly hat am 9.9.2016 am Einbürgerungstest mit 33 von 33 Punkten erfolgreich teilgenommen.« Zehn Tage später schickte mir die Prüfungsbehörde in Nürnberg diese Bestätigung in Form einer gelben, mit dem Siegel des Bundesamts für Migration und Flüchtlinge versehenen Urkunde zu. Wie erleichtert ich war.

Das Zertifikat über meine B1-Deutschprüfung, das ich am 28. September 2016, meinem Geburtstag, abholen konnte, beurteilte meine Sprachkenntnisse mit »sehr gut«. Ich hatte 92,5 Prozent richtig, musste aber zu meinem Ärger die fehlenden 7,5 Prozent einigen Schwächen beim Leseverständnis zuschreiben. Da es zu meinem Job gehört, tagein, tagaus deutschsprachige Texte zu lesen, frustrierte mich das Ergebnis einigermaßen. Aber wie die Frau, die mir das Zertifikat aushändigte, schon freundlich sagte: »Wichtig ist doch nur, dass Sie bestanden haben.«

Als ich im Winter 2016 alles beisammenhatte, bezog ich eines sonnigen Dezembertages Stellung in der Schlange in der Ausländerbehörde – zwischen einem Mann aus dem Senegal und einer Frau aus dem Irak. In der anschließenden einstündigen Sitzung mit meiner persönlichen Sachbearbeiterin – ich nenne sie Frau G.; sie war für meinen Antrag zuständig und für mich irgendwann fast wie eine gute Bekannte – reichte ich alle erforderlichen Unterlagen ein, ein Formular nach dem anderen. Vermutlich erwartet niemand, dass man wirklich warm wird mit Bürokraten, dafür sind sie schließlich nicht gemacht. Doch Frau G. strahlte trotz ihrer latent brüsken Art eine gewisse Wärme aus, auch dann noch, als ihr Stempel drohend über meinen Unterlagen schwebte. Sie schäumte zwar nicht gerade über vor Empathie, aber sie legte mir auch keine unnötigen Steine in den Weg.

Als sie meinen Abschluss im Fach Deutsch an einer britischen Universität als Nachweis meiner Sprachkenntnisse nicht akzeptierte, hatte ich aus lauter Angst, sie könnte meinen Antrag komplett zurückweisen, keinen großen Aufstand gemacht. Das Gespräch war damals ungefähr so abgelaufen: »Also, können Sie nachweisen, dass Sie Deutsch sprechen und verstehen?«, fragte sie mich, nachdem wir eine geschlagene Stunde damit verbracht hatten, die im üblichen Bürokratendeutsch geschriebenen Formulare gemeinsam durchzugehen. Ich: »Nun ...« Frau G.: »Haben Sie irgendwelche Zertifikate? VHS? Irgendwas?« Ich: »Ha! Ja, ich habe einen Uniabschluss in Deutsch!« Frau G.: »Perfekt, wo haben Sie studiert?« Ich: »In Leeds.« Frau G.: »Bitte wo?« Ich, kleinlaut: »Das liegt in Nordengland.« Woraufhin Frau G. das Thema ad acta legte: »Ah. Das zählt leider nicht«.

Ich hatte damals auch nicht meine Rolle als Auslandskorrespondentin ins Feld geführt, à la »Wissen Sie denn nicht, wer ich bin? Ich schreibe seit Jahren über Ihr Land und verschaffe ihm die Aufmerksamkeit, die es verdient, ich kämpfe in meiner Zeitung um Platz für Deutschland, auch in den Jahren, in denen die Auslandsredakteure Ihr Land nicht ständig auf dem Schirm haben. Da habe ich mir doch sicher automatisch die Mitgliedschaft in Ihrem Klub verdient!« Nein, im Lebtag würde ich keine solche Sonderbehandlung einfordern. Es fühlte sich im Grunde korrekt an, dass Frau G. mich ein bisschen zappeln ließ und man mir nicht den Eindruck gab, als würde mir mein neuer Status auf dem Silbertablett serviert.

Wir saßen also in einem überheizten Zimmer mit riesenhaften eingestaubten Heizkörpern an den Wänden. Das gardinenbehängte Fenster, der Gummibaum neben der Tür, der rotierende Stempelträger, die Raufasertapete und der Geruch nach Körperschweiß: Sämtliche Details in diesem Raum sind für mich noch immer abrufbar, ich erinnere mich an sie wie an prägende Kindheitserlebnisse. Intensive Gefühle machen vermutlich einen besonders nachhaltigen Eindruck auf das menschliche Gehirn.

Beflissen hakte Frau G. einen Punkt nach dem anderen auf der Liste ab. Jeder dieser Punkte hatte noch vor wenigen Monaten wie eine Herausforderung ausgesehen, die mir das Wasser in die Augen getrieben und mich hatte zweifeln lassen, ob ich es jemals schaffen würde, alles rechtzeitig zusammenzubekommen.

Bekenntnis zur Verfassungstreue/Loyalitätserklärung mit Merkblatt – abgehakt. Geburtsurkunde mit beglaubigter Übersetzung – abgehakt. Geburtsurkunden Kinder; Freizügigkeitsberechtigung EU; Zertifikat B1; Bescheinigung über erfolgreich bestandenen Einbürgerungstest; Nachweis der Beschäftigung; Einkommensnachweise der letzten 3 Monate; betriebswirtschaftliche Abrechnung des letzten Jahres; Netto-Bescheinigung des Steuerberaters; Nachweis Alterssicherung – Rentenversicherung, Krankenversicherung, Pflegeversicherung. Abgehakt.

Aber das war noch nicht alles. Mein Antrag, so die Sachbearbeiterin, könne erst bearbeitet werden, wenn ich am Rathaus-Kassenautomaten eine Barzahlung von 191 Euro geleistet hätte. Ich marschierte also los, kam aber schnell wieder zurück. Der Automat war kaputt. Daraufhin schickte man mich durch die Rathausflure zur Hauptkassiererin, wo ich die Zahlung persönlich vornehmen sollte. Ich ging auf die Suche nach einer Frau Güldenpfennig. Ob sie wohl ihres Namens wegen ihren Job bekommen hat, fragte ich mich und hoffte, ihr diese Frage bald selbst stellen zu können. Aber die Wanderung zu ihrem Zimmer war endlos. Es ging durch verwinkelte, kaninchenbauartige Korridore, die mir das Gefühl gaben, in einem Escher-Bild oder in Kafkas Schloss zu sein. Wollte mir da jemand einen Streich spielen? Zunächst landete ich im Dachgeschoss des Rathauses vor dem verschlossenen Technikraum, fand dann aber – mittlerweile schweißgebadet – Frau Güldenpfennigs Zimmer in einem versteckten Eckchen unter der Dachschräge.

Leider war sie gerade in der Mittagspause, weswegen ich sie nie getroffen habe und ihr auch meine drängende Frage nicht stellen konnte. Ich wanderte also zu Frau G. zurück, die ob meiner langen Abwesenheit die Augenbrauen hob. Ich versuchte es mit Humor: »Gehörte das noch mit zum Einbürgerungstest? Ging's um Orientierungssinn? Falls ja, bin ich wahrscheinlich durchgefallen.« Ich glaube, ich sah den Anflug eines Lächelns auf ihrem Gesicht …

Ich denke, ich hatte etwas mehr Dramatik erwartet, die eine oder andere Hürde, die es im letzten Moment noch zu überwinden galt. Vielleicht hatte ich auch auf einen emotionaleren Wortwechsel gehofft, auf ein kleines verbindliches Gespräch, in dem Frau G. und ich über die politischen Umstände plauderten, die dazu geführt hatten, dass ich jetzt hier saß und ihr zu Dank verpflichtet war. Irgendetwas wie: »Noch eine Ausreißerin also, eine, die noch schnell aufs deutsche Schiff will, bevor der Landungssteg hochgeht, was? Na, auf mich machen Sie den Eindruck, als seien Sie in Ordnung – also los, an Bord mit Ihnen!« Ich: »Vielen, vielen Dank, ich kann Ihnen gar nicht sagen, wie dankbar ich bin!« Frau G.: »Na, dieser David Cameron hat Ihr Land aber auch ganz schön in die Scheiße geritten, wenn ich das mal so sagen darf!«

Aber so kam es natürlich nicht. Ich unternahm einen Versuch, ihr meine Dankbarkeit auszudrücken für ihre Bemühungen und ihre Gründlichkeit, woraufhin sie sagte, ich solle mich darauf einstellen, ungefähr ein halbes Jahr warten zu müssen, bevor ich wieder vom Bearbeitungsstand meines Antrags hören würde.

DEUTSCH-BRITEN Nur ein halbes Jahr zuvor hatte ich noch keinen einzigen Gedanken daran verschwendet, die deutsche Staatsbürgerschaft anzunehmen. Es war nicht nötig gewesen. Ich fühlte mich an Großbritannien und meine britische Identität gebunden. Gebunden, oder doch eher gekettet? Nein, gekettet war ich an nichts und niemanden.

Ich war eine moderne europäische Britin, die in Deutschland lebte und arbeitete, für ihren Job ungehindert quer durch Europa reiste, Steuern zahlte, auf eigenen Beinen stand und ihren gesellschaftlichen Beitrag leistete. Es gab Rechte und Pflichten, an die ich mich hielt, weswegen ich mich auch niemandem zu überschwänglichem Dank verpflichtet fühlte. Meine Verbundenheit mit dem Vereinigten Königreich hatte einen empfindlichen Dämpfer bekommen, Wut und Enttäuschung waren keine vorübergehenden Empfindungen gewesen, sondern auch jetzt, da alles für den Erhalt der deutschen Staatsbürgerschaft in die Wege geleitet war, noch sehr konkret spürbar.

Trotzdem kam mir meine Entscheidung in dieser Zeit noch als eine eher pragmatische vor. Niemand wusste ja, was sich aus den Brexit-Verhandlungen für die in der EU lebenden Briten ergeben würde. Ich hatte immer noch keine Antworten auf die Frage, wie einfach oder schwierig es werden würde, weiterhin in Deutschland zu leben und zu arbeiten, wenn Großbritannien kein EU-Mitglied mehr sein würde. Solange mir niemand Garantien geben konnte, sah ich keinen anderen Weg, als meine Zukunft abzusichern. Mit der deutschen Staatsbürgerschaft in der Tasche müsste ich mir über diese Fragen – und über die Zukunft meiner deutsch-britischen Familie – keine Gedanken mehr machen. Sie wären, wie man auf Englisch sagt, *a weight off my mind* – ich wäre sie ein für alle Mal los.

Aber was wurde ich da eigentlich gerade? Deutsche? Europäerin? Oder Deutsch-Britin, wie manche deutsche Medien uns neuerdings nannten? Ich glaube, diese Bezeichnung lag mir von allen am nächsten. Sie klang jung und frisch und signalisierte sofort, dass sie etwas mit dem Brexit zu tun hatte. Und sie würde mir vielleicht in gewissem Umfang erlauben, mit meiner schlechten deutschen Grammatik durchzukommen …

Es zeichnete sich bald immer klarer ab, was sich bei meinem Einbürgerungstest, wo 5 von 17 Prüflingen Brexit-Exilanten waren, bereits angedeutet hatte: Ich war Teil einer größer werdenden Trendwelle.

Überall in Deutschland, von München bis Hamburg, wagten Briten zu Hunderten, wenn nicht zu Tausenden, den gleichen Schritt. Und diese Entwicklung wurde auch überall sonst in Europa, von Athen bis Warschau, sichtbar.

Als einer meiner Freunde bei der *Süddeutschen Zeitung* hörte, dass ich vorhatte, Deutsche zu werden, fragte er mich, ob ich darüber nicht einen Essay schreiben wolle. »Ich werde deutsch« wurde dann am 25. November 2016 veröffentlicht und stieß bei Lesern und anderen Medien auf reges Interesse.[52] Wer damals meinen Namen gegoogelt hätte, hätte als ersten Treffer den Link zu diesem *SZ*-Text bekommen. Unter anderem bekam ich in der Folge auch die Anfrage, ob ich nicht vielleicht dieses Buch hier schreiben wollen würde …

In diesem Moment wurde mir klar, dass ich ab jetzt eine Art Sprecherin der Deutsch-Briten war, wenn auch eher unfreiwillig und mit einem bisweilen unwohlen Gefühl in der Magengegend. In dieser Kapazität wurde von mir erwartet, dass ich den Deutschen, die sich weiterhin fragend am Kopf kratzten, die Brexit-Briten erklärte.

Wie alle anderen Familien auch wollten wir es an Weihnachten in diesem Jahr entspannt und friedlich angehen lassen. Angesichts der gesammelten Turbulenzen von 2016 – der Brexit, die Wahl von Donald Trump – wollten wir einfach nur unsere Ruhe. Am 12. Dezember ging ich in Berlin noch zu einem gemeinsamen Konzert von Bundestagschor und britischem Parlamentschor. Solche Veranstaltungen, bei denen Deutsche und Briten etwas gemeinsam machten, hatten seit dem Referendum etwas Schmerzliches.[53]

»Mit Blick auf die Ereignisse des Jahres 2016 sind wir dem Ziel einer Personalunion in der politischen Führung unserer beiden Länder nicht wirklich näher gekommen«, sagte Norbert Lammert, der damalige Bundestagspräsident, vor einem gesteckt vollen Saal im Paul-Löbe-Haus. »Jedenfalls haben wir mit unserer Einladung ausdrücklich auch deutlich machen wollen, dass nach der Entscheidung der britischen Wählerinnen und Wähler unser Interesse an möglichst engen Beziehungen zwischen unseren beiden Ländern nicht geringer geworden ist.« Er fuhr fort: »Der heutige Tag bietet uns eine gute Gelegenheit, neues Leben in einen Teilbereich zu hauchen. Schließlich ist die wahre Muttersprache des Menschen doch das Singen.«

David Lidington, sechs Monate zuvor noch britischer Europaminister und entschlossener Wahlkämpfer für den Verbleib in der EU, jetzt Leader im britischen Unterhaus, sagte: »Dem gegenseitigen Verständnis füreinander kann man am allerbesten Ausdruck verleihen, indem man zusammen singt ... Lassen wir uns in einer Zeit, in der unserem Kontinent eine lange Zeit der Veränderungen und der Überlegungen ins Haus steht, von der Musik daran erinnern, wie viel wir gemeinsam haben. Auf dass wir heute erkennen, dass diese gemeinsamen Bande wichtiger sind als jemals zuvor.«

Passenderweise sangen die beiden Chöre Händels mitreißendes Lied *Tochter Zion* (Händel war eindeutig ein Freund beider Länder). Aber es waren Zeilen aus anderen Weihnachtsliedern – »O du fröhliche ... Welt ging verloren, Christ ist erschienen, uns zu versöhnen« und »Es ist ein Ros entsprungen ... Das Blümelein so kleine ... vertreibt's die Finsternis: Wahr Mensch und wahrer Gott, hilft uns aus allem Leide, rettet von Sünd und Tod« –, die mitzusingen das Publikum eingeladen war und die insbesondere die Deutsch sprechenden britischen Gäste dazu brachten, oftmals schief grinsend die Augenbrauen zu heben, in manchen Fällen aber auch ein Tränchen zu verdrücken. Die Besinnlichkeit, die einem in der Adventszeit jeder wünscht (leider ist das Wort *contemplation*, mit dem man »Besinnlichkeit« wohl am ehesten übersetzen würde, nichts, was man auf Englisch jemals jemandem wünschen würde), durchströmte uns plötzlich alle.

Beim Mince-Pie- und Glühwein-Empfang im Anschluss traf ich auf den Leiter meines früheren Chores, einen in Großbritannien geborenen Beamten, dem der deutsche Beamtenstatus einstmals als erstem Ausländer überhaupt zuerkannt worden war. Er lebt aber auch seit über 30 Jahren hier. Ich fragte ihn und seine schottische Frau, ob auch sie vorhätten, Deutsche zu werden. »Ich fühle mich so gar nicht deutsch«, antwortete er, »ich wüsste nicht, warum ich das tun sollte.«

Ich hatte vollstes Verständnis für seinen Standpunkt. Gleichzeitig beschlich mich aber auch ein ungutes Gefühl. Wollte er mich auf das Vorgeschützte meiner Entscheidung hinweisen? Hatte er nicht sogar recht – und ich vielleicht unrecht? Er war Brite in Deutschland. Und kein Deutscher. Seit diesem unserem Zusammentreffen damals ist das deutsche Recht übrigens angepasst worden: In Deutschland verbeamtete Briten dürfen auch als Nicht-EU-Bürger ihren Beamtenstatus behalten.

DER ANSCHLAG AUF DEM BREITSCHEIDPLATZ Gerade als wir es uns für die Feiertage gemütlich machen wollten, ereignete sich am 19. Dezember der Anschlag auf den Berliner Weihnachtsmarkt. Ich hatte gerade die Kinder ins Bett gebracht, als erst die Nachricht und direkt danach auch der unweigerliche Anruf kam, dass ich für den *Guardian* darüber berichten sollte. Ich verfolgte die stündlichen Aktualisierungen und fütterte den Live-Blog auf unserer Website mit den neuesten Meldungen. Weil die wahre Zahl der Verletzten noch nicht bekannt war, wurde mein Mann in seiner Funktion als Oberarzt, wie viele andere Ärzte auch, in sein Krankenhaus beordert. Wir waren also beide in die Dramatik dieses Augenblicks verwickelt.

Ich berichtete über die entsetzlichen Ereignisse, die sofort weltweit Schlagzeilen machten und vielerorts so interpretiert wurden, als dass sie Angela Merkels liberale Flüchtlingspolitik stark unter Druck setzten. Gleichzeitig war ich tief schockiert über das, was da über unsere Stadt hereingebrochen war, an einem Ort, den wir sehr gut kannten, wo wir selbst noch im Vorjahr eine Weihnachtskrippe gekauft und Waffeln gegessen hatten.

Unweigerlich bekam ich beim Arbeiten auch die ersten Meldungen über eine Verhaftung in der Nähe des Tiergartens mit, die Innenminister Thomas de Maizière bei einer Pressekonferenz erwähnte. Wie wir heute wissen, stellte sich das bald als falscher Alarm heraus. Der Mörder war immer noch flüchtig und wurde erst vier Tage später gefasst und getötet. Wie es mit diesem ersten Verdächtigen, den die Polizei zunächst recht optimistisch als den Attentäter ausgegeben hatte, weiterging, davon hörte man erst einmal nichts mehr.

Am 26. Dezember 2016 bekam ich eine E-Mail von einer Londoner Anwältin, die ebenjenen Mann vertrat, einen Pakistani aus der Region Belutschistan, der als politisch Verfolgter nach Deutschland geflüchtet war. Als wir später an diesem Tag miteinander telefonierten, sagte der Anwalt, der Mann wolle unbedingt mit einem Journalisten sprechen, nicht zuletzt deswegen, weil seine Familie nach seiner in den Medien verbreiteten Verhaftung von der pakistanischen Polizei bedroht werde und er sich nicht mehr sicher fühle in Deutschland. Er habe zudem nicht den Eindruck, dass man hier wirklich an seine Unschuld glaube.

Ich willigte ein, mich am darauffolgenden Abend mit dem Mann zu treffen. Wir führten ein ausführliches Interview mit einem Übersetzer, der extra aus Schweden eingeflogen wurde und der sowohl Belutschisch als auch Englisch sprach.

Naveed Baloch sagte mir, er fürchte um sein Leben. Er beschrieb mir in allen Einzelheiten, wie er an jenem Abend von der Polizei festgenommen und in Handschellen gelegt worden sei, wie Polizisten ihm die Augen verbunden und mit offener Hand ins Gesicht geschlagen hätten. Das Vorgehen der Polizei verurteilte er nicht. Er meinte, er könne durchaus nachvollziehen, warum man unter den gegebenen Umständen Gewalt eingesetzt habe. Aber er beklagte sich bitter über die schlechte Kommunikation und darüber, am Ende einfach in einem Hotel abgesetzt und gewarnt worden zu sein, es bloß nicht zu verlassen, schließlich könne sein Leben in Gefahr sein.[54]

Er wolle zum Schutz seiner Familie mit mir sprechen, sagte er. Er glaube, es sei sicherer für sie, wenn er offen mit mir redete. Das Interview lief dann exklusiv im *Guardian*, und es dauerte nicht lange, bis ich mitten in meinem ersten Shitstorm steckte: Die Polizei warf mir vor, ich hätte gelogen, und andere Medien stellten die Korrektheit meiner Berichterstattung infrage.

Später zog die Berliner Polizei ihre Kritik an mir zurück und gab zu, die grobe Behandlung von Terrorverdächtigen sei durchaus an der Tagesordnung und innerhalb des rechtlichen Rahmens auch zulässig, man entschuldige sich für die Unterstellung, Teile meines Interviews seien frei erfunden gewesen.[55] Die Medien, von denen einige anscheinend sauer darüber waren, dass eine britische Zeitung das Interview mit Baloch bekommen hatte und nicht sie, ließen das Thema erst nach mehreren Tagen wieder fallen.

Aber die Kritik an mir als Person ebbte nicht ab. In den sozialen Medien gab es einige sehr bösartige Reaktionen. Typisch war etwa die einer Akademikerin und »Social-Media-Beraterin«, die mir am 1. Januar 2017 unter ihrem vollen Namen schrieb und mir vorwarf, die Deutschen als Nazis zu brandmarken – nur, weil ich über Naveeds Darstellung der groben Behandlung durch die Polizei bei seiner Verhaftung berichtet hatte.

»Sind Sie zufrieden mit dem, was Sie da getan haben?«, schrieb sie. »Sie haben uns Berliner mit ihren Lügen in der ganzen Welt als brutale Nazis abgestempelt ... Ich weiß nicht, warum Menschen wie Sie für ein bisschen mediale Aufmerksamkeit derart über Leichen gehen, aber es widert mich an. Sie wollen Deutsche werden? Vielleicht überlegen Sie sich das noch mal ... Bitte gehen Sie einfach. Für uns ist das Leben auch ohne Menschen wie Sie schon hart genug.«

Sicher: Eine solche Mail stand in harschem Widerspruch zu all den positiven Reaktionen von anderen Deutschen, mit denen ich über mein Deutsch-Werden gesprochen hatte, aber gleichzeitig hatte ich auch das Gefühl, mich, nachdem ich mich derart weit aus dem Fenster gelehnt hatte, an genau die Art von Reaktion ab jetzt wohl gewöhnen zu müssen.

ANDERE EXILIERTE   Am 8. Januar 2017 hatte ich eine Einladung zu meiner ersten Brexit-Party: Mein britischer Freund Hugh wollte feiern, dass ihm gerade die deutsche Staatsangehörigkeit zuerkannt worden war, und hatte aus diesem Anlass Freunde in seine Schöneberger Wohnung eingeladen. Alle Gäste hatten etwas besonders Deutsches fürs Buffet dabei: Spreewaldgurken, Nürnberger Bratwürstchen, Leberwurst, Currywurst, Brezeln. Deutsche Schlagermusik suppte aus den Boxen, wir stießen mit deutschem Bier an und spielten den Einbürgerungstext als Quiz, das vor allem die »Ur-Deutschen« im Raum auf die Probe stellte. Es gab viele falsche Antworten und eine Menge Gelächter. Die deutsche Staatsbürgerschaft zu bekommen, war für Hugh das Ende einer langen emotionalen Reise, wie er es formulierte. Zu seiner Überraschung war ihm die Aufnahme in den Schoß der Deutschen, exakt ein halbes Jahr nachdem er den Antrag gestellt hatte, bestätigt worden. Hugh lebt, mit kurzen Unterbrechungen, seit 1992 im Land.

Alles sei wie geschmiert gelaufen, erzählte er, bis auf die Sache mit diesem einen Formblatt, das er im Rahmen des Bewerbungsprozesses über seine deutsche Frau auszufüllen hatte. Auf dem Blatt standen ausführliche Fragen zum Hintergrund ihrer Eltern und Großeltern, unter anderem diese: »Hat Ihr Großvater in der Wehrmacht gekämpft?« Als er sich im für ihn zuständigen Rathaus beschwerte, bekam er zu hören, der Wehrdienst ihres Großvaters sei ein Nachweis für die Nationalität seiner Frau. Auf die Frage, warum ihre Geburtsurkunde, die ja immerhin ein offizielles Dokument sei, dafür nicht ausreichte, kam keine Antwort.

Hatte man früher ein Gespräch vielleicht mit einer Bemerkung zum Wetter begonnen, sagten zwei Briten, die in Berlin aufeinandertrafen, jetzt zueinander: »Na, wann wirst du deutsch?« Man konnte den Eindruck bekommen, als hätten die meisten der schon länger in Deutschland lebenden Menschen aus Großbritannien – geschätzte 106 000 – entweder den Einbürgerungsantrag bereits gestellt oder als zählten sie die Tage, bis sie offiziell berechtigt waren, ihn zu stellen. »Das sind nicht die sonnengebräunten Expats aus den Fantasien der Boulevard-Blätter, die, die in der Sonne fläzen, in der einen Hand den Gin, in der anderen den Golfschläger«, sagte mein Freund Damien, auch er Brite. »Das sind junge Freiberufler, die Angst haben, dass sie keine Aufträge mehr bekommen, wenn sie für jede Auslandsreise ein Visum brauchen. Kurz: Kreative, die ihren Beitrag zur deutschen Volkswirtschaft leisten.«[56] Hätte man früher anderen Briten erzählt, dass man Deutscher werden würde, hätte man unweigerlich einen lahmen Nazi-Witz provoziert. Aber diejenigen, die sich jetzt um die Einbürgerung bemühten, sahen im modernen Deutschland eine Bastion toleranter Werte: international, demokratisch und offen für Einwanderer. Deutsch zu werden, war beileibe kein Witz mehr.

Aber uns, die sich das mit einer neuen deutschen Identität vorstellen konnten, entging auch nicht, dass das Timing nicht besser hätte sein können. Vor gar nicht allzu langer Zeit war es unüblich gewesen, ein Bindestrich-Deutscher zu sein, ein Deutsch-Brite, ein Deutsch-Türke. Die deutsche Identität ist traditionell eine eher »völkische« Idee gewesen, die mehr mit der »Blutlinie« zu tun hatte als mit dem Ort der Geburt. In der Vergangenheit hatte man den Eindruck gewinnen können, dass Großbritannien und die USA eine deutlich bessere Figur darin machten, Menschen mit komplexeren Identitäten zu akzeptieren und ursprünglich aus einem anderen Land stammenden Menschen die Staatsbürgerschaft zuzugestehen. Bis vor Kurzem noch wäre es undenkbar gewesen, eine CDU-Kanzlerin von Deutschland als einem »Einwanderungsland« sprechen zu hören, wie Angela Merkel es heute regelmäßig tut. Und in scharfem Kontrast zu Donald Trumps Ansatz, Menschen aus bestimmten muslimischen Ländern die Einreise in die USA zu verweigern, und zu Theresa Mays Hinhaltetaktik, EU-Bürgern einfach keine Sicherheit zu geben hinsichtlich der Frage, ob sie weiter im Vereinigten Königreich leben und arbeiten können, wirkte Deutschland rasch wie der progressivere Staat.

Das Gefühl, an zwei Orte zu gehören, war für mich jahrelang ganz normal gewesen. Wenn ich in Berlin mit der S- oder U-Bahn fuhr, hatte ich oft den Eindruck, dass auch viele andere hier ihr Herz an zwei Orten haben. Das war ja gerade das, was mir an Berlin so gefiel. Gleichzeitig war für uns, die wir die letzten 20 Jahre damit verbracht hatten, durch Europa zu reisen und uns einzubilden, dass Pässe, Grenzen und Staatsangehörigkeiten immer unwichtiger wurden, offenbar eine Zeit des Umdenkens gekommen.

DEUTSCHE VERGANGENHEITSBEWÄLTIGUNG Meine Freundin Esme, auch sie eine Journalistin, bezeichnet sich seit 18 Jahren als »EU-Migrantin«. Eine der größten Offenbarungen im Zuge ihrer Einbürgerung im Januar 2017, sagte sie, sei die Erkenntnis gewesen, dass auch sie jetzt die Bürde der Vergangenheitsbewältigung trage.

»Dieses Wort ist mir zum ersten Mal während des Studiums begegnet«, schrieb Esme. »Und zwar in den Texten von Günther Grass und Heinrich Böll. Aber als ich feststellte, dass deutsche Freunde in meinem Alter es als ihre Pflicht betrachten, sich mit der Vergangenheit auseinanderzusetzen, auch wenn sie in dieser Vergangenheit selbst noch gar nicht gelebt haben, war ich doch überrascht …« Ich fragte sie, wie sie ihre eigene Rolle darin sah. »Dass ich das Verantwortungsbewusstsein, immer weiter Fragen zu stellen, an die nächste Generation weitergebe«, erklärte sie.[57]

Da ich wie Esme aus Großbritannien stamme, wo mit der Vergangenheit kulturell nicht sehr ernsthaft umgegangen wird, wurde mir bedauerlicherweise in der Schule nichts beigebracht über die dunkleren Seiten etwa der kolonialen Geschichte Großbritanniens. Das ist bei deutschen Schulkindern anders: Sie werden völlig selbstverständlich zu Besichtigungen der ehemaligen Konzentrationslager mitgenommen.

Am 15. Januar 2017 schickte mir meine Freundin Louise – die bereits erwähnte Englischlehrerin an einer Berliner Schule – eine Nachricht: Sie komme gerade von ihrer Einbürgerungsfeier. Eigentlich habe sie die Grippe und schon große Angst gehabt, es gar nicht aus dem Bett und zu der Veranstaltung zu schaffen. Aber unter Aufbietung aller Kräfte sei sie dort gewesen, allerdings nur in Jogginghose. Sie hatte ein Foto von sich im Badezimmer des Rathauses gemacht, als Beweis für sich, dass das alles kein Fiebertraum gewesen war. Bei der Feier sei sie die einzige Britin gewesen. Die anderen seien entweder aus dem Nahen Osten oder aus Osteuropa gekommen. »Ich fühle mich, als könne ich von Glück sagen«, schrieb sie mir in einer WhatsApp-Nachricht. »Die Psychologie hinter dem Ganzen ist allerdings seltsam.«

Kurz gesagt: Jede Begegnung mit anderen Briten, die sich auf den gleichen Weg gemacht hatten, gab mir viel Stoff zum Nachdenken und ließ Ideen und Begriffe aufscheinen, für die ich mir bis jetzt noch nicht allzu viel Zeit genommen hatte.

Besonders bemerkenswert und ergreifend fand ich die Geschichten, die ich von britischen Nachfahren deutscher Holocaust-Überlebender zu hören bekam, die oft gerade erst damit begonnen hatten, in ihren Familiengeschichten zu wühlen, weil sie erfahren hatten, dass sie mit dieser Geschichte einen deutschen Pass beantragen durften.

Für einen Text im *Guardian* nahm ich mit einigen von ihnen Kontakt auf. Im Oktober 2016 hatten die deutschen Behörden gemeldet, die Zahl derer, die ihr Recht in Anspruch nahmen, ihren Anwärterstatus auf die deutsche Staatsbürgerschaft wiederherstellen zu lassen, weil sie entweder von den Nazis ermordete Verwandte hatten oder selbst ausgebürgert worden und nach Großbritannien geflohen waren, sei um das Zwanzigfache gestiegen.

Die Association of Jewish Refugees, der Verband jüdischer Flüchtlinge in London, hatte zu dem Zeitpunkt bereits Hunderte von Anfragen an Deutschland weitergeleitet. Der Vorsitzende dieses Verbands, Michael Newman, sprach mir gegenüber von der »erheblichen psychologischen Herausforderung« für viele der Anwärter: Sie sollten jetzt plötzlich Ja sagen zu einem Land, das ihre Vorfahren wie Ungeziefer behandelt hatte.«Viele von uns finden Dinge heraus, die sie noch nicht wussten, oder sehen sich gezwungen, einen genaueren Blick in die eigene Vergangenheit zu werfen. Für manche ist das entsetzlich, für andere durchaus eine Offenbarung«, sagte Newman.

Ich habe mit vielen anderen gesprochen, die diesen Schritt gegangen sind, darunter auch Oliver Marshall. Der 58-jährige Historiker sagte, der Brexit-Schock habe ausgereicht, um in seiner Familie die generationenlange Feindseligkeit gegenüber Deutschland auszulöschen. Seine Großeltern, Apfelweinhersteller aus der Nähe von Frankfurt, waren 1941 aus Nazideutschland geflohen und hatten sich im Vereinigten Königreich niedergelassen. Am Tag nach dem Referendum hatte Marshall seine Familie kontaktiert und darauf hingewiesen, dass sie die Effekte des Brexits umgehen könnten, da sie alle Anspruch auf einen deutschen Pass hätten. Er sprach ihnen gegenüber von einer *lifeline*, also einem »Rettungsanker«.

Seine Großmutter, Klara Rosenberg, hatte viele nahe Familienangehörige im Holocaust verloren. »Sie hasste die Deutschen für den gesamten Rest ihres Lebens«, erzählte er mir. »Sie hätte nicht verstanden, warum wir das machen.« Seine Mutter Liselotte wiederum, 93 Jahre alt und seit 1953 britische Staatsbürgerin, habe Verständnis an den Tag gelegt für seine Entscheidung. Als er ihr davon erzählt hatte, habe sie nur die Augenbrauen hochgezogen und gesagt: »Das Rad der Geschichte ...«

Marshall sagte, sein größter Antrieb sei der Pragmatismus: »Der Brexit schließt Türen, und wenn man sich den deutschen Pass besorgt, öffnen sich wieder welche. Wenn auch nur irgendetwas an mir jüdisch ist, dann ist es, glaube ich, der Wunsch, Dinge offenzuhalten – schließlich weiß man nie ganz genau, was passieren wird.«

Marshalls Neffe Sam Bowers, ein Tropenexperte an der Universität von Edinburgh, beschrieb seine deutsche Staatsbürgerschaft, die ihm im September 2016 in der Botschaft verliehen worden ist, mir gegenüber als seine »Versicherungspolice«. Sie erlaube ihm schlicht, sich auf seinem akademischen Feld weiterhin bewerben zu können und bei ausgeschriebenen Forschungsstellen flexibel und wettbewerbsfähig zu bleiben.

Aber ich sprach auch mit Harry Heber, der richtiggehend wütend war darüber, dass Menschen überhaupt darüber nachdachten, sich den Pass erneuern zu lassen von einem Land, das ihn und seine Familie verfolgt hatte. Der im österreichischen Innsbruck geborene 85-Jährige sagte mir am Telefon rundheraus, er finde, dass Leute, die so etwas machten, ihr Gehirn untersuchen lassen sollten. Einige seiner noch sehr lebendigen Erinnerungen an den Einmarsch der Deutschen in Österreich und die Annexion durch das Deutsche Reich im März 1938 teilte er mit mir. »Ich finde schon die Vorstellung, in einem Land, das meine Verwandten ermordet hat, Zuflucht zu suchen, geradezu widerlich, und nicht zuletzt aufgrund der vergangenen 78 Jahre bin ich Großbritannien treu verbunden.«[58]

Ich musste an den Rabbi denken, mit dem ich mich früher unterhalten und der erzählt hatte, der Abscheu seiner Familie gegenüber Deutschland habe jahrzehntelang bedeutet, keine in Deutschland hergestellten Haushaltsgeräte oder Autos zu kaufen und sich kein deutsches Wort über die Lippen kommen zu lassen.

Der Krieg war in der Brexit-Debatte nie weit. Wenn Menschen sich zu ihrer Einstellung zum Brexit äußerten, wurde er regelmäßig Thema. Egal, ob es um das Argument der Brexit-Befürworter ging, wenn man den Krieg überstanden habe, werde man auch den Brexit überstehen, oder um die These der Wahlanalysten, bei vielen habe das Bedürfnis nach dem Geist der Gemeinschaftlichkeit, wie ihn die Briten seit dem Zweiten Weltkrieg nicht hätten »genießen« dürfen, dazu geführt, für den Brexit zu stimmen.

Die BBC strahlte auf der Insel die neue Fernsehserie *SS-GB* aus, die Adaption eines Thrillers von Len Deighton aus dem Jahr 1979, in dem ein alternativer Geschichtsverlauf durchgespielt wird: Das Vereinigte

Königreich ist 1941 im Zweiten Weltkrieg von Nazideutschland besetzt worden. Ich sah mir die Serie in Deutschland an und fand, dass die BBC, offenbar ungewollt, Brexit-Propaganda auf ihre Zuschauer niedergehen ließ. In den Diskussionen zum Brexit-Referendum war es so oft um die »Gefahr« einer deutschen Vorherrschaft in der EU gegangen – und dann kam man mit dieser Serie um die Ecke, einer Allegorie auf genau diese Ängste, und imaginierte sich Großbritannien unter dem Hakenkreuz.

DIE MASSENHAFTE SUCHE NACH EINER NEUEN IDENTITÄT

Nach dem Referendum waren Tipps, wie man sich als Brite die EU-Zugehörigkeit sichern konnte, in den sozialen Medien allgegenwärtig. Das Thema schien selbst dem Online-Dating den Beliebtheitsrang abzulaufen. Viele fanden, die irische Staatsbürgerschaft sei die naheliegendste Option. Manche sprachen auch von *circumvention*, also der Beantragung der Staatsbürgerschaft in einem der »nicht naheliegenden« Länder, zum Beispiel in Rumänien oder Bulgarien, die, so hieß es, Briten auch mit wenig oder gar keiner persönlichen Verbindung zu ihrem Land aufnehmen würden. Auch Ungarn wurde als heißer Tipp gehandelt. Offenbar durfte man Jahrhunderte weit in den Stammbüchern graben und wurde, wenn man nur einen Verwandten mit einem ungarischen kleinen Zeh ausfindig machen konnte, als einer der Ihren akzeptiert.

Auch Malta galt als Möglichkeit, zumindest für diejenigen mit viel Geld. »Welchen Preis würden Sie für einen Pass bezahlen?«, fragte der BBC-Wirtschaftsreporter Simon Tulett in seinem Bericht über das große Geschäft mit dem Passverkauf in der kleinen Republik, die seit 2014 angeblich Tausende Pässe verscherbelt haben soll. Ein Pass kostet in Malta mindestens 880 000 Euro. Drei Viertel der Gebühr ist ein nicht erstattungsfähiger Beitrag zum maltesischen Entwicklungs- und Sozialfonds, aus dem Bildungs- und Gesundheitsprojekte sowie Maßnahmen zur Arbeitsplatzbeschaffung finanziert werden. Der Rest wird aufgeteilt auf Investitionen in Staatsanleihen sowie den verpflichtenden Kauf bzw. die Anmietung eines Hauses für mindestens fünf Jahre.

Zu den anderen EU-Ländern, in denen es ein vergleichbares System des »Pass gegen Investment« gibt, gehören Österreich, Bulgarien, Ungarn und Zypern. Das stärkste Argument für die Investition in dieses Modell ist natürlich, dass all diese Länder zum Schengenraum gehören und ihre Staatsangehörigkeit entsprechend passfreie Mobilität innerhalb der EU gewährleistet. Der Gründer einer der vielen Firmen, die in Malta entstanden sind, um beim Stellen eines Antrags auf Einbürgerung behilflich zu sein, nannte sein Produkt »die Lebensversicherung des 21. Jahrhunderts« und sagte, sein Land verdiene erheblich an diesem Trend.

Eine der lautesten Kritikerinnen dieses Modells, die beharrlich bei ihrer Ansicht blieb, dass ein Pass nicht käuflich sein dürfe, war die maltesische Journalistin Daphne Caruana Galizia. Sie sagte: »Diese Milliardäre haben kein Interesse an einem Leben auf Malta, sie wollen einfach nur den Zugang zur EU.« Sie wies damit nicht zum ersten Mal auf die Korruption in ihrem Land hin, und im Oktober 2017 wurde sie ihrer unverhohlen geäußerten Meinung wegen ermordet.

Befürworter dieses Systems finden es jedoch nach wie vor in Ordnung, Staatsangehörigkeit als Ware zu betrachten – eine Entwicklung, der Einhalt zu gebieten die EU bislang aber noch wenig unternommen hat. Durch diese zynische Linse betrachtet, erscheint mir meine Chance auf die deutsche Staatsangehörigkeit mehr denn je wie ein Jackpot. (An dieser Stelle sei noch einmal daran erinnert: Diejenigen, die berechtigt sind, einen Antrag zu stellen, bekommen sie für schlappe 250 Euro – was für ein Schnäppchen …)

All diese Entwicklungen zeigen primär doch vor allem eines: dass Europa mit seinen offenen, fließenden Grenzen mittlerweile ein fester Lebensbestandteil zahlloser Menschen geworden ist. Die Sicherheit, mit der Millionen von EU-Bürgern in den vergangenen Jahrzehnten aufgewachsen sind – Jahrzehnte, in denen sie sich frei entscheiden konnten, ob sie in Rom, Madrid, Bukarest oder Sofia zu Hause sein wollten –, ist plötzlich ins Wanken geraten. Und für die Briten ist genau wie für die drei Millionen im Vereinigten Königreich lebenden EU-Bürger das Ende des Lebens, wie sie es kannten, in Sichtweite gerückt.

MEIN DEUTSCH-BRITISCHER HAUSHALT Im Februar 2017 beantragte ich die britischen Pässe für meine beiden Kinder. Bislang hatte ich diesen Schritt noch nicht für notwendig erachtet, hatten mir die britischen Behörden doch immer versichert, die beiden würden als meine leiblichen Kinder, also als Kinder einer britischen Staatsangehörigen, automatisch den Status von britischen Staatsbürgern haben. Im herrschenden politischen Klima war ich jedoch skeptisch. Die durch das Brexit-Referendum freigesetzte Energie, die ich bis hierhin in den Erwerb der deutschen Staatsbürgerschaft gesteckt hatte, leitete ich jetzt also um in die Absicherung meiner Kinder – nicht, dass ihnen aus einer politischen Laune heraus noch ein Teil ihres kulturellen Erbes genommen würde. Was ja auch für die Zukunft von Bedeutung sein könnte, sollten sie sich zum Beispiel entscheiden, im Land ihrer Muttersprache zu studieren oder zu leben.

Und natürlich wünschte ich mir für sie dieselben Freiheiten und Perspektiven, die ich mein Leben lang hatte, also das selbstbestimmte Leben, Arbeiten und Reisen. Außerdem hätten sie, falls mir einmal etwas zustoßen sollte, mit einem Pass zumindest ein Dokument, das ihnen demonstrierte, wie wichtig mir neben der deutschen auch ihre britische Identität war. Ich hoffte, der Pass würde ein starkes Zeichen setzen und sie symbolisch darin bestärken, ihre Identität unabhängig von politischen Entscheidungen zu begreifen.

Das Telefongespräch, das ich mit dem British Passport Application Office in Liverpool führte, ließ in mir rasch die Überzeugung reifen, dass dieser Schritt der richtige war. »Ich an Ihrer Stelle, *pet* ...« (*pet* ist für Leute aus Liverpool ein Kosename – vielleicht so, wie die Kölner »Liebelein« sagen), »... würde so schnell wie möglich handeln«, sagte der Mann am anderen Ende der Leitung. »Wir wissen nämlich nicht, inwiefern sich die Praxis ändert, wenn der Brexit erst mal vollzogen ist. Da haben wir vom Brexit-Team bislang nichts drüber erfahren.« Aber er versicherte mir auch, dass wir, sobald wir die Pässe hätten, nie mehr irgendetwas unternehmen müssten, um die britische Staatsangehörigkeit nachzuweisen. »Die kann Ihnen dann niemand mehr nehmen«, sagte er im Brustton der Überzeugung. Ich sammelte also erneut alle nötigen Geburtsurkunden zusammen und schickte sie per Post los, zusammen mit einem Scheck über den beachtlichen Betrag von £ 111,50 (um die 126 Euro).

Man kann sicher verwundert darüber sein, dass ich einen solchen Aufwand betrieben habe, um die britische Nationalität meiner Kinder offiziell anerkennen zu lassen – und das, obwohl es in diesem Buch doch eigentlich um mein Bestreben geht, Deutsche zu werden.

Kurz gesagt: Wir sind ein sehr deutsch-britischer Haushalt und mehr als typisch für viele andere bilinguale Familien, die ich kenne. Mit meinen Kindern spreche ich ausschließlich Englisch (es sei denn natürlich, andere deutsche Kinder sind dabei), aber wenn ich an meinem Mann herumnörgele, verlege ich mich aufs Deutsche. Bei einem richtigen Streit jedoch wechsele ich wieder ins Englische, um ihm gegenüber bloß nicht im Nachteil zu sein. Als Familie unterhalten wir uns normalerweise in beiden Sprachen gleichzeitig. Manchmal mischen wir sie sogar in einem einzigen Satz, was dann zum Beispiel so klingt: Ich: »Can you please pass me the butter?« Tochter: »Papa, Mama möchte die Butter haben ... *here you go, Mummy*.« Ich: »Danke.« Oder mein vierjähriger Sohn läuft zu meinem Mann und sagt: »Papa, ich habe ein Aua.« Dann kommt er zu mir und sagt: »Mummy, I've hurt myself. I did stoß my Knie.« Oder wie meine Tochter mal sagte, als sie hingefallen war: »Mummy, fass my Beule an.«

Manche Sätze sind ein regelrechter Mix aus beiden Sprachen, besonders dann, wenn eines der Kinder mit Ungeduld etwas äußern will und einfach die ersten Wörter benutzt, die ihm in den Kopf kommen. »Look! The Nachbar is taking his Hund for a walk.« Der Sprachmix ist eine Goldgrube für absichtliche und unabsichtliche Wortspiele und sorgt für viel schönes Denglisch. Zum Beispiel gibt es im Englischen keine adäquate Entsprechung für das Verb »basteln«, also benutzen wir das deutsche Wort, wenn wir etwas Kreatives tun wollen – zum Beispiel: »*Shall we bastel something?*«

Als meine Tochter zwei war, hat sie mich mal gefragt: »Ein *eye* ist doch ein ›Auge‹, Mummy. Aber *eye* ist auch wie ›Ei‹ auf Deutsch. Kann ich zu meinem ›Auge‹ also einfach ›Ei‹ sagen?« Ich drückte sie – vor Freude über die Verspieltheit, mit der sie mit meiner Mutter- und meiner angenommenen Sprache umging, und darüber, wie sie es schaffte, die beiden mit kindlicher Schläue und Fantasie ineinanderzuweben. In einer anderen Situation – da war sie drei – sagte ich zu ihr, wir müssten uns beeilen, »*to catch the tram*«. »*Catch the tram?*«, rief sie erfreut. »*But we can't catch a tram!*« Und sie tat so, als liefe sie zur Straßenbahn und finge sie in ihren Armen, so als würde sie einen Ball fangen.

Manchmal sage ich auch etwas eher Umgangssprachliches wie »*Don't dawdle!*«. Meine Tochter denkt dann kurz nach, schaut ein bisschen irritiert, sieht mir dann ins Gesicht und sagt: »*Ah, you mean trödeln!*« Und schon hat sie ein neues Wort gelernt – und ich auch.

Als ich meinen Kindern die zugegebenermaßen etwas unfaire Frage stellte, ob sie sich eher deutsch oder eher englisch fühlten, antwortete meine Tochter, ohne groß nachzudenken: »Wenn ich in England bin, fühle ich mich eher englisch, also dann, wenn ich bei meinen Cousins und Cousinen und bei Nanna und Grandpa bin. Wenn ich in Deutschland bin, fühle ich mich eher deutsch.« Im Kern ihrer Identität und ihrer Selbstempfindung steht eindeutig die Sprache. Dass sie in zwei Sprachen zu Hause sind, bedeutet bei beiden Kindern, dass sie über zwei sehr klar voneinander getrennte Identitäten verfügen.

Kinder, die ab ihrer Geburt eine Sprache erlernen, speichern sie anders als Menschen, die sich eine Sprache erst später aneignen. Meine Kinder beherrschen das Deutsche sehr viel automatischer, als ich es je tun werde – und sie können ihr deutsches ›R‹ ganz anders rollen, als ich jemals dazu in der Lage sein werde, genauso wie ihr ›ch‹ deutlich überzeugender hinten im Rachenraum vibriert als bei mir. Manchmal ziehen sie mich sogar auf, weil es bei mir eben »nicht ganz richtig klingt«.

Was außer der Sprache macht uns sonst noch zu einem »englischen« Haushalt? Da wären die ganzen englischsprachigen Bücher – wir haben Hunderte, viele sind noch aus meiner Kindheit – und das Essen, unter anderem Baked Beans, Roast Potatoes, Digestive Biscuits, Marmite-Brotaufstrich, Salt-and-Vinegar-Chips, Truthahn an Weihnachten und Pancakes zu Beginn der Fastenzeit am Faschingsdienstag. Getränke wie Tee (und ich meine damit: starken Tee mit einem Schuss Milch, gerade so viel, dass der Tee karamellbraun wird) und hin und wieder ein Glas Gin Tonic oder Pimm's.

Der nie abreißende Strom von Gästen aus Großbritannien ist ebenfalls bezeichnend für unser Leben. Sie bringen Neuigkeiten aus der »Heimat« mit, dazu die neuesten Trends und umgangssprachlichen Ausdrücke. Den Humor. Und dann ist da natürlich die BBC. Ich bin richtiggehend süchtig nach dem wortlastigen Sender Radio 4, und meine Kinder lieben es, wenn vor den 18-Uhr-Nachrichten das Geläut des Big Ben ertönt. Mit angehaltenem Atem versuchen wir zu raten, wann der erste Dong kommt.

Wir stehen mehr auf *Peppa Pig* und *Paddington* als auf *Sandmännchen* oder die *Sendung mit der Maus*, mehr auf *Sherlock* als auf *Tatort*, und wir sehen und hören uns die *Last Night of the Proms* an, und zwar mit großer Freude, aber ohne dazu die Fahne zu schwenken. Trotzdem stehe ich aber vor dem Fernseher und singe ohne einen Anflug von Ironie und wild entschlossen, den englischen Nationalisten nicht das Feld zu überlassen, aus vollem Hals Edward Elgars *Land of Hope and Glory* mit.

Die Kinderverse, die ich meinen Kindern seit ihrer Geburt vorsinge, und die Lieder, die ich ihnen beibringe, sind sämtlich tief durchdrungen von britischer Geschichte. Sie wurden im Schein von Kaminfeuern weitergegeben und reichen in manchen Fällen zurück bis ins Mittelalter. Oft weiß niemand so genau, wo sie herkommen, und manche haben einen recht morbiden Ursprung. So vermutet man zum Beispiel, dass *Ring a Ring of Roses* ein Verweis auf die Symptome der Pestkranken ist. In *Old King Cole* geht es augenscheinlich um einen walisischen König, der vor 1700 Jahren im Moor ertrunken ist, in *Little Miss Muffet* um die Tochter eines zu Shakespeares Zeiten lebenden Insektenkundlers, wohingegen *Mary, Mary, Quite Contrary* von Maria Stuart handelt, die wegen ihres katholischen Glaubens geköpft wurde. Alles in allem recht grausame Geschichten – man sollte vermutlich nicht allzu viel darüber nachdenken …

Aber wenn man sie einfach nur singt, sind es hübsche Lieder, die den Kindern beim Einschlafen helfen und für die ich mich nicht allzu sehr konzentrieren muss, weil sie sich in mein Gedächtnis eingegraben haben, seit meine Mutter und mein Vater sie mir vorgesungen haben. In Momenten der Verzweiflung, wenn Schlaflosigkeit und schreiende Kinder mich an den Rand des Zusammenbruchs brachten, war es immer extrem tröstlich, diese über Generationen weitergegebenen, mich mit meiner Kulturgeschichte verbindenden Verse zur Hand zu haben, um die Situation irgendwie zu wuppen.

Ich habe mir übrigens auch eine eigene, englische Version von *Hoppe, hoppe Reiter* ausgedacht, weil ich nicht wollte, dass mein stures Beharren darauf, mit meinen Kindern ausschließlich englisch zu sprechen, dazu führt, nicht mit ihnen zu meinem deutschen Lieblingskinderreim herumhopsen zu können. Auch *Der Mond ist aufgegangen* und eine englischsprachige Variante von Brahms' Wiegenlied *Guten Abend, gut' Nacht* gehören in mein Gute-Nacht-Lieder-Repertoire.

Kurzum: Beim Betreten unseres Hauses ist es ein bisschen so, als käme man nach Little Britain.

Auf der anderen Seite jedoch sind wir in vielerlei Hinsicht auch sehr deutsch. Wir machen jeden Weg mit dem Fahrrad, wir trennen unseren Müll, wir essen Spätzle und Sauerbraten. Wir lieben Brezeln und Brot in all seinen fantastischen Ausprägungen (das nicht zu vergleichen ist mit der süßlichen, labbrigen Pappe, die man im Vereinigten Königreich als Brot bekommt), wir freuen uns über Obst und Gemüse immer dann, wenn wir es jahreszeitenabhängig bekommen – Spargel ab April, Erdbeeren im Juni und Juli, Kürbis im Oktober. Saisonal zu essen ist eine Art zu leben, die man in Großbritannien deutlich seltener findet als hier.

Und meine Tochter lernt bereits diese Technik, die ich immer als überaus elegant und typisch deutsch empfunden habe: beim Aufsteigen aufs Fahrrad zuerst den linken Fuß aufs linke Pedal, dann mit dem rechten Fuß vom Boden abstoßen und so schon Schwung nehmen, bevor das rechte Bein über den Sattel geschwungen wird. Den meisten Deutschen ist das wahrscheinlich noch nie als etwas Besonderes aufgefallen. Mir, die ich dieses Manöver seit Jahren fasziniert beobachte, aber schon. Ich selbst beherrsche es nicht, denn in Großbritannien wurde Radfahren in den vergangenen Jahrzehnten ausschließlich als Freizeitaktivität und nicht als vollwertige Art der Fortbewegung gewertet, weswegen wir unbeholfen aus dem Stand auf den Sattel klettern, uns einigermaßen unelegant abstoßen und dann auf das Beste hoffen.

In Sachen Bettwäsche waren mein Mann und ich anfangs fest entschlossen, es auf britische *bedlinen*-Art zu machen, uns also eine Daunendecke zu teilen. Nachdem die beiden Kinder aber da waren und wir verzweifelt Schlaf brauchten, haben wir uns doch wieder auf die pragmatische deutsche Methode verlegt. Jeder von uns hat also eine eigene Bettdecke, unter der wir uns in den gefühlt sehr kurzen Zeitfenstern, in denen wir Ruhe haben, nach eigenem Gutdünken drehen und wenden können.

Nur an die deutsche Kissengröße habe ich mich bislang nicht gewöhnt – banal, wenn man bedenkt, dass ich selbst deutsche Marotten wie die Antipathie gegen Kreditkarten und die Begeisterung für Bargeld mittlerweile als normal hinnehme. Ich werde mich an diese Kissen nie gewöhnen können, die ich immer auf der Hälfte falten muss, weswegen ich mir weiterhin vorsorglich gut gefüllte Rechtecke aus Großbritannien mitbringe, um meine Nachtruhe garantiert zu wissen.

Ob ich auch etwas zu bemängeln habe an unserem deutschen Lebensstil? Ja: den frühen Tagesbeginn. Ich begreife nicht, warum Kinder mitten in der Nacht aus dem Schlaf gerissen werden und in die Schule gehen müssen, nur damit die Schule dann um halb zwölf mittags aus sein kann. Hundedreck auf der Straße macht mich ebenfalls zornig. Und er irritiert mich: Was macht er hier, in einem Land, das so viel hält auf Hygiene und Sauberkeit? Wofür genau gibt es die Hundesteuer? Wenn ich etwas zu sagen hätte, würde ich die DNA von allen Hunden im Land sammeln und die Halter zur direkten Konfrontation mit den Hinterlassenschaften ihrer geliebten Köter zwingen.

Ich verspreche: Das war es dann aber auch mit meinem latenten Aggressionspotenzial …

»DEUTSCHLAND WIRD BRITISCHER« Auch außerhalb meiner deutsch-britischen Familie schienen Identitätsfragen und das Verhältnis zwischen den beiden Ländern immer häufiger Thema zu werden. Mein Freund Ed – der mir beim Sprachtest begegnet war und von dem ich bereits erzählt habe – teilte mir im März 2017 über WhatsApp mit, seinem Antrag auf Einbürgerung sei stattgegeben worden. Wenige Tage später, am 14. März, trafen die britischen Pässe meiner Kinder ein, exakt an dem Tag, an dem das britische Parlament entschied, den Brexit voranzutreiben und damit nicht auf die vom House of Lords, dem nicht demokratisch gewählten Oberhaus, vorgetragenen Bedenken einzugehen.

Zwei Tage später saß ich auf Einladung des Irish Film Festivals in Berlin auf einer Bühne und führte mit dem Schauspieler Mark O'Halloran ein Gespräch über den Film *History's Future*, in dem er die Hauptrolle spielt. Es geht darin um einen Mann, der auf offener Straße überfallen wird, daraufhin sein Gedächtnis und das Wissen über sich selbst verliert und auf der Suche nach seiner wahren Identität quer durch Europa tingelt. Eine Metapher für unsere heutige Zeit, wie sie im Buche steht. Am selben Tag war wiederum ein Bild von Ed in der Zeitung, wie er bei seiner Einbürgerungsfeier unter der Schlagzeile »Deutschland wird britischer« mit größtmöglicher Hingabe die deutsche Nationalhymne singt.

Ich sprach zur gleichen Zeit auch mit Bernd, meinem Historikerfreund aus Freiburg, mit dem ich die Schwarzwald-Tragödie recherchiert hatte. Er erzählte, dass seine Tochter Anke, die in Großbritannien lebte und beim Nationalen Gesundheitsdienst arbeitete, darüber nachdenke, nach Deutschland zurückzukommen, weil für sie das Leben in England seit dem Referendum so ernüchternd sei. »Die Stimmung ist furchtbar, und alles wird teurer«, meinte er. Ungefähr zur selben Zeit hörte ich von einer anderen deutschen Bekannten in London, dass sie über den gleichen Schritt nachdachte. Sie und ihr deutscher Mann fühlten sich »mitten in London plötzlich sehr als Ausländer« – obwohl sie seit Jahren im Vereinigten Königreich lebten.

Am 23. März kamen bei einem Angriff eines IS-Sympathisanten in Westminster, in der Nähe des Parlaments, drei Menschen zu Tode, Dutzende wurden verletzt. EU-Behördenmitarbeiter sagten, der Austausch geheimdienstlicher Informationen über potenzielle Gefährder habe zugenommen und müsse fortgesetzt werden. Bald darauf ließ Theresa May eine versteckte Drohung los, die zwar wie ein Akt der Verzweiflung rüberkam, aber trotzdem weiteres Unheil ahnen ließ: Man würde die Sicherheitszusammenarbeit mit der EU nur dann fortsetzen, wenn man den gewünschten Wirtschaftsdeal mit der Union bekäme. Offenbar sollten alle den Umkehrschluss ziehen, dass Großbritannien als Heimat von James Bond im Vergleich zu Resteuropa einen überlegen guten Geheimdienst hatte. Doch selbst wenn es so sein sollte: Es wirkte in dieser Situation, direkt nach dem Anschlag von Westminster, mehr als unangebracht, die britischen Sicherheits- und Streitkräfte für einen vorteilhaften Handelsdeal derart zu verhökern.

In der Zwischenzeit war ich nach Tübingen eingeladen worden, um dort Ende März 2017 ein Gespräch zu moderieren zwischen Simon Henig, dem Vorsitzenden des Stadtrats von Durham, und Boris Palmer, dem Bürgermeister von Tübingen (der Partnerstadt von Durham). Es wurde zu einer Übung im wechselseitigen Klagen und einer Suche nach einem gangbaren Weg hinein in eine Post-Brexit-Zukunft. Palmer sagte, er sei weniger schockiert als zutiefst enttäuscht über das Brexit-Referendum und die Tatsache, dass nicht mehr unternommen worden sei, um es zu verhindern. Eine Frau aus dem Publikum fragte Henig, ob er nicht mehr hätte tun können, »um die Menschen in Durham von den Vorteilen Europas zu überzeugen«, und ob es nicht möglich sei, das Abstimmungsergebnis rückgängig zu machen. In Durham waren starke 153 877 Stimmen abgegeben worden für Leave, 113 521 hatten für Remain gestimmt.

Diesen Vorwurf habe ich seit dem Referendum aus dem Mund von Deutschen oft gehört. Henig, der selbst für den Verbleib in der EU gewesen war, bemühte sich sehr, der Frau deutlich zu machen, dass er während des Wahlkampfs alles in seiner Macht Stehende getan habe, um auf das Positive an Europa hinzuweisen. Am Ende des Tages hatten die Menschen aber eben eine demokratische Wahl gehabt. Dem stereotypen Bild, die Wähler im Norden Englands seien dick und ausländerfeindlich oder begriffen gar nicht erst, was zur Wahl stünde, erteilte er umgehend eine Absage.

Der Brexit, so seine Erkenntnis, sei die Artikulation einer von einer großen Gruppe empfundenen Empörung über die ungerechte Verteilung von Macht und Reichtum im ganzen Land. Er führte aus, dass die Landesteile im Norden Englands, die am deutlichsten für den Austritt aus der EU gestimmt hatten, gleichzeitig die verletzlichsten seien für die vom Brexit voraussichtlich ausgelösten wirtschaftlichen Turbulenzen. Für den Augenblick könne er den demokratischen Beschluss nur respektieren, in der Realität aber werde sein Leben deutlich schwieriger: Durch den Brexit verliere er wichtige EU-Fördermittel, die für seine Stadt und die abgehängte Region insgesamt eine große Hilfe gewesen seien.

Henig sagte, Großbritannien müsse sich darauf einstellen, 2,5 Milliarden Pfund aus dem Europäischen Sozialfonds und 2 Milliarden Pfund aus dem EU-Fonds für Regionalentwicklung einzubüßen. Im Jahr 2014/15 habe die Universität von Durham 15 Millionen Euro an Forschungsmitteln erhalten. All das werde nun gestrichen und er sei wenig zuversichtlich, dass die Zentralregierung in London in der Lage beziehungsweise willens sei, das entstehende Loch zu stopfen. Gemeinderatsvorsitzende landauf, landab steckten in einer vergleichbaren Zwangslage.

Auch das Budget für Auslandsaustausche sei schon gekürzt worden, was ihn sehr beunruhige. Wegen der dieser Sparpolitik geschuldeten finanziellen Einschnitte sei der kommunale Haushalt von Durham seit 2008 um 167 Millionen Pfund geschrumpft. Palmer erzählte, sein Budget sei im Vergleichszeitraum um 130 Millionen auf 300 Millionen Euro gewachsen. Henig rollte nur mit den Augen.

Vor der Diskussionsrunde hatte Palmer mit uns das schöne Tübinger Rathaus aus dem 15. Jahrhundert besichtigt, das inmitten anderer Fachwerkhäuser auf dem Marktplatz steht. Wir wurden hinaufgeführt in die Uhrenstube im Rathausgiebel, um uns das Innenleben der immer noch sehr genau gehenden astronomischen Uhr anzusehen, die, wie Palmer begeistert erklärte, 1511 von dem Astronomen Johannes Stöffler gebaut wurde und weltweit die älteste ihrer Art ist. Stöffler ist es damals gelungen, mit nur drei Zeigern und einer Handvoll Zahnräder eine Uhr zu bauen, die die Himmelsmechanik perfekt abbildet, wozu auch die zentralen Bewegungen in unserem Sonnensystem gehören. Einzigartig ist die Tübinger Uhr wegen ihres Drachenzeigers, der anzeigt, wann sich irgendwo auf der Welt eine Sonnen- oder Mondfinsternis ereignet.

Diese grandiose Konstruktion, wunderbar ölverschmiert und in meinen Augen höllisch komplex, bestimme, so erzählte Palmer, den Lebensrhythmus der Tübinger seit Jahrhunderten. Die von der Uhr angezeigten Sternenkonstellationen haben den Menschen bei Entscheidungen aller Art geholfen: wann und wie sie sich die Haare schneiden ließen, wann sie zum Arzt gingen oder wie sie sich wuschen, und den Bauern sagten sie, wann sie säen und wann sie ernten sollten. Irgendwie fand ich die Vorstellung in diesem Moment tröstlich, dass eine solche Uhr dem Leben einen Rahmen geben kann – und wie wenig bedeutsam in diesem kosmischen Großen und Ganzen betrachtet sogar der Brexit plötzlich erschien. »Ich wünschte, ich könnte behaupten, dass die Uhr voraussagen kann, wie sich der Brexit auf Europa auswirkt«, meinte Palmer prompt, augenzwinkernd. »Aber ich fürchte, das übersteigt ihre Fähigkeiten.«

Palmer und Henig umarmten sich herzlich zum Abschied, nachdem sie übereingekommen waren, vereint alles in ihrer Macht Stehende zu unternehmen, um die zerstörerischen Nebenwirkungen des Brexits abzuschwächen. Wahrscheinlich können sie nicht viel mehr tun, als die engen Bindungen zwischen ihren Städten, zum Beispiel die jährlichen Kulturaustauschprojekte, zu pflegen. Was jedoch letzten Endes schon eine ganze Menge sein wird.

Als ich am 29. März aus Tübingen nach Berlin zurückkehrte, hatten sich die Räder schon wieder ein Stück weitergedreht. Artikel 50, jener Mechanismus, der Großbritannien den Austritt aus der Europäischen Union rechtlich möglich macht, war ausgelöst worden. Ein Vertreter der britischen Regierung hatte Donald Tusk, dem Präsidenten des Europäischen Rats, ein Schreiben überreicht, das diesen Prozess einleitete.

KEIN ZURÜCK?

Als mir bewusst wurde, dass es nun ziemlich sicher kein Zurück mehr gab, war ich schockiert. Welcher Politiker würde jetzt, da die Austrittsabsicht offiziell erklärt war, noch eine radikale Kehrtwende wagen? Seit Juni 2016 wiederholen die meisten britischen Parlamentarier jedenfalls mantraartig, eine demokratische Entscheidung sei gefallen und man dürfe es sich nicht herausnehmen, daran herumzudeuteln. Und jetzt hatte sich das Verhandlungsfenster mit der EU geöffnet, das von da an zwei Jahre offen stehen würde. Ende März 2019 wird Großbritannien austreten müssen.

Als ich aus Tübingen nach Hause kam, sah ich mir den Livestream der Fragen an die Premierministerin an und machte nebenher einen Kuchen für meine Kinder. Theresa May sagte vor dem Unterhaus, es sei nun »an der Zeit, dass das Land zusammenkommt«. Sie erntete Lachsalven, als sie sagte: »Mehr als jemals zuvor braucht die Welt heute die liberalen, demokratischen Werte Europas – Werte, die das Vereinigte Königreich teilt.« Und weiter: »Genau deswegen verlassen wir ja auch nicht Europa, sondern nur die Institutionen der Europäischen Union.«

Angus Robertson, der ehemalige Kollege und Freund, der mich einige Monate zuvor durch das britische Unterhaus geführt hatte, ging May daraufhin wütend an und wies sie darauf hin, dass sie nicht überrascht sein dürfe, wenn die schottische Unabhängigkeitsbewegung wieder Aufwind bekäme – schließlich hätten in Schottland 62 Prozent für Remain gestimmt. Er sagte, das Vereinigte Königreich sei alles andere als vereint. Wenn die Premierministerin die Meinungsunterschiede, die es im Land zum Thema Brexit gebe, nicht respektiere und somit Schottland »die Wahl unserer Zukunft« verwehre, mache sie »die schottische Unabhängigkeit unabdingbar«. Er hatte eine richtige Stinkwut im Bauch – und ich fühlte mit ihm.

In Reaktion auf sein Statement wies May darauf hin, ihr Wahlkreis

Maidenhead habe genau wie Schottland mehrheitlich für den Verbleib in der EU gestimmt (wieder wurde laut gelacht, dass sie diesen Vergleich wagte). »Aber der Punkt ist doch, dass wir *ein* Vereinigtes Königreich sind. Und abgestimmt hat eben das *ganze* Vereinigte Königreich.« Sie würde sich nun darauf konzentrieren, einen geordneten EU-Austritt voranzutreiben, einen Verhandlungserfolg zu erzielen, der in der Substanz »der bestmögliche Deal« sei für die Menschen im gesamten Vereinigten Königreich.[59]

An jenem Abend telefonierte ich mit meinem Vater, weil ich ihm zum Geburtstag gratulieren wollte. Er eröffnete mir, als ob er es jetzt, da Artikel 50 ausgelöst worden war, offiziell sagen dürfte, dass er beim Referendum gegen und meine Mutter für den Brexit gestimmt hatte. »Ja, Papa, ich weiß, aber ich verstehe immer noch nicht: warum?«

In scharfem Kontrast zum Schweigen meiner Eltern stand eine E-Mail von einem Kollegen, der seinem Ärger über die Regierung energisch Luft machte:

»Liebe Freunde nah und fern, betroffen oder nicht – Hätte ich Facebook, Twitter, WhatsApp oder sonst was, würde ich Folgendes posten:
Heute ist der widerwärtigste Tag in der Geschichte meines Geburts-landes seit dem Tag meiner Geburt. (Allerhöchstens vergleichbar mit dem Bloody Sunday von 1972.)
Wenn Sie meine bescheidene Meinung hören wollen: Die Ansprache dieser Frau heute richtet sich gegen alles, was ich jemals war oder bin, gegen alles, was ich je empfunden habe oder noch empfinde, geglaubt habe oder noch glaube, gegen alles, wonach ich je gestrebt habe oder noch strebe. All das wird von ihr zersetzt, negiert und bis zu einem gewissen Grad ausgelöscht. Das trifft wahrscheinlich zu für die Zeit, seit ich zum ersten Mal mit der Fähre von den Britischen Inseln zum Festland hinübergefahren bin – ich glaube, da war ich sieben Jahre alt –, und ganz sicher für die Zeit, seit ich 1975 zum

ersten Mal wählen durfte und sich fast 70 Prozent der Wähler für
eine offenere Welt und gegen toxische Ausländerfeindlichkeit aus-
gesprochen haben.

Diese Abscheulichkeit namens Brexit verletzt und zersetzt bis in
große Tiefe, zerstört bis auf die Ebene von Poren, Membranen und
Chromosomen, richtet aber auch im Oberflächendiskurs über
Migration, Nation, Markt, Politik, politisches Handeln etc. nichts als
Verheerung an. Im besten Fall macht dieser Brexit Großbritannien
und das Leben in Großbritannien sehr seltsam, im erwartbaren Fall
aber wird es ekelhaft und anstrengend. Postkolonial verkatertes,
hohlköpfiges Großbritannien: depressiv und deprimierend, hoch-
mütig und seinem Inseldenken verhaftet – und jetzt offenbar an
einem Punkt, Gefallen zu finden an einer irrelevanten, abgekapsel-
ten Ignoranz, für die eine widerliche Mehrheit tatsächlich ihre Stim-
me gegeben hat. Was eher wie eine einvernehmlich errichtete Will-
kürherrschaft anmutet.

Wer denkt, dass ich überreagiere, übertreibe und überdramatisiere,
dem sei gesagt: Das hier ist noch die milde Version.

Liebe für alle --- die dagegen sind, wütend und beschämt.

Viva Europa Unida ...«

Diese Botschaft meines Kollegen erinnerte mich an Kenneth Clarkes
mitreißende Rede vor dem Parlament einige Wochen zuvor. Am zweiten Tag der Parlamentsdebatte zu Artikel 50 hatte Clarke, ein gestan-
dener Tory und von einigen Kommentatoren als »das letzte parlamen-
tarische Riesenbiest« bezeichnet, eine Rede gehalten, die ich zufällig
im Büro im Fernsehen sah. Clarke sprach sich dafür aus, das Referen-
dumsergebnis einfach zu ignorieren. Das Versprechen auf den reichen
Geldsegen, der nach dem EU-Ausstieg auf das Land niedergehen solle, sei eine Alice-im-Wunderland-Fantasie, sagte er zu den Abgeordneten. »Offenbar muss man nur einem Kaninchen hinterherrennen,
das in einem Erdloch verschwindet, und kommt in einem Wunder-

land heraus, in dem plötzlich alle Länder dieser Welt Schlange stehen, um uns Handelsvorteile und Zugang zu ihren Märkten zu eröffnen, die wir vorher, als Teil der EU, merkwürdigerweise nie gehabt haben.« »Nette Männer« wie die Präsidenten Trump und Erdoğan – denen May im Monat zuvor beiden einen Besuch abgestattet hatte – scharrten sicher geradezu mit den Füßen, mit uns Handelsvereinbarungen zu treffen, ihrer protektionistischen Geschichte zum Trotz. »Zweifelsohne lädt dort irgendwo ein verrückter Hutmacher zur Teegesellschaft, und in der Teekanne steckt ein Murmeltier.«

Nach dieser Rede bekam Clarke zum ersten Mal in seinen 47 Jahren als Parlamentsabgeordneter Applaus, obwohl im britischen Unterhaus eigentlich nicht geklatscht wird. Aber er hatte den Remainern aus der Seele gesprochen, also auch den drei Vierteln aller Abgeordneten, die nie für diesen Wahnsinn gestimmt hatten. Die *Daily Mail* disqualifizierte den damals 77-Jährigen als »rotbläulich angelaufen und vor Wut zitternd«, das von ihm Gesagte tat das Blatt ab als »mitleiderregendes Gegrunze«, aber für mein Dafürhalten ist Clarke der heldenhafte Junge im Märchen *Des Kaisers neue Kleider*, der sich als Einziger in der versammelten Menge traut, in Lachen auszubrechen und so die anderen darauf hinzuweisen, dass sie einen Narren aus sich machen, wenn sie die irrwitzigen Behauptungen des Kaisers stützen. Ich möchte wetten, dass Clarkes 17-minütige, frei vorgetragene Rede noch über Jahre hinaus zitiert werden wird, vor allem jener Satz, der Brexit mache »alle Freunde auf der ganzen Welt fassungslos«.

DEUTSCHE GEFÜHLE Mein Eindruck im Zuge meiner Beschäftigung mit den zentralen politischen Köpfen und den Reden von Merkel, Schäuble und anderen war, dass sich die deutsche Führungsriege beim Thema Brexit auch Monate nach dem Referendum auffällig ruhig verhielt. Als hätte man sich darauf verständigt, vorsätzlich gelassen und besonnen zu wirken, weil zu viel Aufmerksamkeit für den Brexit sicher kontraproduktiv wäre. Sollten Theresa May und ihre Brexit-Regierung doch in ihrem eigenen Saft schmoren und selbst Lösungen für ihre Probleme finden, das war es, was ich von der Haltung der Politiker in Berlin so mitbekam. Merkel würde offenbar ganz sicher nicht tun, wovon einige britische Kommentatoren ausgegangen waren, nämlich sich dafür einsetzen, den Briten bei den Austrittsverhandlungen weit entgegenzukommen.

In der britischen Presse gab es die Erwartung, dass die beiden Regierungschefinnen May und Merkel zu einem vernünftigen, von gegenseitigem Verständnis getragenen Kompromiss kommen würden. Schließlich waren sie doch beide ... ähem, Frauen! Kinderlos! Und darüber hinaus noch eifrige Bergwanderinnen und Töchter protestantischer Pastoren. So viele Gemeinsamkeiten!

Die CDU und die britischen Konservativen haben allerdings – mehr zum Leidwesen der CDU als der Torys, so mein Eindruck – im Thema Europa schon immer einen Hinderungsgrund für eine engere Zusammenarbeit gesehen. Wie es seit jeher zentral ist für das Selbstverständnis der CDU, sich für eine engere europäische Zusammenarbeit einzusetzen, ist es für die meisten Konservativen in Großbritannien von vorrangiger Wichtigkeit, sich eben dem zu widersetzen. Im Laufe der Jahre habe ich von konsternierten CDU-Politikern wiederholt zu hören bekommen, es sei nicht einfach, zusammen einen Drink zu nehmen und über gemeinsame Ziele zu sprechen, wenn die Meinungen in diesem zentralen Punkt so weit auseinandergehen.

Egal, wie sehr ich es versuchte: Jemanden aus dem politischen Betrieb in Berlin dazu zu kriegen, sich offiziell zu Brexit-Fragen zu äußern, war kaum möglich. Der Glaube, dass das Thema nur Luft zum Atmen bekäme, wenn man darüber spräche, schien weitverbreitet zu sein. Angela Merkel selbst brauchte sehr lange, bis ihr das Wort Brexit überhaupt das erste Mal über die Lippen kam. Zugegeben, das Wort klingt auch dämlich, erst recht, wenn man es deutsch ausspricht ...

Wenn ich überhaupt jemanden dazu bekam, mit mir zu sprechen, dann immer nur unter der strikten Auflage, dass es ein Gespräch unter vier Augen war und die Anonymität des Gesprächspartners gewahrt blieb. »Das ist jetzt Hintergrund-Hintergrund«, sagte ein hoher Diplomat mir gegenüber und benutzte damit einen Ausdruck, den ich noch nie zuvor gehört hatte. Bevor er sich zum Brexit äußerte, sagte ein anderer mir, wir befänden uns jetzt auf dem Feld von »Deep Hintergrund« – auch das ein gänzlich neuer Begriff für mich. Man ließ also viel Vorsicht walten, dass die eigenen Kommentare nicht nach außen gelangten.

Jener erste Diplomat sagte, der Brexit habe das politische Establishment in Deutschland im Kern erschüttert, aber mittlerweile, im März 2017, sei nicht mehr so sehr der Schock, sondern eine überwältigende Traurigkeit das vorherrschende Gefühl. Ich fragte ihn, ob er glaube, dass die Deutschen jetzt zynischer würden gegenüber dem ehemaligen Cool Britannia. »Nein, im Gegenteil«, antwortete er, »ich glaube, wir werden eher erleben, dass Deutsche beim Anblick einer britischen Flagge oder einer britischen Mannschaft nachdenklich werden – und wehmütig sagen: ›Oh ja, das waren schöne Zeiten, als wir noch gemeinsam in der EU waren … Also … die Symbole werden sich aufladen … als Symbole für eine neue Fremdheit oder für ein Bedauern, dass man eben mal zusammen war. Wenn Sie den Pulli anziehen, den Ihre Exfreundin Ihnen geschenkt hat oder in dem sie rumgelaufen ist, und er riecht noch nach ihr, dann kommt zuerst die emotionale Reaktion und nicht: ›Oh, das ist aber doof‹ oder ›Ich ziehe den Pulli nicht an‹. Deswegen werden wir in Deutschland auf den Union Jack schauen und zu britischen Popbands gehen und sagen: ›Eigentlich habe ich die ganz gerne gehabt.‹«

Es machte fast den Eindruck, als würde er vor Rührung ein wenig die Fassung verlieren. Bei einem französischen Politiker hätte ich mich über diese Worte nicht groß gewundert, bei einem deutschen hingegen schon.

Nach dieser Begegnung war ich ganz ergriffen von seinem Bemühen, seine und die Gedanken anderer in Worte zu fassen, und ging mit dem Gefühl, dass dieses Thema, ungeachtet der äußerlichen Kühle von Merkel und Weiteren, viele Menschen in deutschen Spitzenämtern doch sehr stark beschäftigte.

Als Frank-Walter Steinmeier, gerade vereidigt als Bundespräsident, am 4. April 2017 eine leidenschaftliche Rede vor dem Europäischen Parlament hielt, saß ich kerzengerade an meinem Schreibtisch und hörte auch aus den Büros der Kollegen auf meinem Flur die Übertragung schallen.[60]

Steinmeier sagte:»Dieses kostbare Erbe, das dürfen wir nicht preisgeben und nicht den Gegnern Europas überlassen. Wir müssen es bewahren, pflegen und verbessern – das ist unser historischer Auftrag!« Er fuhr fort:»Es liegt jetzt an uns, dass der europäische Traum auch in der nächsten Generation nicht ausgeträumt ist.« Er lobte die sonntäglichen Demonstrationen der Bewegung Pulse of Europe in vielen europäischen Städten. Sie seien Beweis dafür, dass das Thema Europa den Menschen sehr am Herzen liege. »Diese Jungen, die haben es satt, dass über Europa nur noch die reden, die es schlechtreden«, sagte Steinmeier und schien sich direkt an die EU-Kritiker zu wenden.

Er zitierte auch Michael Heseltine, einen der wenigen ausdrücklichen Austrittsgegner innerhalb der Torys, der den Brexit als den »größtmöglichen Verlust britischer Souveränität« bezeichnet hatte. Heseltine war für die Remainer unvorhergesehen zu so etwas wie einem Helden geworden, ähnlich wie der schon erwähnte andere »Dinosaurier« der Konservativen, Ken Clarke. Steinmeier erwähnte jedoch nicht, dass Heseltine die Gelegenheit auch dazu genutzt hatte, einige sehr unappetitliche antideutsche Bemerkungen vom Stapel zu lassen à la: Durch den Brexit würde Deutschland doch noch zum moralischen Sieger des Zweiten Weltkriegs …

Auch Joachim Gauck, Steinmeiers Vorgänger im Amt des Bundespräsidenten, war übrigens überraschend offen gewesen, als ich ihn

Anfang 2017 zusammen mit einer kleinen Gruppe anderer europäischer Kollegen zu einem Interview am runden Tisch getroffen hatte. Bei Tee und Keksen in seinem Amtszimmer in Schloss Bellevue, unter dem eindrucksvollen Canaletto-Ölgemälde *Dresden vom rechten Elbufer unterhalb der Augustusbrücke*, hatte er darüber philosophiert, was der Brexit fürs Vereinigte Königreich bedeutete, und gesagt: »Ich glaube, dass in Großbritannien in den nächsten zehn, fünfzehn Jahren ein sehr intensives Nachdenken über diese Entscheidung einsetzen wird.«

Sowohl der Brexit als auch die Wahl von Donald Trump hätten seiner Meinung nach gezeigt, »dass es abgehängte oder sich abgehängt fühlende Bevölkerungsgruppen gibt, die plötzlich einen starken Einfluss auf wichtige Entscheidungen haben. Das, was jetzt Großbritannien betrifft, hat mich bestärkt in einem Phänomen, das ich vor 20 Jahren entdeckte, als ich mir Gedanken über die Ostdeutschen machte: Sie wollten alle die kommunistische Herrschaft loswerden, und nach zwei Jahren fingen sie an, nostalgisch zu werden. Dann habe ich gelernt, dass es so etwas gibt wie die Langsamkeit des Mentalitätswandels. Das ist eigentlich ein anthropologisches Kontinuum. Nur machen wir uns das nicht mehr bewusst, gerade wir politischen Menschen: Wir reden immer mit denen, die die neuen Ideen haben, die Fortschrittsideen, und vergessen die, die zu Hause sitzen und nur gelegentlich eine Zeitung lesen oder nur das Fernsehen mit den buntesten Bildern gucken – aber die haben auch Gefühle und sind Wählerinnen und Wähler.« Er sagte, er glaube, dass das, was gerade in Großbritannien passiere, eine »nachgeholte Bewältigung von Verlustgefühlen« sei. Der Verlust sei passiert, als die Briten den Schritt aus der *splendid isolation* heraus und ins vereinigte Europa hineingetan hätten. »Was? Wir? Die wir ›*Rule Britannia!*‹ singen? Wir sollen nun lediglich ein Teil von irgendetwas sein? Dieser Stolz auf eine große Nation, ihre wunderbaren Traditionen und ihre einstige weltweite Geltungsmacht, der ist heimatlos geworden«, sagte Gauck. »Dieser heimatlose Stolz konnte von den Politik-, Wirtschafts- und Kommunikationseliten mit

Recht ja gedämpft werden. Man konnte den Leuten sagen: ›Hört zu, Kinder, das hat sich überlebt, wir sind in einer anderen Welt angekommen.‹ Aber dieser Stolz ist eben Grundbestandteil größerer Bevölkerungsteile, die … ihr Wir verloren haben.«

Gauck hatte offenbar eine Menge über all das nachgedacht. Von einem deutschen Präsidenten eine derart tief greifende, leidenschaftliche Analyse zu bekommen, die fast an eine psychologisch-anthropologische Untersuchung meiner eigenen Landsleute grenzte, hatte ich nicht erwartet.

DER NABEL EUROPAS Im April 2017 wurde ich von meiner Zeitung losgeschickt, um dem neuen »Mittelpunkt Europas« einen Besuch abzustatten. Den Kartografen des Institut Géographique National (IGN) in Paris zufolge wird Gadheim, ein Dorf nördlich von Würzburg, nach dem Austritt Großbritanniens das neue geografische Herz der EU sein.

Auf der Zugfahrt dorthin traf ich den Soziologieprofessor Heinz Bude, der auf dem Weg nach Kassel war und zufällig in meinem Wagen saß. »Wissen Sie«, sagte er, »mir ist durch die ganze Brexit-Debatte klar geworden, wie wenig wir Europäer uns gegenseitig verstehen – wie unterschiedlich wir alle sind.«

In Gadheim, einem Weiler von nur 78 Seelen, traf ich auf Einheimische, die sich bereits euphorisiert Gedanken darüber machten, wie sie die Mittelpunktstelle – die neue Sehenswürdigkeit von Gadheim – markieren sollten. Sie gehörten zu den optimistischsten Brexit-Betrachtern, die mir je untergekommen waren. Karin Keßler, die Bäuerin, in deren Winterrapsfeld sich der »Nabel Europas«, wie sie selbst sagt, befindet, sagte im Scherz, jetzt habe der Brexit wenigstens auch mal einen positiven Effekt.

Meine eindrücklichste Begegnung dort war die mit Kurt Adelmann, einem 82 Jahre alten pensionierten Telekommunikationstechniker, der mir sagte, es sei ihm ein Rätsel, warum überhaupt irgendjemand aus der EU austreten wolle. Als er von dem neuen Mittelpunkt Europas erfuhr, sei er mit dem Auto von seinem Seniorenwohnheim im nahe gelegenen Veitshöchheim über den Feldweg entlang der fränkischen Hügel gefahren, um die Stelle zu fotografieren, ganz fasziniert von der Vorstellung sich ändernder geografischer und politischer Mittelpunkte, von denen er im Laufe seines Lebens eine ganze Reihe erlebt hatte.

»Bei Kriegsende war ich ein Junge von neun Jahren«, erzählte er mir bei Tee und Kuchen im örtlichen Café. »Aber ich erinnere mich noch gut an die Fliegerangriffe auf die Gegend hier und dass ich große Angst hatte vor dem Grab eines deutschen Soldaten, das in dem Wald lag, in dem wir spielten. Die Tatsache, dass wir seit 70 Jahren in Frieden leben, weiß ich sehr zu schätzen, und ich denke, die EU war der beste Weg, um diesen Frieden zu garantieren. Wer auch immer Zweifel an Europa hat, der sollte öfter mal Militärfriedhöfe besuchen.«

Gleichzeitig freute er sich jedoch auch, dass Gadheim jetzt bekannt werden würde. »Wenn es überhaupt einen Gewinner des Brexits gibt, dann ist das vielleicht Gadheim«, sagte er schmunzelnd, als er mich am Bahnhof absetzte, wo ich wieder in den Zug stieg.[61]

Auf dem Rückweg nach Berlin traf ich erneut auf Heinz Bude, der diesmal im Zugrestaurant saß. Ungefähr zwei Wochen später war ich Teilnehmerin einer Paneldiskussion, zu der die Deutsch-Britische Gesellschaft an der Berlin-Brandenburgischen Akademie der Wissenschaften am Gendarmenmarkt geladen hatte. »Europa nach dem Brexit – Was hält uns zusammen?«, so der Titel der Veranstaltung. Mit mir in der Runde saßen Dr. Petra Bahr, die Landessuperintendentin für den Sprengel Hannover, und – Professor Heinz Bude. Es war eine herzliche, unterhaltsame Begegnung.

SCHON WIEDER WAHLKAMPF

Am 18. April 2017 setzte Theresa May vorgezogene Neuwahlen fürs britische Unterhaus an, wahrscheinlich, um sich Unterstützung zu sichern für die vor ihr liegenden schwierigen Brexit-Verhandlungen mit Brüssel. In den Stunden, die ihrer Regierungserklärung vorausgingen, war schon spekuliert worden, ob sie Nordkorea den Krieg erklären würde. Die Aufregung war jedenfalls groß. In gewichtigem Ton trug sie dann vor der Tür von Downing Street Nr. 10 ihre Ankündigung vor, wobei sie gespenstisch ausgeleuchtet wurde, so als stünde sie auf einem Filmset. Sie wiederholte ihre Phrasen, die sie mittlerweile so oft benutzt hatte, dass sie zunehmend müde klangen – und keinen Deut überzeugender als zu Beginn: »Wir werden das Beste für uns heraushandeln und Britannien wieder groß machen« und so weiter und so fort. Die Ankündigung der Neuwahlen löste allenthalben große Anspannung aus, denn viele befürchteten eine Neuauflage der unruhigen Zeiten vor dem Referendum.

FAMILIENTREFFEN POST BREXIT Sechs Tage später reiste ich mit meiner Familie im Zug von Berlin nach Großbritannien. Die Bahn ist unser bevorzugtes Transportmittel, wir benutzen es in Deutschland gerne und dankbar. Trotz der Unzufriedenheit, die die Deutschen der Bahn gegenüber regelmäßig empfinden, ist es für mich auch hier wie bei der Kinderbetreuung und der Gesundheitsversorgung: Ich muss sie nur kurz mit den entsprechenden Einrichtungen in Großbritannien vergleichen und schätze mich sofort glücklich, sie zu haben.

Nur die Buchung dieser Reise war ein Albtraum gewesen und hatte ein grelles Schlaglicht auf gewisse Schwerfälligkeiten des EU-Lebens geworfen – freier Personenverkehr hin oder her. Der Fahrkartenkauf war ein kompliziertes Chaos, nicht zuletzt deshalb, weil man nicht online buchen konnte. Außerdem: In Deutschland fahren Kinder umsonst, in Belgien dagegen muss mein dreijähriger Sohn auf meinem Schoß sitzen und darf keinen eigenen Platz belegen, wohingegen er in Großbritannien wieder einen Platz haben darf, dafür aber bezahlen muss. Und zwar eine Menge ...

Trotz der Komplikationen schafften wir es zum Bahnhof St. Pancras International – wie immer eine aufregende Ankunft: statt der Landung an einem seelenlosen Flughafen direkt mittenrein ins Londoner Gewühl und Gewusel. Wir fuhren weiter nach Brighton an die südöstliche englische Küste, wo wir uns mit meinen Eltern treffen wollten.

Mein Mann und ich hatten uns vorgenommen, das Thema Brexit zu umschiffen – was schon per se ein Ding der Unmöglichkeit war, schließlich brüllte es einen auch in der ersten Jahreshälfte 2017 noch tagtäglich aus den Schlagzeilen heraus an. Mein Vater machte unseren hehren Plänen dann endgültig einen Strich durch die Rechnung, als er beim Abendessen verkündete, es habe bei ihm ein Sinneswandel stattgefunden: Obwohl er beim Referendum noch gegen den Brexit gestimmt hatte, sei er mittlerweile doch einer Meinung mit meiner Mutter und hielte den Brexit für eine gute Idee. »Was passiert ist, ist passiert«, meinte er. »Und wisst ihr, wir haben immerhin einen Krieg überstanden und die ganze Armut hinterher – wer damit fertigwird, wird mit allem fertig.«

Es klang, als spräche er von etwas, das Großbritannien passiert, im Sinne von »angetan worden« sei – wie eine Naturkatastrophe, bei der man keine Wahl hat, als mit den Folgen irgendwie zurande zu kommen. Er weigerte sich, der Tatsache ins Auge zu sehen, dass das Leben im Vereinigten Königreich teilweise im Chaos zu versinken begann, dass zum Beispiel der staatliche Gesundheitsdienst, der sowieso schon am Rande des Zusammenbruchs stand, den Exodus von Hunderttausenden EU-Arbeitnehmern nicht verkraften dürfte.

Aber nein, wiederholte er beharrlich, unser Gesundheitssystem sei bedroht, weil manche Leute es missbrauchten und mit nichts weiter als einem kratzenden Hals in die Notaufnahme gingen. Dazu die steigenden Zahlen derjenigen, die sich einer Geschlechtsumwandlung unterzögen, für umsonst. »Und unterdessen muss deine Mutter sich privat versichern, damit ihr wenigstens mal jemand die Krampfadern macht!« Großbritannien, so glaubte er, habe »die Energie und das Talent, die Sache durchzuziehen«. Die Arbeitnehmer aus der EU brauche es nicht, es würden von sonst wo auf dem Globus schon genügend Menschen kommen. Aber auf die Frage hin, wie es denn jetzt weitergehen solle mit ihrer polnischen Putzfrau und deren Mann, der auf hiesigen Bauernhöfen als Landarbeiter tätig war, wichen meine Eltern aus.

Meine Mutter verhielt sich uns allen gegenüber überaus einsilbig. Nur als mein Bruder Protest einlegte gegen ihre Position und fragte, ob sie denn auch über die Zukunft ihrer deutsch-britischen Enkelkinder nachgedacht habe, sagte sie: »Bitte versteh doch – ich habe nichts gegen Europa, sondern nur gegen die EU.«

Erst als es uns mühsam endlich gelang, das Thema Brexit ad acta zu legen, schafften wir es in diesem April 2017, eine schöne Woche miteinander zu verbringen und einfache Dinge zu tun, wie Fish and Chips am Strand zu essen, Kieselsteine ins Meer zu werfen und durch die verschlungenen Sträßchen von Brighton zu schlendern. An einem Freitagabend saß ich eingeklemmt zwischen meiner Mutter und meinem Vater auf dem Sofa, fühlte mich wieder wie eine 13-Jährige und sah mir mit ihnen das Nachrichten-Comedy-Quiz *Have I Got News For You* im BBC-Fernsehen an, in dem – ähnlich der deutschen *heuteshow* – die Geschehnisse der vergangenen Woche satirisch aufs Korn genommen werden, was meine Familie schon immer besonders gern gesehen hatte.

Es hatte etwas Absurdes, wie wir dasaßen und alle drei über die gleichen Witze lachten, die meisten über den Brexit oder die anstehenden Wahlen. Es wurde gespöttelt über Abgaben auf Plastiktüten und über schwulen Sex (im Zusammenhang mit den Gesetzen zur

Homoehe), es ging um die Forderung nach mehr gesetzlichen Feiertagen und um den Hummus-Engpass in den Supermärkten. Ein Wähler, der in einer Bibliothek im nordenglischen Bolton interviewt wurde, sagte über Theresa May: »Sie könnte einem Müllsack entsteigen, und ich würde sie immer noch wählen – ich meine keinen Leichensack, sondern nur einen Müllsack.«

Die Hummus-Sorgen drehten sich darum, dass in jener Woche die Hummus-Bestände aus den Supermärkten zurückgerufen worden waren, weil sich Kunden beschwert hatten, der Kichererbsen-Sesam-Dip, der im Laufe der vergangenen 20 Jahre zur Konstante auf den Einkaufslisten der meisten Mittelklasse-Familien geworden ist, sei »schaumig« gewesen und habe auf der Zunge »geprickelt«. »Für uns Angehörige der liberalen, großstädtischen Eliten ist das im Vergleich mit dem Brexit die größere Katastrophe«, sagte Robert Peston, der politische Redakteur des TV-Senders ITV (und ein leidenschaftlicher Remainer). Ich und meine Mutter, beide große Hummus-Fans, kringelten uns vor Lachen.

Im Anschluss ging es noch um die Ängste, spanische Schnecken könnten ins Vereinigte Königreich einfallen und sich zu einer neuen Art Superschnecke entwickeln, die in diesem Sommer Gärten und Kornfeldern den Garaus machen würde. Die Analogie zur Invasion der Arbeitskräfte aus der EU war natürlich nie weit. Wieher, wieher.

War das jetzt besonders britisch? Der Witz als Ventil? Wir waren in diesen Momenten auf jeden Fall stärker über unseren Sinn für Humor miteinander verbunden als über irgendetwas sonst. Es verschaffte uns eine gewisse Erleichterung und nahm die Spannung raus. Mir fiel zum ersten Mal auf, dass es in der Tat eine wesentliche Funktion des britischen Humors ist, nicht nur eine anstrengende Realität erträglicher zu machen, sondern auch Gleichheit und Einigkeit herzustellen.

Als ich gegen Ende der gemeinsamen Urlaubswoche mit meinem Vater am Segelhafen von Brighton spazieren ging, konnte ich mir meine Fragen nicht länger verkneifen und nötigte ihn, mir zu erklären, warum um alles in der Welt er jetzt anders über den Brexit dachte. Er sagte, der Hauptgrund sei, dass »der befürchtete und für die Zeit nach dem Brexit vorausgesagte wirtschaftliche Zusammenbruch nicht eingetreten ist. Mein Rentenfonds steht immer noch unglaublich gut da.«

»Aber Dad, der Brexit ist doch noch gar nicht über die Bühne, und es kann doch nicht sein, dass es dir nur um den Markt und deine Rente geht!« Ratlos redete ich auf ihn ein. Aber von meinen Argumenten – Frieden, Wohlstand – wollte er nichts hören, zitierte vielmehr den Krieg in Jugoslawien herbei und die Eurokrise, die sowieso lediglich ein Mythos sei, und sagte dann, die Deutschen hätten zu viel Macht in der EU.

Kurz vor unserer Abreise wollte mein Vater dann noch von mir wissen: »Hast du eigentlich mittlerweile deine deutsche Staatsbürgerschaft?«

»Nein«, sagte ich, »aber ich habe den Antrag auch erst im Dezember gestellt, und sie haben gesagt, es dauert ungefähr ein halbes Jahr.«

»Ach du gute Güte! Da lassen sie sich aber mal gehörig Zeit, was?«

Dazu konnte ich nur lächeln.

Bevor der Zug abfuhr, drückte meine Mutter mir ein Buch in die Hand, *Schreibers Stehauf-Bilderbücher: Von Hasen und Hasenkindern* in der Ausgabe von 1938, das ihr Vater ihr aus dem Krieg mitgebracht hatte. In kleiner, geschwungener Handschrift stand vorne in blauer Tinte die Widmung: »*Xmas 1945 – To Joan with love from Daddy xxx*«. Mit feuchten Augen sagte sie: »Ich denke, das solltest du haben, schließlich können deine Kinder es verstehen. Ich konnte das nie.«

Was mir während unseres Besuchs in Brighton stark auffiel und mich sehr amüsierte, war, wie kreativ sich die englische Sprache bereits an den Brexit-Status angepasst hatte. In die Alltagssprache hatten neue Wörter Einzug gehalten, beispielsweise der bereits erwähnte *Brexshit*, aber auch der *Remoane*r (ein Wortspiel aus *Remainer* und *Moaner* – also jemand, der in der EU bleiben möchte und deswegen rumjammert) und der *Cakeism*, der das Gefühl beschreibt, dass Theresa May, wie ein englisches Sprichwort sagt, »*wants to both have her cake and eat it*«, also auf allen Hochzeiten gleichzeitig tanzen will. *Bregret* beschreibt das Bedauern, für den Brexit gestimmt zu haben, *Brexodus* die (erwartete) Auswanderung einer großen Zahl von EU-Bürgern aufgrund des Brexits, und die *Brextremists* sind diejenigen, die den Brexit um jeden Preis wollen. Den Begriff *Brexcosis* wiederum hat sich Boris Johnson ausgedacht, um der Angst einen Namen zu geben, die der Gedanke an den Brexit den – in seinen Augen weltfremden – Brexit-Gegnern macht. Von *Brexcosis* könnte aber gleichermaßen auch ein Remainer sprechen, der dann allerdings die Selbsttäuschung meinen würde, an der die Brexit-Befürworter leiden. Ich muss sie einfach lieben, diese Kreativität der englischen Sprache. (Diese Brexit-Sprachspiele erinnern mich übrigens an den deutschen Hang, Friseursalons mit besonders schrägen Namen zu bedenken. Mir ist von *Haarem* und *Sahaara* über *Hairdonizm* und *Hair-Reinspaziert* schon alles begegnet. Woher kommt das bloß? Und warum sind Metzger oder Parteien nicht genauso kreativ? Das musste ich jetzt einfach mal loswerden …)

SCHWIERIGE VERHANDLUNGEN Am Sonntag, den 30. April 2017, drehte die britische Presse total durch wegen einer Geschichte, die in der *Frankfurter Allgemeinen Sonntagszeitung* stand.[62] Die Brexit-Verhandlungen seien sehr schlecht aus den Startlöchern gekommen, schrieb die Zeitung. Jean-Claude Juncker habe Theresa May am vergangenen Mittwochabend bei einem Essen in der Downing Street gewarnt, der EU-Block würde in die Gespräche über ein zukünftiges Freihandelsabkommen gar nicht erst einsteigen, wenn die britische Regierung nicht zu einem Konsens bezüglich der geschätzt 60 Milliarden Euro schweren, offenen Rechnung für den Scheidungsvertrag sowie der EU-Bürgerrechte finden würde.

Am folgenden Tag war May größtenteils damit beschäftigt, den Bericht als »Gerücht« abzutun. Aber aus Junckers nächstem Umfeld sickerte nach diesem offenbar unangenehmen Abendessen durch, man schätze die Wahrscheinlichkeit eines Scheiterns der Gespräche, bevor sie überhaupt begonnen hätten, mittlerweile auf »über 50 Prozent«. Am folgenden Vormittag soll Juncker Angela Merkel angerufen und zu ihr gesagt haben, May lebe »in einer anderen Galaxie«. In ihrer direkt darauf vor dem Bundestag gehaltenen Regierungserklärung adressierte Merkel May mehr als nur indirekt, als sie davon sprach, London solle sich hinsichtlich seiner Zukunft besser keine »Illusionen machen«.

May, zu diesem Zeitpunkt im nordenglischen Lancashire auf Wahlkampftour, sagte vor Reportern: »Aus dem, was mir bislang davon bekannt ist, schließe ich, dass es sich um Brüssel-Gerüchte handelt. Immerhin hat ja die Europäische Kommission direkt nach dem betreffenden Abendessen gesagt, die Gespräche seien konstruktiv gewesen.« Sie fügte hinzu: »Das zeigt aber auch, wie hart die Verhandlungen werden.« Die kommende Unterhauswahl sei von zentraler Wichtigkeit, wenn Großbritannien mit einer »starken und stabilen Führung« in die Verhandlungsgespräche gehen wolle.

Es hieß, May habe Juncker bei diesem Abendessen, das die *F. A. S.* als »das desaströse Brexit-Dinner« betitelte, gesagt, Großbritannien schulde der EU vom rechtlichen Standpunkt aus betrachtet keinen Penny und das brennende Thema der Bürgerrechte – also der Frage, was mit den im Vereinigten Königreich lebenden EU-Bürgern beziehungsweise mit den im Rest von Europa lebenden britischen Bürgern passieren solle – könne auch noch zu Beginn der Verhandlungen geklärt werden. Sie sagte ihm offenbar auch, dass EU-Bürger künftig nicht erwarten dürften, in puncto Leben und Arbeiten im Vereinigten Königreich mehr Rechte zu haben als andere nicht britische Bürger.

Der angeblich schwer verärgerte Juncker erwiderte offenbar, dieses Szenario werfe sehr wahrscheinlich erhebliche Probleme auf, schließlich genössen EU-Bürger zum jetzigen Zeitpunkt besondere Rechte.

»Ich glaube, du unterschätzt das, Theresa«, soll er dem *F. A. S.*-Bericht zufolge gesagt haben. Aber seinen Totschlag-Satz ließ er bei der Verabschiedung fallen, als er zur Premierministerin gesagt haben soll: »Ich verlasse die Downing Street zehnmal skeptischer, als ich vorher war.« Diese durchaus detaillierten, auf verlässlichen Quellen beruhenden Berichte setzten den Ton für die anstehenden Verhandlungsrunden und gaben einen Vorgeschmack davon, wie kompliziert das Ganze werden würde.

Zurück in Berlin beschlich mich das Gefühl, dass wir längst mittendrin steckten. Zusammen mit unserem neuen Brüssel-Korrespondenten Daniel Boffey und Toby Helm, dem leitenden Politikredakteur des *Observer*, schrieb ich ein Stück darüber, wie die Debatte über die sogenannte Brexit-Scheidungsrechnung zu einem schonungslosen, feindseligen Schlagabtausch geraten war.[63]

Wir stiegen in die Geschichte ein, indem wir zunächst Junckers Anruf auf Merkels Handy am Morgen nach dem desaströsen Dinner nacherzählten, und wie nur 90 Minuten später seine Bedenken in ihre Regierungserklärung eingeflossen waren. »Liebe Kolleginnen und Kollegen ... Ich habe das Gefühl, dass sich einige in Großbritannien darüber noch Illusionen machen. Das aber ist vergeudete Zeit«, hatte Merkel gesagt und sich damit auf Mays beharrliche Weigerung bezogen, erst eine Einigung übers Finanzielle zu erzielen, bevor das Handelsabkommen zustande kommen könne.

Der deutsche Europaabgeordnete David McAllister, zur Hälfte Schotte, drängte unterdessen beide Verhandlungsseiten dazu, sachorientiert zu bleiben, und sagte: »*Just keep calm and carry on.*«

LEITKULTUR, PUMPERNICKEL
UND MEIN GROSSER TAG

Wegen der anhaltenden politischen Aufregung, die für Korrespondenten immer auch viel Arbeit bedeutet, machte ich die Post, die bei meiner Rückkehr nach Berlin Anfang Mai auf meinem Schreibtisch lag, erst spät auf. Ich stellte also erst nach mehreren Tagen fest, dass dort auch ein Schreiben lag, in dem stand, mein Einbürgerungsantrag sei bearbeitet. »Sehr geehrte Frau Connolly, es freut mich, Ihnen mitteilen zu können, dass ich Ihrem Antrag entsprechen und Sie einbürgern darf«, stand darin. Meinem Antrag werde stattgegeben. Ich würde also tatsächlich Deutsche werden.

Damit mir die Einbürgerungsurkunde ausgehändigt werden könne, müsse ich nur noch die ausstehende Gebühr bezahlen und darüber eine Quittung einreichen. Die Erläuterung dafür stand in den folgenden Sätzen: »Gemäß Paragraf 38 Absatz 1 StAG ist für die Einbürgerung eine Gebühr zu erheben, die gemäß Paragraf 38 Absatz 2 Satz 1 StAG 255,– Euro beträgt.« Und damit war auch das noch geklärt.

PREUSSISCHE TUGENDEN Wie bei der Bundestagsdebatte über die wachsende Zahl der die deutsche Staatsbürgerschaft beantragenden Briten, der ich im Herbst 2016 beigewohnt hatte, beschlich mich auch jetzt das Gefühl, dass die voll entbrannte Leitkultur-Debatte sich direkt an mich richtete. Gleichzeitig sollte ich für meine Zeitung darüber schreiben. Im Vereinigten Königreich war man sehr fasziniert von den Diskussionen, die in Deutschland darüber geführt wurden, denn auch dort wurde wild darüber gestritten, was jemand zu sein oder zu tun hatte, bevor er sich »Brite« nennen durfte.

In Deutschland hatte allen voran Thomas de Maizière, führender Christdemokrat und amtierender Innenminister, eine Gastkolumne im Boulevardblatt *Bild am Sonntag* dafür benutzt, die Frage »Wer sind wir? Und wer wollen wir sein?« zu stellen – eine philosophische Frage wie aus dem Lehrbuch.[64] Er bezog sich auf die Leitkultur als einer unerlässlichen »Richtschnur für das Zusammenleben« von Deutschen und Einwanderern und nahm umfassend und kritisch in den Blick, was – in seinen Augen – alles dazu beigetragen habe, das moderne Deutschland zu formen, von der klassischen Musik über die Philosophie bis hin zur Nazizeit, dem dunkelsten aller Kapitel.

Die Botschaft, die ich persönlich aus de Maizières Essay mit nach Hause nahm, war, dass ich offenbar dringend Goethe lesen und anderen zur Begrüßung die Hand geben musste. Am Rande bemerkt: Auch wenn ich dieses ständige Händeschütteln schon gut intus habe, so finde ich die Selbstverständlichkeit, mit der es hierzulande – sogar unter Kindern – ausgeübt wird, doch immer noch gleichermaßen belustigend wie liebenswert. Es ist für mich so normal geworden, dass ich manchmal sogar britischen Freunden die Hand hinhalte, die sich durch diese Geste allerdings in die 1950er-Jahre zurückversetzt fühlen. Aber mit Betretenheit muss ich zugeben, dass ich bislang bis auf das ein oder andere Gedicht noch nicht das geringste Fitzelchen Goethe gelesen habe …

Sehr viel interessanter allerdings als de Maizières Manifest, das nur wenig mehr war als ein schlecht getarnter Versuch der CDU, einen Verhaltenskanon für Neuankömmlinge in Deutschland zu erstellen und so die AfD-Anhänger zu beschwichtigen, gestaltete sich die daran anschließende Debatte darüber, was es wirklich heißt, deutsch zu sein.

Alles sei eine Frage der Perspektive, zu diesem Schluss kam Nina Pauer in ihrer Glosse, die in der Wochenzeitung *Die Zeit* als Antwort auf de Maizière erschien.[65] Deutsche Leitkultur, das reiche von Brot mit Kruste über Kaffee und Kuchen bis hin zum *Tatort* am Sonntagabend und »Eltern haften für ihre Kinder«. Vor allem aber bedeute es eines: »In Deutschland wollen wir, dass alle es so machen wie wir. Denn: Wir machen alles am besten«, schrieb Pauer.

Auch andere deutsche Journalisten listeten reihenweise weitere Merkmale des »Deutschseins« auf, von einem Faible für Socken in Sandalen über Schnäppchenjagden und Hypochondrie bis hin zur Angewohnheit des Wildpinkelns, was, wie ich erst später erfuhr, im Deutschen offenbar für das Pinkeln in aller Öffentlichkeit steht. Man lernt nie aus.[66]

Ich persönlich würde im Übrigen noch mit hinzunehmen wollen: ungesalzene Butter, elegantes Auf- und Absteigen beim Fahrradfahren, die Wissenschaft der Mülltrennung, Weizenbier, Pumpernickel, Direktheit, Halstücher, das Klatschen im Flugzeug, Mineralwasser, der Hang zum Glauben an mysteriöse Dinge wie Homöopathie, Ehrlichkeit (siehe das Fahrkartensystem in der U-Bahn), Kreislaufprobleme und ein gewisses Ironiedefizit.

Unterdessen wandte sich die BBC auf der Suche nach Erklärungen zur deutschen Leitkulturdebatte an den deutschen Komiker Christian Schulte-Loh, der in Comedy-Sendungen im Vereinigten Königreich seit einigen Jahren recht regelmäßig auftritt und auch im Berliner *Quatsch Comedy Club* auf der Bühne steht.

»Leitkultur ist wie ein Handbuch zur Frage, wie man als echter Deutscher zu sein hat«, sagte er am 3. Mai 2017 in der BBC-Radio-Nachrichtensendung *The World Tonight* der Moderatorin Ritula Shah. »Ich glaube aber trotzdem nicht, dass irgendeine Leitkultur das Deutsch-Sein definiert. Was ist deutsch? Eine gute Frage. Vielleicht ein kleines bisschen unhöflich zu sein? Sehr direkt zu sein, das ist ziemlich deutsch. Pünktlich zu sein, definitiv. Früh aufzustehen. Die Deutschen stehen früher auf als jede andere Nation auf der Welt – was definitiv etwas mit Konkurrenzdenken zu tun hat. Früh aufzustehen und für jede Situation gewappnet zu sein, ist einerseits natürlich extrem langweilig, andererseits aber auch ziemlich effizient.«

»Könnten Sie das mit dem Britisch-Sein vergleichen?«, fragte Ritula Shah. »Die Briten sind sehr höflich, *aren't they*?«, antwortete Schulte-Loh. »Das habe ich zumindest mal gelesen, glaube aber, dass es stimmt:

Die Briten sind zu höflich, um ehrlich zu sein, und die Deutschen sind zu ehrlich, um höflich zu sein.«

Ich merkte, wie gebannt ich ihm beim Zähneputzen lauschte. Zum Schluss seiner überraschend pointierten Analyse sagte Schulte-Loh, er glaube nicht, dass Deutschland eine Leitkultur brauche, schließlich sei es ein aufgeschlossenes Land mit vielen angrenzenden Nachbarländern, in dem Menschen von überall auf der Welt willkommen seien – und außerdem hielten Deutsche sowieso nicht mit ihrer Meinung hinterm Berg, wenn jemand in ihren Augen etwas falsch mache. »Wer einen Grammatikfehler macht, kann sich darauf verlassen, sofort von einem Deutschen verbessert zu werden«, sagte er.

DOPPELTE STAATSBÜRGERSCHAFTEN Natürlich flossen die von de Maizière aufgerufenen Ideen auch ganz ernst in die erbitterte Diskussion über die doppelte Staatsbürgerschaft ein, die einige CDU-Politiker nach dem türkischen Verfassungsreferendum im April 2017 gern abgeschafft hätten. Von den 660 000 in Deutschland lebenden türkischen Staatsbürgern, die sich an dieser Wahl beteiligt hatten, hatten mehr als 400 000 für die Reformen von Präsident Erdoğan gestimmt, was sie automatisch mit bohrenden Fragen konfrontierte, wie um alles in der Welt sie denn beiden Ländern gegenüber loyal sein wollten.

Auch ich hatte diese Frage gestellt bekommen. Zuerst von meinem Ornithologen-Nachbarn, der eines Abends, als er von der Arbeit nach Hause kam, auf der Treppe stehen blieb und zu mir sagte: »Es ist doch sicher unmöglich für Sie, zwei Ländern gegenüber loyal zu sein. Man sollte Sie zwingen, sich für eines von beiden zu entscheiden.«

Die beste Replik auf solche Aussagen begegnete mir in der *New York Review of Books* in einem Essay von Fintan O'Toole, der für mich der beste noch lebende Publizist im heutigen Irland ist.[67] O'Toole schrieb seinen Text zu einem Zeitpunkt, als das Problem mit der

irischen Grenze – also die strittige Frage, ob an der 500 Kilometer langen Grenze zwischen Nordirland und der Republik Irland nach dem
Brexit eine harte Zoll- und Einwanderungsgrenze errichtet werden
solle – zu einem der Knackpunkte in den Brexitverhandlungen wurde.
Auf dem Spiel stand nichts Geringeres als das komplexe Friedensabkommen, das zwar einen 30-jährigen Konflikt beendet hat, trotzdem aber voller fragiler Kompromisse und Mehrdeutigkeiten steckt,
die von allen Seiten getragen werden. Wenn der Brexit eine Grenze
quer über die kleine Insel ziehen sollte, würde nicht nur dieses Abkommen zur Disposition gestellt, sondern zwischen beiden Teilen der
Insel auch eine gewaltige physische Hürde errichtet, die für nichts
anderes stünde als für eine große Respektlosigkeit gegenüber den dort
lebenden Menschen und den historischen Anstrengungen, die notwendig waren, den friedlichen Status quo zu erreichen.

O'Toole schrieb in seinem Artikel, der Kern des Problems sei kein
technokratischer, sondern einer der nationalen Identität und der Frage, welche politische und institutionelle Form diese annehmen solle.
Aufgrund des Konflikts zwischen dem Norden und dem Süden, so
O'Toole, habe Irland unweigerlich ein komplexes und fließendes Verständnis von nationaler Identität entwickelt, England hingegen sei
»zurückgekehrt zu einem simplifizierenden, statischen«.

Das Karfreitagsabkommen, von dem der Frieden in Nordirland abhängig sei, erkenne »allen Menschen in Nordirland qua Geburt das
Recht zu, sich wahlweise als Iren oder Briten oder beides zu identifizieren und auch als solches akzeptiert zu werden«. Somit mache das
Abkommen die nationale Identität und die sich daraus ableitende
Staatsangehörigkeit als eine Wahlmöglichkeit geltend. Mit diesem
Konzept – das in Referenden sowohl in Nordirland als auch in der Republik Irland eine überwältigende Zustimmung bekommen hat – stehe immer auch noch eine dritte Identität im Raum, eine, die weder
britisch noch irisch, aber trotzdem gleichgewichtig und -bedeutend
sei: die europäische. Kurz: Beiden Ländern sei deutlich bewusst, wie

wichtig die Verortung in der EU sein könne, wenn man Jahrhunderte der Feindschaft überwinden wolle.

Anders gesagt: Die Idee einer gemeinsamen europäischen Staatsangehörigkeit hat es den Menschen sehr viel einfacher gemacht, sich an die Vorstellung zu gewöhnen, dass die nationale Identität eines Menschen mehrere Dimensionen haben kann. Der Brexit jedoch fühlt sich an wie ein Anrennen gegen genau jene Idee, die dem Karfreitagsabkommen sein Leben eingehaucht hat: die Überzeugung, dass eine moderne Nationalität notwendigerweise fließend, offen und vielschichtig ist.

Der englische Nationalismus, der jahrelang begraben lag unter den größeren Konstrukten von Britischem Empire und Vereinigtem Königreich, zeigt wieder sein hässliches Gesicht. Das Empire ist Vergangenheit, und das Königreich entgleitet der englischen Kontrolle (siehe das Friedensabkommen in Irland und die administrative Unabhängigkeit von Schottland und Wales). Großbritanniens Anspruch, eine global relevante militärische Macht zu sein, ist im Großen und Ganzen dahin (siehe Irak und Afghanistan). Das alles, so O'Toole, dürfte zu einer Loyalitätsverschiebung beigetragen haben – hin zu England und weg von Großbritannien. Bei der Volkszählung von 2011 entschieden sich 32,4 Millionen Menschen (57,7 Prozent der Bevölkerung von England und Wales) für »englisch« als ihre einzige Identität, wohingegen sich nur 10,7 Millionen (19,1 Prozent) ausschließlich einer britischen Identität zuordneten.

Ich habe oft den Eindruck, dass auch die Deutschen die englische Identität stärker empfinden als die britische. Auf Englisch würde ich sagen »*I am British*«, aber ich habe längst gelernt, auf Deutsch »Ich bin Engländerin« zu sagen. Und sehr viele Deutsche sagen gewohnheitsmäßig »England« oder »die Insel«, wenn sie eigentlich Großbritannien meinen.

O'Toole arbeitete heraus, dass der Brexit einerseits von »Empire-2.0-Fantasien« befeuert worden sei, von dem Wunsch nach einem wiederhergestellten weltweiten Handelsimperium, in dem die alten Kolonien wieder stärkere Verbindungen mit dem Mutterland eingehen. Andererseits sei die Brexit-Entscheidung eine Rebellion gewesen, die einen Unterdrücker brauchte, gegen den es sich aufzulehnen galt. Da es in England de facto keinen Unterdrücker gebe, so argumentierte O'Toole, »tat es not, einen zu erfinden. Durch die Jahrzehnte der Dämonisierung in den Zeitungen des Medienmoguls Rupert Murdoch und in der enorm einflussreichen *Daily Mail* war die Europäische Union prädestiniert für diesen Job.«

Das irische »Experiment«, wie O'Toole es formulierte, sei eine Legitimation gewesen für neue, offenere Formen einer nationalen Identität. Einem wieder erstarkten englischen Nationalismus in all seiner Derb- und Überholtheit könnten diese theoretisch jedoch wenig entgegensetzen. Aber so, wie die Nordiren in den letzten Jahren gleichzeitig irisch und britisch hätten sein können, gebe es auch nach dem Brexit für sie die Möglichkeit einer gefühlten doppelten Identität: Auch wenn das Vereinigte Königreich aus der EU austrete, würden die Menschen dort gleichzeitig (als Iren) innerhalb und (als Briten) außerhalb der EU sein. Für mich ist diese kleine Formulierung im Karfreitagsabkommen – »*or of both*«, »oder beides« – enorm tröstlich. Ich bin Britin; ich bin Deutsche. Und Gott sei Dank bin ich auch noch Europäerin.

DIE ZEREMONIE Am 8. Mai sagte ich meiner Tochter, dass sie nur noch zweimal schlafen müsse, dann dürfe sie ein »Mittagskind« sein, schließlich würde ich Deutsche und wir müssten zu einem Festakt. Die Fragen kamen schnell und in großer Zahl. »Was ist ein Festakt?« »Ist Angela Merkel auch da?« »Sprichst du dann trotzdem noch englisch mit uns?« Ich: »Ja.« Tochter: »Mit deutschem Akzent?«

Das Thema schien in ihr zu arbeiten, denn als wir an diesem Morgen zur Kita radelten, brach es plötzlich aus ihr heraus: »Aber ich will nicht im Brexit sein!« Ich versuchte ihr zu erklären, dass der Brexit kein Ort sei, sondern eine Entscheidung und dass sich Großbritannien dazu entschieden habe, aus der EU auszutreten, was ihr aber keine Sorgen zu bereiten brauche. Denn ich würde ja Deutsche und wäre damit »raus aus dem Brexit«. Trotzdem hatte ich Schuldgefühle, weil ich meine Ängste im Laufe des vergangenen Jahres möglicherweise doch unbeabsichtigt an sie weitergegeben hatte und weil das, was sie da verstehen sollte, eigentlich viel zu kompliziert und abstrakt für sie war.

Am 9. Mai 2017 wurde ich noch einmal ins BAMF gebeten, zu einem vorbereitenden Gespräch »am Vorabend des großen Tages« um 16 Uhr nachmittags in Zimmer 0.010 in dem für mich zuständigen Rathaus. Da ich ja bereits darüber informiert worden war, dass ich noch die Verwaltungsgebühr zu entrichten hatte, hatte ich vor lauter Aufregung das Geld schon vorab via Online-Banking überwiesen, stellte aber dann fest, dass in einer Anmerkung unter dem Schrieb noch stand, »bitte keine Vorabeinzahlung vornehmen«. Ich hätte also das Geld bar und höchstpersönlich überreichen sollen.

Ich wartete im Flur darauf, dass ich aufgerufen wurde, und tauschte mich derweil mit Philip aus, einem Kameruner, der zusammen mit mir seine Einbürgerungsurkunde erhalten sollte. Frau G. empfing mich freundlich in ihrem Büro – nach den ganzen Monaten gefühlt verschwörerischer Tätigkeit verspürte ich ihr gegenüber eine Loyalität, die man vielleicht eher für eine Komplizin empfindet –, konnte dann aber ihren Ärger darüber, dass ich die Gebühr fälschlicherweise schon vorab überwiesen hatte, nicht verhehlen. Sie riet mir, meinen Text vor dem Badezimmerspiegel zu üben: »Ich erkläre feierlich, dass ich das Grundgesetz und die Gesetze der Bundesrepublik Deutschland achte und alles unterlassen werde, was ihr schaden könnte.« Ich versprach es ihr.

Sie teilte mir mit, dass ich eine von 18 sein würde, aber die einzige Britin in der Runde. Ich sah mich ein letztes Mal in ihrem Büro um – die Stempel in dem hölzernen Karussell auf ihrem Schreibtisch, der

Gummibaum. Sie öffnete das Fenster, und die Sonne kam herein an jenem kühlen Tag in einem Frühling, der bislang noch wenig sonnig gewesen war. Pflichtbewusst überreichte sie mir einen Plan von dem Gebäude, wofür ich ihr dankbar war, schließlich hatte ich mich bei früheren Gelegenheiten schon fürchterlich verlaufen, und zeigte mir, wie ich zu Zimmer 3.025 käme. Ich solle am morgigen Tag aber doch lieber 10 bis 15 Minuten vor Beginn der Feier um 14 Uhr da sein.

Bevor ich ging, fragte sie noch: »Übrigens, kann es sein, dass ich Sie im Fernsehen gesehen habe?«

»Das kann sein.«

»Sie haben über … den Brexit gesprochen, vielleicht?«

»Ja, das würde passen.« –

»Ja!«, sagte sie, geradezu erleichtert. »Das hat mich schon die ganze Zeit über gewurmt. Dachte ich doch, dass ich Sie erkannt habe.«

Es musste, fanden wir heraus, ein WDR-Dokumentarfilm über Europa gewesen sein, für den ich zum Brexit interviewt worden war, während ich im Hotel Adlon saß und sehnsüchtig aufs Brandenburger Tor hinausschaute. Dann fragte sie noch, ob ich mir vorstellen könnte, zu einem Sommerfest zu kommen, das der Bürgermeister im nächsten Jahr für alle Eingebürgerten ausrichten wollte, und vielleicht auf einer Bühne interviewt zu werden. Ich sagte, ich sei mir nicht sicher, ob ich etwas Interessantes zum Thema beizutragen hätte – und meinte, dass andere wahrscheinlich würdigere Geschichten über die Gründe zu erzählen hatten, warum sie die deutsche Staatsangehörigkeit angenommen hatten. Meine Gründe empfand ich im Vergleich zu Krieg und Hunger weiterhin als eher peinlich. Sie versicherte mir, meine Geschichte sei »so wertvoll und interessant« wie jede andere auch, vor allem, weil sie im vergangenen Jahr so viele Briten erlebt habe, die sich hatten einbürgern lassen. Das war der persönliche Höhepunkt unserer Beziehung. Ich bedankte mich herzlich für ihre Unterstützung auf diesem Weg. Sie sagte: »Auf Wiedersehen, bis morgen.«

Ich ging die Treppe hinunter zum Einwohnermeldeamt, um mir

einen Termin für die Abholung meines deutschen Personalausweises geben zu lassen. Meine drängendste Frage war, ob ich bei der Bundestagswahl am 24. September schon wählen dürfe, ein Recht, das mir viel zu lange verwehrt gewesen war. »Ja natürlich, das Wahlrecht haben Sie ganz automatisch«, informierte mich der Behördenmitarbeiter höchst sachlich.

Am Mittwoch, den 10. Mai, waren alle in meiner Familie aufgeregt, als sie sich auf den Weg machten zu Arbeit und Kita. Meiner Auslandsredaktion in London schickte ich eine kurze Nachricht, dass ich erst später wieder zu erreichen sein würde, weil ich ein paar »Behördengänge zu erledigen« hätte. Ich wollte nicht allzu viel Aufhebens darum machen, typisch britisch, außerdem war mir die Sache zugegebenermaßen immer noch etwas unangenehm. Vielleicht fürchtete ich auch ein bisschen, dass die Zeitung meine Entscheidung als Aufgabe meiner Unparteilichkeit werten könnte.

Die Schlagzeilen an diesem Tag wurden beherrscht von Emmanuel Macrons nahendem Amtsantritt und, wie so oft, von Donald Trump, der gerade den FBI-Direktor James Comey gefeuert hatte. Ich schrieb zwischendurch noch schnell eine bestellte Geschichte über Mauer- und Zauneidechsen – die offenbar eine Bedrohung für Stuttgart 21 darstellten. Als ich auf dem Weg war, um die Kinder abzuholen und mit ihnen zum Rathaus zu fahren, bekam ich schon eine E-Mail von einem Tierrechtsaktivisten namens Tom, der mir vorwarf, nicht erklärter auf der Seite der Eidechsen zu stehen – ein Vorwurf, dem ich entschieden zu widersprechen versuchte. In der Folge korrespondierten Tom, die Redakteurin und ich ausführlich über die Frage, wie gefährdet die Tiere nun wirklich seien … Mitten in dieser Korrespondenz traf zusätzlich noch eine E-Mail von einer Literaturagentin bei mir ein, mit der Frage, ob ich nicht ein Buch schreiben wolle übers Deutsch-Werden. Ich antwortete dankend und lehnte höflich ab – ich war bereits dabei, eines zu schreiben.

In der Kita angekommen, war die Freude der Kinder groß. Sie half mir, die Arbeit zu vergessen und mich auf das Anstehende zu konzentrieren. Martina, eine der Erzieherinnen, fragte, ob es stimme, dass wir zum Rathaus fahren würden, damit »Mama einen neuen Pass bekommt«? Ich erklärte, ja das sei richtig, und sie stieß ihre Faust mit einem Freudenschrei in die Luft und nahm mich fest in den Arm – bei Weitem die enthusiastischste Reaktion, die ich bislang von einer Deutschen erlebt hatte.

Wir stiegen aus der Straßenbahn und machten während des zehnminütigen Fußmarschs bis zum Rathaus einen kurzen Zwischenstopp bei einem libanesischen Obst- und Gemüsehändler, bei dem wir zwei Tüten Kirschen kauften. Als der Händler uns reden hörte, sagte er: »Oh, Sie sind Engländerin!« Ich entgegnete: »Ich werde aber jetzt gleich Deutsche!« Ihm fielen fast die Augen aus dem Kopf. »Mama, warum fand der Mann es so lustig, dass du Deutsche wirst?«, fragte meine Tochter, als wir weitergingen.

Als wir beim Rathaus ankamen, war meine Tochter ein bisschen enttäuscht, als sie feststellte, dass sie schon mal hier gewesen war. Ich glaube, sie hatte eine spektakulärere Party-Location erwartet. Aber dann freuten sich meine Kinder über das Konfetti, das andere vor dem Standesamt gestreut hatten, hoben es händeweise auf und warfen es fröhlich kreischend in die Luft. Nachdem ich sie abgeklopft hatte, fuhren wir hoch in den dritten Stock, wo sich bereits eine größere Gruppe vor dem Aufzug eingefunden hatte. Ich begrüßte Philip aus Kamerun und nickte anderen zu, mit denen es mir gelang, Blickkontakt herzustellen.

»Aber wenn Angela Merkel nicht kommt, wer dann?«, wollte meine Tochter beharrlich wissen. Ich versuchte ihr den Posten des stellvertretenden Bürgermeisters zu erklären. Die Anwesenden waren aus Vietnam und aus der Mongolei, aus Armenien und Kamerun, aus dem Irak und aus Syrien, aus Indien und Bolivien. Und ich aus dem Vereinigten Königreich. Dazu jede Menge Kinder und Babys, Menschen jeden Alters. Bald fiel mir auf, dass wir genau in den Raum gelotst wurden, in dem mein Mann und ich sieben Jahre zuvor getraut worden waren. Genau wie damals liefen auch jetzt Vivaldis *Vier Jahreszeiten* auf dem CD-Spieler. Ich kannte die kühl-blaue Innendekoration, die Töpfe mit den immergrünen Kletterpflanzen und den Kronleuchter.

Auch Frau G. war da, aufgetakelt wie zu einer Hochzeit. Ich war die dritte Anwärterin, die nach vorne gerufen und gebeten wurde, den Eid aufzusagen, den ich zu Hause eingeübt hatte. Der stellvertretende Bürgermeister fragte mich, wo ich geboren sei, und ich sagte, in einer Pendlerstadt im Londoner Speckgürtel, in Deutschland wahrscheinlich am ehesten bekannt als Geburtsort von Kate Winslet, Kate Middleton und … mir. Es fühlte sich sofort ziemlich dumm an, hier mit derartig unnützem Wissen anzukommen, aber der Bürgermeister lächelte höflich und drückte mir die Urkunde sowie eine gelb-pinke Rose in die Hand, zusammen mit einer Ausgabe des Grundgesetzes und der Verfassung des Landes. Ein Baby im Publikum kommentierte das Geschehen mit einem Gurgeln, und die letzten Reste von Anspannung lösten sich in Luft auf.

Ich fand es faszinierend, wie unterschiedlich die Leute sich verhielten, als sie ihre Urkunde in Empfang nahmen. Manche reagierten sehr emotional, manche waren geradezu stolzgeschwellt. Aber ein junger Mann mit Wollmütze und zerrissener Jeans sah dem stellvertretenden Bürgermeister nicht einmal in die Augen und gab dem weiblichen Personal sehr dezidiert nicht die Hand. Ich muss zugeben, ich hätte ihm die deutsche Staatsbürgerschaft vielleicht nicht ganz so bereitwillig gegeben, wenn die Entscheidung bei mir gelegen hätte.

Als alle dran gewesen waren, standen wir auf und sangen zur Begleitung aus dem CD-Player die Nationalhymne. Ich bemühte mich nach Kräften, die hohen Töne zu treffen, was mir zu meiner Erleichterung am Ende auch gelang.

Vor dem Trauzimmer standen wir noch eine Weile beisammen und stießen mit Sekt und Orangensaft an, während alle ihre ganz unterschiedlichen Geschichten erzählten, die sie bis hierher gebracht hatten. Ein Reporter und ein Kameramann von einem lokalen Fernsehsender waren da und filmten. Unterdessen rannten meine Kinder auf den marmornen Böden herum; und bald fiel mein Sohn hin und blutete an der Lippe, während Philip aus Kamerun ein Foto von mir und meinem Mann in genau dem blauen Zimmer machte, in dem wir auch geheiratet hatten. Als wir schließlich wieder draußen waren, blieb der Kopf meines Sohns zwischen den Gitterstäben des Rathauszauns stecken – meine Tochter sagte, er habe versucht, eine Szene aus *Feuerwehrmann Sam* nachzustellen – und er schrie so lange, bis wir ihn wieder aus den Stäben befreit hatten. Meine Tochter pflückte Gänseblümchen auf der Wiese. Beide Kinder waren enttäuscht, dass das Hochzeitskonfetti schon wieder aufgekehrt worden war. Wir posierten für ein paar Fotos. Danach gingen wir – aus dem einzigen Grund, dass wir auch nach unserer standesamtlichen Trauung dort gegessen hatten – in ein spanisches Restaurant. Aber es kam mir auch jetzt angemessen vor: eine Deutsch-Britin und ein Deutscher, die mit ihren deutsch-britischen Kindern Tortillas, Manchego-Käse und Boquerones essen und das alles mit San Miguel runterspülen. Sehr europäisch.

Bevor wir uns auf den Heimweg machten, rundeten wir den Nachmittag noch mit einem Besuch im nahe gelegenen Eissalon ab, der von einem Portugiesen und seiner Kölner Ehefrau geführt wird. Später, kurz vorm Zubettgehen, bedankte sich meine Tochter für den Tag: »*Thank you for your ceremony and that everything klappt*«, sagte sie. »*Thank you that I could be a* Mittagskind.« Sie erinnerte sich an jede Einzelheit dieses Tages: wie wir im Aufzug die 3 gedrückt hatten, wie sie mit dem Konfetti gespielt hatten, wie ihr Bruder sich den Kopf eingeklemmt und wie ich eine Rose bekommen hatte. Ohne konkret jemanden zu meinen, vor allem wohl für die Ohren meiner Kinder bestimmt, sagte ich: »*Thank you that I became German.*«

WENN KRANK, DANN AM BESTEN IN DEUTSCHLAND Ein paar Tage später war ich im Krankenhaus. Nach einer unkomplizierten Operation kam ich aus der Vollnarkose gerade wieder zu mir. Im Aufwachzimmer katapultierte die Schwester mich mit einer Brexit-Frage aus der Benommenheit. Wahrscheinlich dachte sie, so ließe sich besonders gut feststellen, ob ich auch wirklich wach war – und natürlich sprudelte es zwischen Infusionsständern und Menschen in Kitteln sofort aus mir heraus, was für negative Auswirkungen der Brexit auf das nationale Gesundheitssystem haben würde, wenn die Arbeitnehmer aus EU-Ländern nicht mehr einzahlten. Sie pflichtete mir bei: »Ich habe auch schon mal sehr ernsthaft in Betracht gezogen, zum Arbeiten dorthin zu gehen, einfach, weil die Bezahlung angeblich so viel besser ist. Aber jetzt denke ich da zweimal drüber nach, schließlich deutet nichts darauf hin, dass die EU-Arbeitnehmerrechte weiterhin gelten werden.«

Als ich später auf die Toilette musste, durfte ich mich auf eine gebürtige Jamaikanerin stützen, die sich als Schwester Conny vorstellte und die seit 45 Jahren in Deutschland arbeitete. Ich sei nicht zufällig Britin, wollte sie wissen. »Tatsächlich bin ich seit letztem Mittwoch Deutsche«, antwortete ich. Sie zeigte dieselbe Reaktion wie der Gemüsehändler vor dem Standesamt und quietschte vor Lachen. Was auch immer daran so lustig war – ich konnte nicht anders, als mitzuquietschen. Und fürchtete, dass meine Naht vor Lachen wieder aufgehen würde.

Ich war ungeheuer dankbar, in einem deutschen Krankenhaus zu sein – ein Gefühl, das sich auch bei der Geburt meiner beiden Kinder schon eingestellt hatte. Diesmal unterzog ich mich einem Eingriff, der, wie mir gesagt worden war, medizinisch unerlässlich, aber in Großbritannien trotzdem keine Kassenleistung mehr sei, wegen des unterfinanzierten, überbeanspruchten Systems. Wie viele öffentliche Dienstleister in Großbritannien ächzten auch die Krankenkassen fürchterlich unter dem Gewicht einer alternden Bevölkerung, des medizinischen Fortschritts, der Finanzierungslücken sowie der stetig steigenden Erwartungen der Patienten. Meiner Erfahrung nach ist man, wenn man wirklich krank ist, in Großbritannien zumeist in allerbesten Händen. Aber bei etwas banaleren, nicht ganz so dringenden gesundheitlichen Problemen kann man ewig und drei Tage warten, bis man vor einem Arzt steht.

Einen Termin beim Allgemeinmediziner zu bekommen, ist im Vereinigten Königreich so schwierig, dass die Menschen es im Normalfall gar nicht erst versuchen und sich mit Selbstmedikation behelfen – oder gleich mit einer ganzen Armada von Wehwehchen losziehen, die sich seit geraumer Zeit angesammelt haben. In einem Zeitfenster von fünf Minuten müssen sie die dann alle runterrasseln. Ich kann mir auch in Deutschland – wo man, wie ich seit Jahren immer mal wieder höre, im Durchschnitt aufsehenerregende 18 Mal im Jahr zum Arzt geht! – immer noch nicht die jedem Arzttermin vorausgehende Nervosität verkneifen. Außerdem habe ich ziemliche Ehrfurcht vor Ärzten. (Kein Zufall vielleicht, dass ich gleich einen geheiratet habe.)

Als ich mit meinen Kindern schwanger war, war ich ganz beeindruckt von der Menge an Zeit, die der Frauenarzt für mich hatte. Vor einer Reise durch Kalifornien – damals war ich im fünften Monat – gab er mir und meinem Mann eine ganze Liste an Restauranttipps, und ich habe sogar die Fernsehserie *Breaking Bad* mit ihm diskutiert. Sosehr ich die Unterhaltungen auch genoss: An den zeitlichen Aufwand, den er für mich betrieb, konnte ich mich nie so ganz gewöhnen, ja ich fühlte mich geradezu schuldig, dass ich ihm so viel von seiner kostbaren Zeit stahl.

Andere deutsche Krankheitsgepflogenheiten habe ich durchaus gern übernommen. So kippe ich mir beispielsweise, wenn eine Erkältung im Anflug ist, ein paar Ferrum-phosporicum-Kügelchen in den Mund und halte mich auch sonst an homöopathische Heilmittel, wenn Freunde sie mir empfohlen haben. Und das ohne das geringste Wissen darüber, wie und warum diese Kügelchen funktionieren sollten und ohne dass irgendjemand mir das je hätte stichhaltig erklären können. Dieser ausschließlich auf Psychosomatik beruhende Glaube an eine heilende Wirkung ist seltsam, aber – was soll's. Ebenfalls beruhigend finde ich das Wissen, dass es für so gut wie jede Erkrankung einen Kräutertee gibt und man alles von Salbei- bis hin zu Wermutkrauttee auf Lager haben kann. Eine Schachtel mit Himbeerblättertee, der bei einem überfälligen Baby die Geburt hätte einleiten sollen, habe ich letztens allerdings weggeschmissen.

Ich bin deutschen Ärzten außerdem dankbar, dass ich aufgrund an mir durchgeführter Tests von Unverträglichkeiten weiß, die ich offenbar habe und von denen ich in Großbritannien vermutlich nie erfahren hätte. Auch als Privatpatientin wäre ich dort nie in den Genuss dieser Tests gekommen, schlicht weil die Erwartung, medizinisch derart ins Detail zu gehen, nicht vorhanden ist. Aber jetzt weiß ich, dass ich eine Fruktoseintoleranz und eine Beifußallergie habe. Und ich werde sicher noch weitere Überraschungen erleben.

WER ERKLÄRT DIE REGELN? Unterdessen tobte in der Kita meiner Tochter ein Streit über die organisatorischen Feinheiten des Zuckertütenfests. Zunächst kam mir der Konflikt überaus deutsch vor: Es wurde darüber debattiert, wer was mitbringen sollte, denn die Einschätzungen, was und wie viel die Kinder erfahrungsgemäß essen würden, gingen weit auseinander, und dazu musste noch entschieden werden, wer das Geschenk für die Erzieherin kaufen sollte und was sonst noch zu besorgen sei. Zunächst wollte ich immer nur sagen: *Keep it simple*. Aber plötzlich steckte ich mittendrin in den Rivalitäten und Eifersüchteleien, die offenbar schon lange unter der Oberfläche gebrodelt hatten und jetzt, nach fünf Jahren, in denen die Kinder wunderbar betreut worden waren, ans Tageslicht kamen. Auch wenn ich liebend gern eine Handgranate in den Raum geworfen und gerufen hätte:»Seid doch nicht so deutsch, verdammt!«, hütete ich mich doch, das zu tun. Dabei war ich mir nicht sicher, ob ich mehr Angst davor hatte, dass man mir sagte: »Na, das bist du ja jetzt auch« – oder dass man mich bitten würde, mich als britische Außenseiterin doch bitte aus der Sache rauszuhalten.

Ich hatte in dieser Zeit durchaus Probleme, mich richtig einzusortieren, und stellte viel infrage. Offenbar musste ich mich jetzt auf Dinge einlassen, für die ich mich vorher – unbewusst? – nicht zuständig gefühlt hatte. Es mag sehr nebensächlich erscheinen, aber ich wusste noch nicht mal, wie ich im Supermarkt mit den Warentrennern umgehen sollte, diesen Dingern, die man an der Kasse aufs Band legt, um die Einkäufe der einzelnen Kunden voneinander abzuteilen. Die ungeschriebenen Regeln in dieser Angelegenheit waren mir in Deutschland schon immer ein Rätsel gewesen. In Großbritannien ist die Sache klar: Man nimmt sich den Trenner und legt ihn ans Ende des eigenen Einkaufs, damit die Person, die nach einem kommt, ihr Zeug aufs Band packen kann. Von der nachfolgenden Person wird ein Danke erwartet und es ist keinesfalls unüblich, dass sich an diese Geste ein kleines, nettes Gespräch anschließt, mindestens aber ein »You're welcome«.

In Deutschland hatte ich immer schon den Eindruck, dass die Regeln in dieser Sache unglaublich uneindeutig sind. Manchmal habe ich mich bei den Blicken, die ich eingeheimst habe, nachdem ich den Warentrenner hinter meinen Einkäufen aufs Band gelegt hatte, auch schon gefragt, ob mein Vorgehen eventuell als grob unhöflich empfunden wird – so, als hätte ich eine Grenze gezogen. Wenn ich mich dagegen bei der Person vor mir dafür bedankt habe, dass sie den Trenner hingestellt hat, habe ich entweder frostige Blicke oder gar keine Reaktion bekommen. Entsprechend verblüfft war ich, als eines Tages, als ich den Warentrenner auf dem Förderband platzierte, die Frau hinter mir Danke sagte und mich anlächelte. Mir gefiel ihre Offenheit, und ich nutzte die Gelegenheit, um sie zu fragen, wie es denn nun eigentlich üblich sei. »Ich habe nicht die geringste Ahnung«, gab sie zu.

Ich begriff, dass das für viele weitere Phänomene ebenfalls zutraf, von denen ich immer angenommen hatte, ich sei als Einzige unsicher, obwohl es tatsächlich den meisten anderen genauso ging – zum Beispiel bei der Mülltrennung. Niemand kann einem den Unterschied zwischen Gelber Tonne und Verpackungsmüll erklären. Man muss ohnehin nur von einem ins andere Bundesland fahren, und alles ist wieder ganz anders. Genauso beim Steuerrecht. Was für ein Hin und Her. Manchmal konnte mir noch nicht mal die Steuerberaterin klar sagen, was denn nun zu tun sei, um nicht aus Versehen das Gesetz zu brechen.

Auch wenn sie sich in einem Konzertsaal auf ihren Platz setzen, haben Deutsche einen anderen Verhaltenskodex als Briten: Wer sich in Deutschland auf dem Weg zum Sitzplatz an anderen Konzertgängern vorbeimanövrieren muss, tut das, indem er den bereits Sitzenden das Gesicht zuwendet. Ein Brite dagegen schiebt sich genau andersherum durch die Stuhlreihe, weil es ihm ansonsten vorkäme, als baue er viel zu viel Intimität auf.

Dann habe ich lernen müssen, dass einem in der Sauna recht wahrscheinlich mit der Hygienepolizei gedroht wird, wenn man es wagt, sie im Badeanzug zu betreten – was mir als Anfängerin ein einziges Mal passiert ist. Ob es erlaubt ist, mit einem Kind im Kindersitz oder in Begleitung eines Kindes, das mit dem eigenen Fahrrad fährt, auf dem Gehweg zu radeln, scheint ebenfalls Anlass für Meinungsverschiedenheiten zu bieten. Weswegen ich mich freute, als mir ein Verwandter kürzlich das ADAC-Magazin schickte, in dem die Vorgaben ausgeführt wurden. Aber wie schon gesagt: Ein Deutscher sagt einem so gut wie immer ganz von alleine, wenn man etwas falsch gemacht hat, weswegen es in den meisten Fällen die Mühe nicht wert ist, die Regeln selbst nachzuschlagen.

Ein anderer Vorfall stellte mich ernsthaft vor die Frage, ob ich mich wohl jemals eindeutig als das eine oder andere fühlen werde. Während eines Kanu-Wochenendes mit Verwandten und Freunden in der Nähe von Hamburg kehrten wir in einem Restaurant ein, wo wir sehr schlechte Spaghetti bolognese serviert bekamen. Als der Kellner die halb leeren Teller abräumen wollte, machte ich den Mund auf: »Vielen Dank, alles war sehr gut, nur die Spaghetti bolognese waren wirklich nicht so gut, das muss ich leider sagen.« Alle am Tisch grinsten breit, und als der Kellner weg war, meinte jemand: »Mensch, was warst du höflich – sehr britisch!« Dabei hätte ich mich früher im Lebtag nicht getraut, mich in einem Restaurant überhaupt zu beschweren. Belustigt erinnerte ich mich damals an eine ähnliche Situation in England, als ich mich in einem Restaurant geäußert hatte, wo etwas eindeutig nicht in Ordnung gewesen war – und meine Familie dann meinte, ich sei doch »sehr deutsch« geworden.

Ein Beweis dafür, dass alte Gewohnheiten sich nicht so einfach abstellen lassen: Wenn man in Großbritannien auf dem Gehweg mit anderen zusammenstößt, entschuldigen sich beide beteiligten Parteien ausufernd beieinander, wahrscheinlich, um bloß nicht in die Verlegenheit zu kommen, sich darüber zu streiten, wer Schuld hatte. Ich handhabe es immer noch so, auch in Deutschland – obwohl einen die Leute hier ansehen, als sei man verrückt.

ZURÜCK AUF DEM BODEN DER TATSACHEN

Als am 22. Mai 2017 bei einem islamistisch motivierten Terroranschlag auf ein Konzert in Manchester 22 Menschen getötet wurden, stand das Vereinigte Königreich kollektiv unter Schock. Zwei Wochen später gab es den nächsten grauenvollen islamistischen Terroranschlag, diesmal auf der London Bridge. Schon im März war ein Mann auf der Westminster Bridge in eine Gruppe von Fußgängern hineingerast und hatte vier Menschen getötet, bevor er vor dem Westminster Palace einen Polizisten mit dem Messer erstach. Diese Anschläge verstärkten das Gefühl der Verwundbarkeit, vor allem, weil die Rolle Großbritanniens bei der europäischen Sicherheits- und Verteidigungszusammenarbeit wegen des Brexits in der Schwebe war.

Ehemalige Polizei-Obere hatten schon länger gewarnt, der Brexit stelle ein erhebliches Risiko für die innere Sicherheit dar. Doch Theresa May hatte immer wieder mit Nachdruck darauf verwiesen, die britischen Geheimdienste könnten jederzeit als Joker eingesetzt werden, wenn es darum ging, einen vorteilhaften Deal mit Brüssel zu erwirken.

DIE WAHL, DER PAUKENSCHLAG Die Unterhauswahl fand am 8. Juni 2017 statt. Erst zwei Monate vorher war man ernsthaft in den Wahlkampf eingestiegen, und obwohl Theresa May die Wahl anberaumt hatte, um sich mehr Unterstützung für ihre Brexit-Vision zu holen, spielte das Thema Brexit in den Kampagnen erstaunlicherweise nicht die geringste Rolle. Als am Wahltag das Ergebnis noch nicht feststand, hatte ich wieder einmal eine unruhige Nacht – obwohl ich diesmal nicht das Radio laufen ließ, weil ich keine Lust mehr hatte auf zu guter Letzt mit Enttäuschung gekrönte Schlaflosigkeit. Aber längst hatte ich mich resigniert in die zu erwartende Tatsache gefügt, dass May ihr gewünschtes Ergebnis bekommen, massiv gestärkt aus der Wahl hervorgehen und im Anschluss ihr Vorhaben, »die Kontrolle wieder zu übernehmen«, vorantreiben würde.

Als ich dann am nächsten Morgen die Nachrichten hörte, hatte ich – ich kann es nicht leugnen – ein Gefühl, das nah dran war an Euphorie. Sehr zur Erheiterung meiner Kinder reckte ich sogar die Faust in die Luft. Theresa Mays Hochrisikospiel war nicht aufgegangen. Ihre Konservativen hatten die Mehrheit verloren und konnten jetzt nur noch mit Unterstützung der kleinen, rechtsgerichteten unionistischen DUP-Partei aus Nordirland weiterregieren. Die meisten hatten bislang von der DUP noch nicht einmal gehört.

Ich fuhr ins Studio des Deutschlandfunks, wo ich im Mittagsprogramm interviewt wurde und der Moderatorin sagte, dass ich weder im englischen noch im deutschen Kontext so häufig das Wort Schadenfreude gehört hatte wie an diesem Morgen. Dieses Wort brachte wahrscheinlich auf den Punkt, was viele empfanden: Die Torys hatten das Land auf den Kopf gestellt und bekamen jetzt ihr Fett ab – nur zu Recht.[68]

Sicher, die Schadenfreude war eine flüchtige Emotion, aber dieser 9. Juni selbst fühlte sich sehr befriedigend an. Es lag ein Hoffnungsschimmer auf dem Wahlausgang, wenn auch nur ein sehr blasser: Vielleicht ließe sich das Rad der Geschichte ja doch noch zurückdrehen. Vielleicht müsste der Brexit gar nicht wirklich stattfinden. Dieser Gedanke war ziemlich sicher zu schön, um wahr zu sein. Aber träumen wird man ja wohl noch dürfen.

Weniger als eine Woche später brach im Grenfell Tower, einem Wohnhochhaus in Nordwest-London, ein Feuer aus, das ein grelles Schlaglicht auf die tiefe Kluft zwischen den sozialen Schichten im Vereinigten Königreich warf. 72 Menschen sind bei diesem Großbrand zu Tode gekommen. North Kensington, der Stadtteil, in dem er ausbrach, ist der reichste Bezirk im Vereinigten Königreich. Hier wohnt eine unverhältnismäßig große Zahl der wohlhabendsten Milliardäre der Welt – beziehungsweise: In vielen Fällen leben diese Milliardäre nicht hier, sondern nutzen North Kensington als Investment-Spielplatz. Viele Wohnungen stehen Jahr um Jahr leer. Außerdem wohnen in der Gegend viele sozial benachteiligte Londoner – in Wohnhochhäusern wie dem Grenfell Tower.

Obwohl das Geld also eigentlich nur so durch den Bezirk schwappt, hat der Gemeinderat es unterlassen, im Grenfell Tower die grundlegendsten Sicherheitsvorkehrungen zu treffen und zum Beispiel Feuerlöscher und Sprinkler anzubringen. Das Gebäude war zudem mit einer billigen Fassade verkleidet, was laut Feuerwehr dazu geführt hat, dass sich die Feuersbrunst so schnell ausbreiten konnte.

Die Tragödie, die in den verkohlten Überresten des Hochhauses ein symbolisches Bild gefunden hat – ein Bild, das sicherlich noch für geraume Zeit die Silhouette der Stadt mitbestimmen wird –, wurde schnell zur Metapher für vieles, was falsch läuft im Vereinigten Königreich, angefangen bei der fehlenden gerechten Umverteilung von Reichtum bis hin zu dem vollkommen außer Kontrolle geratenen, irrwitzigen Immobilienmarkt, der es lukrativer macht, in den Straßen rund um den Grenfell Tower ganze Stadtvillen leer stehen zu lassen, weil die Besitzer es vorziehen, auf ihren fast garantierten Wertzuwachs zu spekulieren, als tatsächlich in ihnen zu wohnen. Ein Gesetz, das sie daran hindern würde, existiert nicht.

»ES GIBT VIEL MEHR, WAS UNS VEREINT ALS WAS UNS TRENNT« Die Unterhauswahl und die Tragödie im Grenfell Tower fielen mehr oder weniger zusammen mit dem Jahrestag der Ermordung der Parlamentsabgeordneten Jo Cox. Am Wochenende des 17./18. Juni fanden einige Gedenkveranstaltungen statt – unter anderem die Gelegenheit, nicht nur über Jo Cox' Leben und Vermächtnis nachzudenken, sondern auch über die Myriade von Ereignissen seither.

Zu ihrem Gedenken fanden im ganzen Land Straßenfeiern statt, und ihr Witwer Brendan Cox veröffentlichte ihr zu Ehren das Buch *More in Common* – der Titel ein Zitat aus ihrer Antrittsrede im Unterhaus, in der sie gesagt hatte: »Wir sind viel vereinter, als wir denken. Und es gibt viel mehr, was uns vereint als was uns trennt.« Sie war sich des in Großbritannien aufkeimenden Hasses sehr bewusst gewesen, wäre aber wohl trotzdem nicht im Traum darauf gekommen, dass dieser Hass zu ihrer eigenen Ermordung führen würde. Der rechtsextreme Thomas Mair hatte sie mitten am Tag vor der Bibliothek in ihrem Wahlkreis in Yorkshire niedergestochen, auf sie geschossen und dabei wiederholt »Britain First!« gerufen, genau eine Woche vor dem Referendum.

Die Brexit-Gespräche zwischen Brüssel und der britischen Regierung begannen schließlich am 19. Juni 2017, fast ein ganzes Jahr nach dem Referendum. Aller Augen und Ohren waren darauf gerichtet, wie David Davis, der britische Minister für den Austritt aus der Europäischen Union, und EU-Chefunterhändler Michel Barnier wohl miteinander umgehen und was sie besprechen würden. Meine Freundin und Kollegin Katya Adler, die BBC-Chefredakteurin für Europa, erzählte, Barnier habe eine Tasse auf dem Schreibtisch stehen, auf der *Keep Calm and Negotiate* zu lesen war – ein Wortspiel mit dem 1940er-Jahre-Slogan *Keep Calm and Carry On*, der zwar für Kriegszeiten erfunden, aber in diesem Zusammenhang wohl nie benutzt worden ist. Bei uns zu Hause hängt dieser Spruch als Magnet am Kühlschrank und ist für mich heute glücklicherweise eher ein Mantra, das mich durch die Elternschaft begleitet als durch einen Krieg.

Das Treffen in Brüssel war dann kaum mehr als ein Anlass, ein paar Pressefotos zu machen, die Kalender aufeinander abzustimmen und die zeitlichen Abläufe zu besprechen. Davis jedoch nutzte die Gelegenheit, um noch eine Bemerkung fallen zu lassen, die er bei Jo Cox geklaut hatte: »Es gibt mehr, was uns vereint als was uns trennt.« Diese Äußerung war in diesem Zusammenhang äußerst respektlos, und ich fragte mich, ob ihm klar war, wie arrogant er klang.

EUROPÄER IM VEREINIGTEN KÖNIGREICH Anlässlich des ersten Jahrestags des Referendums veranstaltete ein Kollege von mir in Berlin eine »Fuxit«-Party, zu der er viele seiner britischen, deutschen und anderen europäischen Freunde einlud und bei der nur britische Hits von 1973 (als Großbritannien der Union beitrat) bis heute gespielt wurden. Auch die Situation der EU-Bürger in Großbritannien, die viele mit zunehmender Sorge betrachteten, wurde hier erneut Thema.

EU-Bürger im Vereinigten Königreich mussten sich inzwischen bei den Behörden melden, um ihren »Status« prüfen zu lassen. Wer diesen

Gang machte, erlebte einen üblen Schock. Man sollte ein 80-seitiges Registrierungsformular ausfüllen und allerhand Unterlagen einreichen, die die meisten Menschen gar nicht besaßen. Es häuften sich Berichte darüber, dass die Anträge derjenigen, die irgendeinen Teil des Formulars nicht ausgefüllt hatten, automatisch abgelehnt wurden. Die allgemeine Unsicherheit wuchs.

Als Kennerin der britischen Bürokratie hätte ich ihnen geraten, sich ruhig zu verhalten und einfach nichts auszufüllen. Ich wage zu behaupten, dass eine europäische Herangehensweise in diesem Fall sinnlos war. Die britische Bürokratie ist chaotisch, voller Schlupflöcher und deutlich weniger ausgeklügelt als zum Beispiel die deutsche – was sich nicht zuletzt darin zeigt, dass man in Großbritannien, anders als in anderen Ländern, in denen man polizeilich meldepflichtig ist, wahrscheinlich jahrelang im Untergrund leben kann, ohne dass irgendjemand es merkt.

2017 skizzierte das an der Universität von Oxford angesiedelte Projekt Migration Observatory (MO), wie prekär die Situation für EU-Bürger im Vereinigten Königreich ist. Man warnte, dass Hunderttausende EU-Bürger im Rahmen des von der Regierung jetzt straffer gehandhabten Antragssystems die Anforderungen für die Aufenthaltserlaubnis kaum mehr würden erfüllen können.[69]

Sehr schnell auf dem Trockenen könnten laut den MO-Experten all diejenigen sitzen, die den notwendigen Nachweis darüber, dass sie seit fünf Jahren legal in Großbritannien leben, nicht erbringen können, alle, die den Antrag auf eine Aufenthaltserlaubnis nicht fristgemäß stellen, sowie alle, die aus unterschiedlichen Gründen über signifikante Zeiträume hinweg nicht im Vereinigten Königreich waren.

Die deutsche Staatsangehörige Tanja Bueltmann, eine auf Diaspora- und Migrationsgeschichte spezialisierte Geschichtsprofessorin an der Northumbria University, schrieb im *Guardian*, wie sehr es sie und andere EU-Bürger zur Verzweiflung trieb, ein Leben unter derart ungeklärten Umständen zu führen: »Wir stecken fest in einer Grauzone, einem Limbus, und wissen nicht, wo wir nach Abschluss der Austrittsverhandlungen stehen werden. Sogar der von der Regierung stark befürwortete *settled status* ist für diejenigen von uns, die bleiben wollen, nichts anderes als eine Einbuße von Rechten. Es scheint darauf hinauszulaufen, dass wir uns entscheiden müssen: Entweder, wir stellen den Antrag auf den *settled status* und verlieren Rechte – oder wir kommen in ernsthafte Schwierigkeiten. Und das, obwohl wir alle in gutem Glauben hergekommen sind.«[70]

Wenn ich solche Schilderungen lese, beschleicht mich der Gedanke, dass ich großes Glück habe.

DEBATTENKULTUR IN DEUTSCHLAND UND IM VEREINIGTEN KÖNIGREICH In der Berliner Akademie der Künste veranstaltete Intelligence Squared, moderiert von der BBC-Europa-Redaktionsleiterin Katya Adler, eine Diskussionsrunde zum Thema »Die EU lässt die Bürger Europas im Stich«. Kalypso Nicolaïdis, Leiterin des Centre for International Studies an der Universität von Oxford, und Hristo Ivanov, Rechtsanwalt und ehemaliger bulgarischer Justizminister, argumentierten für die Richtigkeit dieser Aussage. Dagegenhalten sollten Nick Clegg, ehemaliger Parteichef der britischen Liberaldemokraten und einer der Köpfe der Remain-Kampagne, und Josef Janning von der Denkfabrik European Council on Foreign Relations in Berlin.

Nach einer lebhaften Diskussion auf der Bühne wurden die Gesprächsteilnehmer beim anschließenden Abendessen im grün gestrichenen kleinen Esszimmer – Anmutung Salon des 19. Jahrhunderts – im Obergeschoss des Restaurants Borchardt am Gendarmenmarkt gefragt, ob es nicht vielleicht sinnvoller gewesen wäre, Stimmen in der Runde zu haben, die deutlich abweichenderer Meinung gewesen wären als diese vier, die nur zugunsten der Dramatik so getan hatten, als wären sie nicht gleicher Ansicht. Janning gab zurück: »Das handhabt man in Deutschland nicht so leichtfertig.« Besser, so sagte er, man bewahre die Seriosität der Debatte, eine Qualität, für die die Deutschen bekannt sind, statt echten Anti-Europäern eine Bühne zu bieten, vulgo: Unterstützern der AfD.

Kalypso Nicolaïdis beklagte sich über das künstlich hochgejazzte Diskussionsniveau, das ihr in Frankreich, den Niederlanden und auch in anderen Ländern begegnet sei. Auch Nick Clegg mahnte in dieser Hinsicht zur Vorsicht und forderte insgesamt eine ernsthaftere Auseinandersetzung. Dann zog er mit geradezu vernichtender Häme her über das, was in der britischen Politik heute als »lebhafte Diskussion« bezeichnet würde. Eine Unterhausdebatte sei mittlerweile auch nicht mehr substanzieller als das, was im deutschen Bundestag dargeboten würde, meinte er.

»Aus der Tradition des Debattierens ist in Großbritannien eine Politik geworden, die wie ein Spiel funktioniert«, sagte er in den gebannt lauschenden Raum hinein. »Menschen, die das Diskutieren an der Universität gelernt haben, wenden ihre Fertigkeiten nun im Unterhaus an. Das, was sie sagen, ist vielleicht schlau, hat aber trotzdem oft nur wenig Substanz.« Kalypso Nicolaïdis warf das Wort »Boris« ein, ein Seitenhieb auf den rhetorisch gewandten Außenminister Boris Johnson, und verdrehte die Augen.

»Ich muss leider dazusagen, dass insgesamt auch die moralische Substanz fehlt«, fuhr Clegg fort. »Politik ist zur leeren Hülle verkommen. Die *Fragen an den Premierminister* sind heute nichts weiter als reine Unterhaltung. Und genau das ist es auch, was aus den Debatten im Unterhaus geworden ist: nichts als Show!« Und er schloss: »Bewahren Sie sich bloß Ihre deutsche Ernsthaftigkeit. Das hat was Gutes.«

Im Raum brach man in Gelächter aus. Ich aber saß fassungslos am Tisch vor so viel brutaler Ehrlichkeit und war deprimiert ob des Gehalts dieser Aussage.

MEIN HERBST DER ERSTEN MALE

Am 11. Juli 2017 konnte ich meinen Personalausweis abholen. Ich war lange sehr unschlüssig gewesen, ob ich das tatsächlich tun sollte, und dachte, ich könnte auch einfach so weitermachen wie bisher, also immer weiter meinen britischen Reisepass zücken. In Großbritannien gibt es ja keinen Personalausweis. Über die Einführung ist leidenschaftlich diskutiert worden, aber die Idee ist bei den meisten nicht gut angekommen, weil viele finden, so etwas gehöre in einen Polizeistaat und nicht in eine freie Demokratie. Aber während der letzten Monate hatte ich eingesehen, dass eine bürokratische Spur, die sich zurückverfolgen lässt, auch ihre Vorteile hat. Im starken Gegensatz zur Situation in Deutschland können viele EU-Bürger, die in Großbritannien leben, noch nicht einmal nachweisen, wie lange sie schon im Land sind.

Aber meine Vorbehalte hinsichtlich des Personalausweises zählten natürlich sowieso nicht: Man teilte mir nachdrücklich mit, dass ich verpflichtet sei, den Ausweis ständig bei mir zu tragen.

»Catherine Connolly, Deutsch«, sprang mir sofort ins Auge, als der Behördenmitarbeiter mir die Ausweiskarte samt meinem nicht so richtig lächelnden Passfoto darauf aushändigte. Es war ein sehr intensiver Moment für mich, eindringlicher noch als die Einbürgerungsfeier. Seine Absurdität schlug über mir zusammen wie eine Welle. Bin ich deutsch? Ich *bin* deutsch! Oder etwa nicht?

Das nächste Zusammentreffen mit meinen Eltern und der erweiterten Familie fand im August auf Mallorca statt, in einer Ferienanlage, in der vornehmlich Briten sowie ein paar vereinzelte Iren und Skandinavier Urlaub machten. Abgesehen von meinem Mann und meiner Schwägerin war weit und breit kein Deutscher zu sehen. Trotzdem arbeiteten wir einen strikten Zeitplan aus, der festlegte, wer morgens früh aufstehen und die Sonnenliegen reservieren sollte, denn unter uns: Im Gegensatz zu allem, was die britische und deutsche Boulevardpresse ihren Lesern einreden will – wenn es um so wichtige Dinge geht wie den Platz am Pool, sind Briten nicht nur gegenüber Deutschen, sondern auch gegenüber anderen Briten gnadenlos. Man mag mich lasch nennen, aber da mache ich nicht mit ...

Als wir es uns an unserem ersten Abend am Pool gemütlich machten und in der Showeinlage eine ganze Reihe europäischer Länder in Sketchen vorgeführt wurden, war meine Mutter entsetzt, dass Großbritannien als Mischung aus Spice Girls und Queen dargestellt wurde. »So also denken sie über uns«, sagte sie verschnupft. Nur die Russen hatten Anlass, noch beleidigter zu sein, dachte ich, denn die mussten eine satirische Darbietung von *Schwanensee* über sich ergehen lassen, samt aufblasbaren Schwänen.

An einem Morgen brachte mein Vater zum Frühstück das Boulevardblatt *Daily Mail* mit. Darin stand, dass es in Barcelona einen Terroranschlag gegeben habe. Mein Vater erwähnte den Vorfall kurz und richtete seine volle Aufmerksamkeit dann auf die Sensationsgeschichte des Blatts: dass die Arbeitslosigkeit im Vereinigten Königreich ein Rekordtief erreicht habe. Mein Vater war voll der Freude: »Seht ihr, ich glaube wirklich, das wird gut gehen mit dem Brexit. Ich glaube fest daran.« Schließlich hätten die guten Entwicklungen auf den Aktienmärkten auch diesen Familienurlaub bezahlt – weil die Aktien, ganz im Gegenteil zu den Unkenrufen der Schwarzmaler, nach dem Brexit-Referendum eben nicht in den Keller gegangen wären.

Später unterhielt er sich mit einem Elektriker aus Irland, der ebenfalls mit seiner Familie Urlaub machte und meinte, er gehe nicht davon aus, dass der Brexit Auswirkungen auf sein Geschäft haben werde. »Seht ihr«, sagte mein Dad später beim Lunch, »ich bin nicht allein mit meiner Meinung!« In seiner großen Zuversicht glaubte er sogar, dass sich das Grenzproblem zwischen Nord- und Südirland technisch lösen lassen werde. »An der Grenze zwischen den USA und Kanada klappt es ja schließlich auch«, meinte er und wiederholte: »Unser Land hat schon eine ganze Menge anderes durchgestanden.«

Ich war hin- und hergerissen zwischen dem Wunsch, diesen Urlaub so reibungslos wie möglich über die Bühne zu bringen, und meiner fast schon krankhaften Faszination für die Frage, wie weit mein Vater wohl noch gehen würde. Dann war da noch mein älterer Bruder, der meine Eltern offenbar in eine Diskussion verstricken wollte, die sie partout zu vermeiden versuchten, und mein Schwager, der wiederum meinen Bruder drängte, »das Thema doch einfach ruhen zu lassen« – was passiert sei, sei schließlich passiert.

Als wir wieder nach Hause kamen, lag meine Wahlbenachrichtigung für die Bundestagswahl 2017 vor der Tür auf der Fußmatte. Ich konnte es kaum glauben. Endlich, nach so vielen Jahren, die ich vom britischen Wahlsystem ausgeschlossen gewesen war, weil ich schon zu lange im Ausland lebte, würde ich bei einer wichtigen Wahl wieder eine Stimme haben. Das politische System in Deutschland ging mich mittlerweile ja auch direkt etwas an, und so würde ich bei der ausschlaggebenden Bundestagswahl am 24. September mein Kreuzchen machen können. Die AfD stand schon in den Startlöchern, um erstmalig in den Bundestag einzuziehen. Zum Glück hatte ich nun endlich Anteil an der demokratischen Verantwortung, was in mir ein Zugehörigkeitsgefühl auslöste, das weitaus stärker war als das, was ich beim Erhalt der Einbürgerungsurkunde empfunden hatte.

DER ERSTE SCHULTAG IN DEUTSCHLAND Im Vorfeld der Einschulung meiner Tochter wurde meine Glaubwürdigkeit als Deutsche noch einmal beträchtlich auf die Probe gestellt. Erst im Laufe des Sommers war mir klar geworden, was für ein gewichtiger Anlass dieser Schulstart in Deutschland ist. Meine Erinnerungen an meinen eigenen ersten Schultag beschränken sich mehr oder weniger auf das Foto, das von meinem Bruder und mir als Vierjähriger gemacht wurde: Wir posieren darauf in unseren weinroten Schuluniformen im Garten und haben brav unsere gestreiften Schulkrawatten umgebunden – das Binden war eine teuflisch komplizierte Angelegenheit. Das Foto steht heute in meinem Bücherregal. Die knubbeligen Knie meines Bruders schauen unter der kürzesten seiner grauen kurzen Hosen heraus, und ich kneife in der Herbstsonne die Augen zusammen unter meiner Emil-und-die-Detektive-mäßigen Schiebermütze, die zur Uniform gehörte. Das Schulemblem, *Ora et Labora*, ist auf die Tasche meines Blazers aufgenäht.

Aber: Gefahr erkannt, Gefahr gebannt, oder so ähnlich, und ich machte mich daran, eine gute »deutsche« Mutter zu sein und bastelte die perfekte Schultüte. Schultüten gibt es in Großbritannien nicht, ich war auf dem Feld also eine absolute Anfängerin. Nach einigen frustrierenden Versuchen, ein Stück steife Pappe zu einem stabilen Kegel mit einer scharfen Spitze am unteren Ende zu rollen, standen mein Mann und ich am Rand einer veritablen Ehekrise. Und so wurde unser geschundenes Versuchsobjekt schließlich in der Tonne entsorgt, und ich verlegte mich auf die Taktik, einen vorgefertigten Kegel zu kaufen, den dann aber zumindest eigenhändig zu dekorieren. Wenige Tage vor dem großen Ereignis zog ich gut gelaunt los, um für uns und die Großeltern in unserem Kiez einen Tisch zu reservieren – und musste feststellen, dass die meisten Restaurants längst mit anderen Einschulungsfeiern ausgebucht waren. Dass wir überhaupt noch einen Platz bekamen, verdankten wir einem kinderfreundlichen italienischen Restaurantbesitzer, der meinte, er könne »die Tische noch näher zusammenrücken«.

Die Einschulung war also ein weiterer Indikator für das Ausmaß der Herausforderungen, die noch vor mir lagen – die vielfältigen Erwartungen, die diese ganz spezifischen deutschen Rituale an deutsche Eltern stellen: Das geht los mit dem Plätzchenbacken vor Weihnachten, mit den Karnevalskostümen und der Spargelsuppe, es geht weiter mit Milchreis, Stockbrot und Laternenbasteln bis hin zur Ostereiersuche und den eher unerfreulichen Aspekten des Elterndaseins: Kopfläuse und den in Schulen, Arztpraxen, Apotheken und unter anderen

Eltern sehr unterschiedlich ausfallenden Theorien darüber, wie man sie wieder loswird.

Für den Schulranzen – der Gedanke, meiner Tochter sein ganzes Gewicht auf den Rücken zu hieven, erfüllte mich mit Entsetzen – gaben wir ein kleines Vermögen aus, genauso wie für die Schulutensilien. Als ich meinem Vater die Einkaufsliste vorlas, auf der mehr als 40 Posten standen, die meisten mit einer DIN-Normangabe, sagte er voller Schadenfreude: »So schlecht, wie du immer sagst, kann es ja um Großbritannien dann doch nicht stehen – hier stellen die Schulen den Kindern wenigstens alle Materialien zur Verfügung.« Dass Eltern in Deutschland ihre Kinder für die Schule selbst ausrüsten müssen, erzählte er mit Vorliebe Freunden und Verwandten weiter.

Am großen Tag kamen Großpapa mit seiner Freundin sowie Nanna und Grandpa, und alle zusammen hatten wir viel Spaß. Irgendwie schafften wir es diesmal, das Thema Brexit außen vor zu lassen, aber wieder einmal fühlte es sich an, als würden wir um den heißen Brei herumreden.

NOSTALGIE AUF BRITISCH Während des Wahlkampfs im Vorfeld des Referendums war so gut wie jede Person des öffentlichen Lebens genötigt gewesen, sich zur einen oder anderen Seite zu bekennen. Und auch mehr als ein Jahr nach dem Referendum war es noch schwer, sich dem Thema zu entziehen – irgendwann brach sogar ein Wettstreit um die Stimme der Toten aus. So verlautbarte im August 2017 beispielsweise eine gewisse Simone Simmons, ehemalige Hellseherin und »Energieheilerin« der verstorbenen Prinzessin Diana, Diana habe ihr aus dem Jenseits übermittelt, sie hätte für den Brexit gestimmt, »denn Großbritannien war vor der EU wirklich großartig«.[71] Daisy Goodwin, die Drehbuchautorin einer beliebten Fernsehserie über das Leben von Königin Victoria, glaubte hingegen, die britische Königin wäre definitiv dagegen gewesen. Im Frühstücksradio sagte sie: »Ich bin mir einigermaßen sicher, dass der Brexit sie mit Entsetzen erfüllt hätte.« Sie stützte ihre Ansicht darauf, dass die so lange regierende Monarchin und ihr deutscher Ehemann Albert ihre proeuropäische Einstellung mit ihrem Vorhaben unter Beweis gestellt hätten, »ihre Kinder an europäische Höfe zu verheiraten und sie als Maulwürfe zu benutzen, um Europa zu einem Geflecht aus konstitutionellen Monarchien nach dem Vorbild Großbritanniens zu machen«.

Als ich das im Radio hörte, während ich mich anzog und den Kindern Frühstück machte, war ich ganz fassungslos darüber, wie besessen das Land vom Brexit war, wie er mit jedwedem zu diskutierenden Problem in Zusammenhang gebracht wurde, sei es mit dem Gesundheitssystem, dem Geschäftsklima, dem Zustand des fremdsprachlichen Unterrichts an den Schulen oder der Mode, dem Theater und der Literatur. In derselben Sendung sagte der Autor Robert Harris, die obsessive Beschäftigung mit dem Zweiten Weltkrieg sei bei den Briten eins zu eins übergegangen in die obsessive Beschäftigung mit dem Brexit-Entscheid. Womit er die Werbetrommel rührte für seinen neuen Roman *München*, eine fiktionalisierte Nacherzählung von Neville Chamberlains katastrophalen Versuchen, 1938 mit Hitler zu verhandeln.

Harris sagte: »Für mein Dafürhalten ist Großbritannien immer noch genauso intensiv mit dem Jahr 1940 beschäftigt wie in den frühen 1960er-Jahren, in denen ich aufwuchs.« Auf die Frage nach dem Warum antwortete er: »Ich vermute, der Krieg ist unsere große Erzählung. Eine tröstliche Erzählung – und in vielerlei Hinsicht ja tatsächlich auch eine wunderbare Geschichte.«

Wie viele Angehörige seiner Generation spielte der 1957 geborene und in den 1960er-Jahren in Nottingham aufgewachsene Harris in den zerbombten Ruinen seiner Stadt, sah im Fernsehen Kultserien wie *The Valiant Years* und stürzte sich nach eigener Aussage gierig auf alle Geschichten rund um den Zweiten Weltkrieg: München, Churchills Übernahme der Regierung, Dünkirchen, die Luftschlacht um England, die Schlachten von el-Alamein, der D-Day und schließlich der Sieg.

»Erst im Laufe der Jahre hat man dann festgestellt, dass man mit diesen Storys höchstens an der Oberfläche kratzt«, sagte er. Er habe den Komplex über viele Jahre studiert und sei zu der für ihn sehr wichtigen Erkenntnis gelangt:»Ich glaube, wir sind das einzige Land in Europa, dessen Ruf durch den Zweiten Weltkrieg besser geworden ist, dessen Bewohner hinterher mit sich zufrieden waren. Natürlich haben die Menschen auch bei uns viel gelitten, aber im Vergleich zum Ausmaß des Leidens auf dem Kontinent war es doch überschaubar ...Wohingegen der Nachklapp des Kriegs in Frankreich und Deutschland zu tun hat mit Besatzung, Niederlage und Katastrophe. Was den Menschen dort eine vollkommen andere Perspektive auf die Welt beschert hat.« Das, so Harris, sei zumindest in gewisser Hinsicht eine Erklärung für die Haltung der Briten gegenüber EU und Brexit.»Churchill hat mal zu de Gaulle gesagt: Wenn Großbritannien sich entscheiden müsste zwischen Europa und dem offenen Meer, würde es das offene Meer wählen«, fuhr er fort und ergänzte, de Gaulle habe dieses Zitat in den 1960er-Jahren Großbritannien vorgehalten, als die Briten erstmalig versuchten, der Europäischen Gemeinschaft beizutreten.»Ich glaube, dass es völlig unterschiedliche Geisteshaltungen sind, die jetzt bei den Verhandlungen zum EU-Austritt zum Tragen kommen.«

Harris' Roman ist weit mehr als nur ein historischer Thriller: Er ist eine psychologische Tiefenbohrung in die Ursprünge der modernen britischen Identität. Er nimmt einen mit in die Zeit vor 1940 und gibt einem die Möglichkeit, so Harris,»sich die andere Seite der heroischen Medaille [anzusehen], nämlich jenen Moment der Schande, als wir mit Hitler einen Pakt geschlossen haben, um den Frieden in Europa zu sichern«. Ihn interessiere »das Paradox, dass der Triumph von 1940 nicht hätte stattfinden können ohne die so genannte Schande von 1938«. Großbritannien habe gleichermaßen Zeit gebraucht für die technische Entwicklung von Kriegsgerät wie den Spitfires und der Radartechnologie wie für die moralische Autorität, die einherging mit den großen Friedensbemühungen und die schließlich zur Einigung des Landes im Jahr 1940 führte. »Man wusste, dass man mit Hitler keine Verträge schließen kann und dass er sowieso wieder sein Wort brechen würde«, sagte Harris. Chamberlain habe in München auf die harte Tour gelernt, dass man, Zitat Chamberlain, besser »nicht mit einem Gangster Poker spielt, wenn man nicht eine einzige Karte auf der Hand hat«.

Die britische Nation, so Harris, habe wenig andere Optionen gehabt, als »sich zusammenzunehmen und zu kämpfen«. Und sei dann die folgenden 70 Jahre mit der Suche nach einem ähnlich großen kollektiven Daseinszweck beschäftigt gewesen – einer Suche, die erst wieder ein Ziel gehabt habe, als das »Brexit-Zauberland« am Horizont aufgetaucht sei.[72]

Dieser 4. September 2017, an dem ich Robert Harris im Radio hörte, war zufällig auch jener historische Tag, an dem das Parlament damit begann, EU-Vorschriften in britisches Gesetz zu überführen. Dazu war es auf der Grundlage der seit dem 16. Jahrhundert geltenden sogenannten Henry VIIIth Powers befugt. Der Trick dabei ist, dass Zigtausende EU-Vorschriften, die quasi alle Lebensbereiche betreffen, auf einen Schlag in nationales Recht überführt und dann nach und nach vom Parlament geprüft werden können. Gegner bezeichneten diesen Schachzug als einen unverhüllten Griff nach der Macht und als Gefahr für die britische Demokratie. Verfechter dieses Vorgehens wiederum meinten, die sehr viel größere Gefahr für die demokratischen Prozesse in Großbritannien sei schon immer die EU gewesen.

Unterdessen schwelgte Großbritannien – ähnlich wie Robert Harris es analysiert hatte – in Nostalgie. Um mir von Berlin aus anzusehen, woher die Briten den Stoff für ihre Sehnsucht nach einer Rückkehr in die Vergangenheit bezogen, musste ich witzigerweise nur die Straße runter ins nächste Kiez-Kino laufen. Mehrere Monate lang wurden hier Filme über Churchill, Dünkirchen und den britischen

Kampf gegen die Nazis gezeigt. Die Tatsache, dass diese Filme auch außerhalb Großbritanniens beliebt waren und sogar in Deutschland ein großes Publikum fanden, machte anschaulich, in welchem Ausmaß die britische Selbstwahrnehmung irgendwann zu einem erfolgreichen Exportschlager geworden war. Vielleicht kann man – im Hinblick auf das enorm erfolgreiche gleichnamige TV-Historiendrama – vom *Downton Abbey*-Phänomen sprechen.

Zunächst lief im Sommer 2017 der 100 Millionen Dollar teure Film *Dunkirk* von Christopher Nolan an.[73] Die nordfranzösische Stadt Dünkirchen hatte zur Verteidigungslinie der Westalliierten gehört; 1940 wurde sie zum letzten Evakuierungshafen für das britische Expeditionskorps. Die Schlacht um Dünkirchen dauerte knapp zwei Wochen, und es gelang den Briten und Franzosen, ihre Stellungen lange genug zu verteidigen, um mehr als 330 000 ihrer ungefähr 370 000 Soldaten zu evakuieren – bis die deutsche Wehrmacht Dünkirchen dann am 4. Juni 1940 einnahm. Die Geschichte vom sogenannten Wunder von Dünkirchen saugen Briten mit der Muttermilch auf. Aus britischer Sicht war Dünkirchen trotz aller Tragik der erste Schritt zum späteren Sieg über die Nazis und ist bis heute quasi Teil unserer nationalen DNA.

Dünkirchen ist wie nur wenige Ereignisse davor oder danach ein Symbol nationaler Solidarität und steht für eine Zeit, in der man zusammenrückte, um gemeinsam sein Land zu retten. Hunderte Zivilisten stachen mit ihren Booten in See, um die 330 000 Soldaten herauszuholen, die sonst verloren gewesen wären. Die Geschichte, die Christopher Nolans Film erzählt, und die Bilder, die er davon zeigt, gehören zu den mächtigsten kollektiven Erinnerungen der Briten, und sie wirken sich bis heute auf unsere nationale Psyche aus. Noch immer beschwört man in schwierigen Zeiten den sogenannten *Dunkirk Spirit* – genau wie jenen damals zu Propagandazwecken geprägten, aber bis zu seiner Wiederentdeckung im Jahr 2000 nie benutzten Slogan: *Keep calm and carry on.*

Nach *Dunkirk* kam Lone Scherfigs *Ihre beste Stunde* in die Kinos, gleichzeitig ein Kriegsfilm und eine romantische Komödie. Catrin, eine von Gemma Arterton gespielte Schmalzfilmautorin, wird vom britischen Propagandaministerium beauftragt, ihre Landsleute vom Krieg abzulenken, während die militärischen Vorbereitungen für den Dünkirchen-Einsatz getroffen werden. Catrin und ihrer Crew gelingt es letztendlich, einen Film zu drehen, der das Herz der ganzen Nation erwärmt und dafür sorgt, dass die Briten wieder Mut fassen in diesen schwierigen Zeiten.

Später habe ich dann noch *Die dunkelste Stunde* gesehen, in dem Gary Oldman einen wundervollen Churchill gibt: einen sympathischen Querulanten und zunächst wenig vertrauenerweckenden Landeschef, der mit seinem widerborstigen, exzentrischen Führungsstil England vor den Nazis rettet, indem er die Dünkirchen-Mission, seine »Operation Dynamo«, unbeirrt durchzieht. Zumindest legt der Film diese Interpretation nahe.

Ich möchte das historische Gewicht der Kriegszeit und das Leid der vielen, die ihren Teil zum Sieg über die Nazis beigetragen haben, sicher nicht kleinreden. Aber diese drei Filme – und es sind nur drei von vielen weiteren, sehr ähnlichen Streifen – scheinen doch vor allem Psychodramen zu sein, die die damalige Stimmung in Großbritannien sehr gut spiegeln. Als ich im Kino saß, machte es mir, ehrlich gesagt, fast ein bisschen Angst, dass Großbritannien in den beunruhigenden Brexit-Zeiten bei derart sentimentalen, nationalistischen Kinodarstellungen Trost suchte. Filme wie eine »Brexit-Seelenstärkung«, so schrieb ein deutscher Kritiker.

In *Die dunkelste Stunde*, einem an und für sich sehr gelungenen Film, gibt es eine frei erfundene Szene, in der Churchill zum ersten Mal in seinem Leben in die Londoner Underground steigt, um der Stimmung der Nation den Puls zu fühlen. Die Pendler sind erstaunt und schockiert, als sie ihn erkennen, entspannen sich aber wieder, nachdem er ein paar Witzchen gerissen hat. Schließlich fragt er die

Leute ganz direkt: »Was wäre, wenn der Feind in England einmarschieren würde?« »Wir würden kämpfen!«, lautet die Antwort. »Und wenn ein Friedensvertrag mit Hitler zustande käme?« »*NEVER!*«, kommt es von allen Passagieren gleichzeitig.

Eine solche Szene war natürlich Wasser auf die Mühlen der Brexit-Befürworter. Nigel Farage hat, wenig überraschend, viele lobende Worte für all diese Filme gefunden: Sie zeigten in seinen Augen, wie Großbritannien wieder so *great* werden könne wie 1940 – indem es sich nämlich von der EU befreie. Laut Farage sollte man auch heute wieder an diesen *Dunkirk Spirit* glauben.

In allen drei Filmen wird viel gelitten, die Menschen helfen sich gegenseitig und fühlen sich als eine verschworene Gemeinschaft. Ein Gefühl, das diese Tage viele vermissen. Die Botschaft scheint allenthalben zu sein: Ihr könnt dieses Gemeinschaftsgefühl wiederhaben, wenn ihr den Brexit zum Erfolg macht. Dafür müsst ihr nur zusammenrücken gegen Brüssel und Deutschland, und das ohne deutsche Bomben.

Manche Menschen scheinen die Zeit des Brexits, in der das Königreich tief gespalten und zerstritten ist, nur mit einer Überdosis Nostalgie aushalten zu können. Viele Briten brauchen Zuspruch, den das Kino ihnen gibt. Allerdings wird hier Nostalgie für ein Land kultiviert, das es so nicht mehr gibt. All diese Filme zeigen den Isolationismus eines Volks, das sich auf seine Insel zurückzieht – wofür man damals noch Verständnis haben konnte, heute jedoch nicht mehr. Die Botschaft scheint zu sein: Wenn wir erst die Verbindung zum Kontinent kappen, wird alles gut. Eine moralische Stärkung an der Brexit-Front.

Als ich aus meinem Kiez-Kino kam, habe ich gesehen, wie einige der deutschen Zuschauer nur mit dem Kopf schüttelten. Ich habe mitgeschüttelt. *Dunkirk* mochte durchaus dazu angetan sein, Kindern etwas beizubringen. Aber in einer Zeit, in der Großbritannien bedrohlich nah davorsteht, sich auf eine der hemmungslosesten Selbstschädigungen in seiner Geschichte einzulassen, schien es mir falsch, diesen

Film ausgerechnet jetzt in die Kinos zu bringen. Am Ende fühlten sich all diese Filme ein bisschen wie ein Nachruf auf eine ganze Nation an. So wie bei Churchills Beerdigung, als die Trauernden wirkten, als ob sie »nicht nur um ihn und alles, was er verkörpert hatte [trauerten], sondern auch um alles, was sie selbst gewesen waren und nie wieder sein würden«.[74]

Man konnte also einerseits den Eindruck gewinnen, als sei Großbritanniens Ruf als kulturell positive, kreative Kraft akut bedroht, als liefen wir Gefahr, uns allseits zum Gespött zu machen. Andererseits hatte ich aber auch das Gefühl, als sei das vielen Menschen im Vereinigten Königreich und anderswo vollkommen egal. In der heimeligen Vergangenheit zu schwelgen und dazu gute Dramatisierungen zu entwickeln, war immerhin eine unserer Spezialitäten – man denke nur daran, wie erfolgreich Serien und Filme wie *Downton Abbey*, *Die Krone* und auch *Harry Potter* in den letzten Jahren in Deutschland liefen. Der Brexit dürfte diesen Trend sicher nicht bremsen, sondern eher noch verstärken. Nicht zuletzt würden solche Filme weiterhin Touristen ins Land locken, erpicht darauf, das herzliche, lustige Großbritannien kennenzulernen, wie es in den Filmen gezeichnet wurde – nicht das ausländerfeindliche, doppelzüngige, die Trennung von Europa vorantreibende.

Ich fragte mich, ob James Bond den Brexit unversehrt überstehen würde – als Imperialist der alten Schule, der für Werte wie Männlichkeit, Macht und Empire steht, der symbiotisch funktioniert mit Institutionen wie dem Geheimdienst und der britischen Krone, und dem Königin und Land immer über alles gehen. Würde er nicht zunehmend dumm dastehen, wenn er für ein Großbritannien kämpfte, das sich entschieden hat, seinen europäischen Freunden den Rücken zu kehren? Kurz: Könnte man 007 noch ernst nehmen, wenn er im Dienste eines Abschottungsstaates steht, der über einen der am weitesten reichenden Überwachungsapparate der Welt verfügt?

Wenn die Bond-Macher der Zukunft ihre Trümpfe richtig ausspielen, können sie es – genau wie die Produzenten nostalgischer Historiendramen – sicher schaffen, das 007-Image am Leben zu halten, indem sie etwas von dem Mythos bewahren, für den Bond steht: eine *Britishness*, die coole Attraktivität ausstrahlt, eine zeitlose Anziehungskraft, die gesunden Abstand hält zur Politik im heutigen Großbritannien. Gewissen Herausforderungen müssen sich die Bond-Macher aber sicher stellen, vor allem im Fall eines harten Brexits. Bis zum jüngsten Streifen ist Bond, mit Unterstützung gleichgesinnter Partner weltweit, immer ungestört rund um den Globus gereist. Sollten diese Partner – also Geheimdienste, mit denen in puncto Datenaustausch bislang noch enge Verbindungen bestanden – ab jetzt gezwungen sein, ihre Informationen für sich zu behalten, dürfte das Bonds Arbeit erheblich erschweren.

Wie der erste Post-Brexit-Bond wohl aussehen würde, war eines der wenigen Dinge, auf die ich mich in der Zeit nach dem Brexit insgeheim ein klein wenig freute. (Im Übrigen war die #MeToo-Kampagne im Vergleich mit dem Brexit wahrscheinlich die deutlich größere Gefahr für James Bond, diesen einsamen, misogynen Sexisten …)

VON SHORTBREAD UND WACHSJACKEN Aber so überraschend wie dann doch irgendwie vorhersehbar: Die Stärke des Markenzeichens »Großbritannien« blieb gewahrt. Ich war erstaunt, wie wenig sich der deutsche England-Enthusiasmus von den politischen Spannungen beeindrucken ließ. Auch im Sommer 2017 fiel ein Katalog von *The British Shop* durch den Briefschlitz unserer Wohnungstür. Das Unternehmen mit Sitz in Meckenheim, das sich selbst als Versandhaus für »die feine englische Art« bezeichnet, hat sämtliche Ausstattungsutensilien im Angebot, die ein Deutscher, der auf britisch machen möchte, so brauchen könnte: von Shortbread Fingers bis zu After Dinner Mints, von Picnic Hampers bis zu Westen in Rautenstepp und Wachsjacken mit Tartanfutter, sämtlich Produkte, die »direkt vom Hersteller« kommen, »oft sogar von Hoflieferanten des englischen Königshauses«, darunter auch die »Socken, die Prinz Charles trägt«, so der Katalogtext.

All diese Artikel, so heißt es weiter, »spiegeln den ›British Lifestyle‹ und erfüllen zudem höchste Qualitätsansprüche«. Angefangen bei den britischen Weingummis mit aufgeprägtem Union Jack (in meinem Büro einem Süßigkeitenspender zu entnehmen) und den zahllosen Menschen mit T-Shirts, auf denen ebenfalls die britische Flagge zu sehen ist, über das Faible deutscher Männer (und damit meine ich nicht nur Alexander Gauland) für englische Tweed-Jacketts bis hin zu den allgegenwärtigen Minis, auf deren Motorhauben der Union Jack prangt: Ich hatte bislang nicht feststellen können, dass die allgemeine Missbilligung des Brexits dem deutschen Enthusiasmus für diese Form von *Britishness* etwas anhaben konnte. Im Gegenteil: Noch nie waren mir so viele deutsche Freunde und Bekannte untergekommen – in einem Fall sogar ein vollkommen Unbekannter, der mich in der S-Bahn englisch sprechen hörte –, die mich zu Urlaubstipps auf der Insel befragten, wie 2017.

MEINE ERSTE BUNDESTAGSWAHL Am 24. September 2017 wachte ich mit einer gewissen nervösen Unruhe auf. An diesem Tag sollte ich nicht nur über die Wahlen in Deutschland berichten, sondern gleichzeitig auch selbst zum ersten Mal zur Wahl gehen. Ich nahm die Kinder mit, posierte für ein Selfie vor dem Wahllokal und schickte das Bild an einige enge Familienangehörige. Ich fühlte mich beklommen, als ich mich anmeldete und dann mit meiner Tochter die Wahlkabine betrat – die sauer auf mich war, weil ich behauptet hatte, sie könne noch nicht lesen (was, wie man mir sagte, die Voraussetzung dafür war, dass sie mit in die Kabine durfte).

Mein Freund Ed, den ich vor Monaten beim Sprachtest kennengelernt hatte, hatte mir gesagt, zur Wahl zu gehen sei für ihn, »wie durch die Autowaschanlage zu fahren, reinigend wie eine Wiedergeburt«. Er sagte das halb im Scherz, aber eben auch nur halb. Ich verstand ihn jetzt. »Übermäßig gerührt war ich trotzdem nicht«, betonte er. »Es hat auch etwas Zweckmäßiges. Aber endlich kann ich hier mein Recht ausüben. Ich lebe hier und bin von der hiesigen Politik in allen Aspekten betroffen, deshalb ist es auch wichtig, mitreden zu dürfen.«

Ein anderer Bekannter, ein Fernsehproduzent im Ruhestand und ebenfalls seit Neuestem Deutsch-Brite, erzählte mir, wie seltsam es sich anfühle, »im Alter von 68 Jahren noch einmal Erstwähler zu sein«. Er sagte, es sei für ihn überaus befriedigend zu wissen, dass er nach der langen Zeit in Deutschland endlich mitbestimmen dürfe, wie das Land aussehen solle. Er sagte: »Auch wenn ich gefühlt immer noch eine starke Bindung zu Großbritannien habe: Es treibt mich zur Verzweiflung, das Chaos mit den Brexit-Verhandlungen da drüben mit ansehen zu müssen. Ich habe das Gefühl, das alles im Vergleich zu Deutschland kaum noch zu verstehen.«

Ich für meinen Teil schaute in diesem September mit neuen Augen auf das deutsche System. Meine Stimme abgeben zu können hatte mir die Vor- und Nachteile der Wahlsysteme in beiden Ländern klarer zu Bewusstsein gebracht. Das deutsche Verhältniswahlrecht hat, verglichen mit dem *first past the post*-System, dem Mehrheitswahlrecht im Vereinigten Königreich, bei dem viele Stimmen unter den Tisch fallen, durchaus seine Vorteile. Der Nachteil des deutschen Systems wiederum ist, dass es nicht allzu viel Spielraum für politischen Wandel gibt, was sich sehr bald konkret zeigen sollte – in der langen Sondierungsphase, in der das Land nach der Wahl monatelang festhängen sollte.

Am Wahlabend war dann klar, wie dramatisch die Verluste der Sozialdemokraten waren und wie stark die migrationsfeindliche AfD abgeschnitten hatte, die zum ersten Mal in den Bundestag einzog, und das gleich als stärkste Oppositionspartei. Ed meinte, er sei sich relativ sicher, dass der AfD »einigermaßen schnell die Luft ausgeht, weil sie gezwungen sein wird, eine gemäßigtere Linie zu fahren«. Ich war in dieser Hinsicht nicht ganz so optimistisch und hoffte nur, dass in meiner neuen Heimat – einem Land, das sich so sehr angestrengt hat, um dorthin zu kommen, wo es heute steht – keine Zeiten anbrechen würden, vor denen ich Angst haben müsste.

Nach meiner ersten Bundestagswahl war der nächste Test für mich als Deutsche, wie ich den Tag der Einheit am 3. Oktober begehen würde. In vorangegangenen Jahren hatten wir meist irgendetwas unternommen, was mit der Geschichte dieses Tages zu tun hatte, zum Beispiel waren wir auf dem Berliner Mauerweg geradelt. Diesmal jedoch beschlossen wir, nach hektischen Wochen in der Schule und auf der Arbeit einfach nur einen ruhigen Tag zu Hause zu verbringen. Ich unterhielt mich kurz mit einer amerikanischen Freundin, die seit noch nicht allzu langer Zeit – ein Neuzugang also – gegenüber wohnt. Sie meinte dazu nur: »Eine allzu große Sache machen sie doch nicht daraus, oder? Nichts mit dem 4. Juli Vergleichbares zumindest.« Ich dachte an die französische Fête nationale und den irischen St. Patrick's Day und gab ihr Recht, fügte aber hinzu, dass der 3. Oktober, anders als andere Nationalfeiertage, in meiner Wahrnehmung auch ein nachdenklicher Tag sein sollte. Allen hier sei bewusst, warum man ihn nicht am 9. November begehen könne – und dieses historische Gewicht würde in Deutschland wohl kaum jemals schwinden.

UNGEWISSE ZEITEN UND CHAOS
AN ALLEN FRONTEN

DER HUSTEN, DER KOMIKER UND DAS CHAOS Nur einen Tag später ließ Theresa Mays desaströse Lage die unsichere politische Situation in Deutschland wie ein Kinderspiel aussehen. May war bis zu diesem Zeitpunkt bekanntlich nicht fähig gewesen, Brüssel (oder gar ihren eigenen Leuten) etwas Konkretes zu ihren Vorstellungen von einem Brexit auf den Tisch zu legen. Ihre anscheinend programmatische Unschlüssigkeit erreichte im Oktober 2017 ihren vorläufigen Höhepunkt durch die katastrophale Rede, die sie vor den Delegierten des Tory-Parteitags in Manchester hielt. Zuerst hatte sie einen Hustenanfall, dann wurde sie von einem Komiker in einen Hinterhalt gelockt, und schließlich musste sie, als es schlimmer schon nicht mehr kommen konnte, miterleben, wie hinter ihr die Buchstaben des Leitspruchs *Building a country that works for everyone* einer nach dem anderen von der Wand fielen. Es hatte was von einem Monty-Python-Sketch, und ich wand mich derart vor Fremdscham, dass ich nicht lachen konnte, sondern nur den Kopf in den Händen begrub.[75]

Die Vorfälle wurden in den Schlagzeilen eingedampft auf »*the cough, the comedian and the chaos*« – »der Husten, der Komiker und das Chaos«. Mays Anhänger lobten sie dafür, »Mut und Würde« bewiesen zu haben, aber es fiel schwer, diese Rede nicht als ihren bis dato größten Tiefschlag zu sehen und sich (mit einem kleinen Hoffnungsschimmer?) zu fragen, ob ihr Traum vom Brexit-Britannien nicht doch zerfiel.

Die Vagheit dessen, worauf es die Regierung tatsächlich abgesehen hatte, war auch 17 Monate nach dem Referendum unverändert und gipfelte in blumigen Phrasen wie denjenigen, die Boris Johnson eines Morgens im Radio äußerte, als er sagte, die zukünftige Beziehung des Vereinigten Königreichs zur EU sei »wie die einer tragenden Säule zu einer Kathedrale«. In Reaktion darauf rief BBC-Radio eine Serie mit dem Titel »*Brexit: A Guide for the Perplexed*« ins Leben.

Ich hatte ohnehin längst den Eindruck, dass die deutsche Regierung es insgeheim ziemlich gut aufnahm, dass so viele Briten die deutsche Staatsangehörigkeit beantragten – 2017 waren es beinahe 7500 erfolgreiche Anträge gewesen, ein Anstieg von 162 Prozent im Vergleich zum Vorjahr.[76] Ende Oktober wurde mein Eindruck auf sehr eindrucksvolle Weise bestätigt, als ein Freund von mir, der britisch-südafrikanisch-irische Geiger Daniel Hope, anlässlich der Premiere von

Der Klang des Lebens, einem Film über sein Leben, mit dem Bundesverdienstkreuz ausgezeichnet wurde. Er hatte erst drei Monate zuvor die deutsche Staatsbürgerschaft erhalten.

Daniels Familie war in den 1930er-Jahren zur Flucht aus Nazideutschland gezwungen gewesen, hatte in Südafrika Zuflucht gefunden, war dann aber erneut vor der Apartheid geflohen. Von Südafrika aus ging es dank der irischen Staatsangehörigkeit seiner Mutter nach Irland. Und jetzt, im Jahr 2017, kehrte er mit seiner Familie nach Deutschland zurück. Wie bei den weiteren Tausenden Verwandten oder Nachfahren von Holocaust-Opfern, die wegen des Brexits einen Einbürgerungsantrag in Deutschland gestellt hatten, muss es für die deutschen Behörden auch in diesem Fall eine intensive Erfahrung gewesen sein, dass ein Nachfahre der ehemals Verfolgten zurückkehren wollte.

Als ich Daniel bei der Feier in der Berliner Kulturbrauerei gratulierte, sagte er auf Englisch zu mir: »*I am German since three months!*« Ich meinte, er sei in der kurzen Zeit offenkundig schon sehr deutsch geworden, denn er machte den gleichen Grammatikfehler wie viele Deutsche – nämlich »Ich bin seit drei Monaten Deutscher« wortwörtlich ins Englische zu übersetzen, anstelle das Present Perfect korrekt zu gebrauchen: »*I have been German for three months.*«

Während der Herbstferien machte ich, erschöpft von drei Monaten anstrengender Übergangsrituale zum Schulstart meiner Tochter und von der Berichterstattung über den deutschen Wahlkampf, mit meiner Familie ein paar Tage Urlaub an der baltischen Küste. Auch dort gab es kaum ein Entkommen vor den Brexit-Nachrichten. Nachdem man in Großbritannien realisiert hatte, dass Angela Merkel Theresa May offenbar nicht helfen würde, einen »besseren Deal« zu bekommen, war der Tonfall in den britischen Zeitungen Deutschland gegenüber so vergrätzt wie eh und je. Die *Sun* druckte mal wieder Geschichten über die Handtuchkriege zwischen britischen und deutschen Touristen, und nachdem Merkel in Davos offenbar gesagt hatte, dass May keinen konkreten Vorschlag unterbreitet habe, schrieb der *Express:* »Merkel macht sich über uns lustig«.

BENJAMIN BLÜMCHEN Dennoch taten wir alles, um der Realität für ein paar Tage zu entfliehen: Wir spazierten am Strand entlang, buken Gingerbreadmen und hörten Benjamin-Blümchen-Hörbücher. Es erstaunte mich, wie belehrend der Ton dieser Geschichten ist. Als Benjamin zum Beispiel mit einem Holzfäller streitet, der einen Baum fällen soll, sagt der Holzfäller, er tue ja nur seine Pflicht. Benjamin, der auf der Seite der Baumschützer steht und für die Rettung der Bäume kämpft, ist schnell bei der Hand, die Vorstellung des Holzfällers von Pflicht als Unsinn zu bezeichnen und ihm zu sagen: Wo wären wir denn, wenn ein Soldat immer nur seine Pflicht erfüllte? Bei so viel moralischer Rechtschaffenheit in einer vermeintlich arglosen Kindergeschichte kratzte ich mich verwundert am Kopf.

Ich fühlte mich erinnert an den ersten Theaterbesuch mit meiner damals zweijährigen Tochter: Ich konnte kaum fassen, wie kompromisslos in dieser Inszenierung von *Hänsel und Gretel* mit der bösen Hexe umgegangen wurde. Sie wurde in den Ofen gestoßen und bei lebendigem Leib verbrannt, und die Kinder im Publikum johlten und jauchzten, ohne dass man sie dazu hätte auffordern müssen. Wahrscheinlich waren mir die Märchen der Gebrüder Grimm bislang nur in verwässerten Fassungen nahegebracht worden. In der Version, mit der ich aufgewachsen war, hatten die Kinder die Hexe in einem Schrank eingeschlossen … Offenbar musste ich mich noch weiter abhärten und mich noch mehr an diese doch recht unumwundene didaktische Herangehensweise ans Leben gewöhnen, die in Deutschland so breit akzeptiert ist.

Dieses Belehrende ist mir, seit ich in Deutschland lebe, immer mal wieder begegnet. Neulich habe ich erlebt, wie ein Mann eine erwachsene Frau wütend anbrüllte, weil sie mit dem Fahrrad auf dem – wohlgemerkt: leeren – Bürgersteig fuhr:»Das da ist der Radweg – dieser rote Streifen da!« Die Frau zuckte leicht zusammen und steuerte ihr Rad pflichtbewusst vom Trottoir herunter. Das hätte das Ende der Lektion sein können, aber der Mann musste ihr noch hinterherrufen:»Wir sind hier doch nicht im Kindergarten!«

Eines Abends kam eine britische Freundin zu uns, die als Musiklehrerin an einer weiterführenden Schule arbeitet, und erzählte mir, dass sie ebenfalls den Antrag auf die deutsche Staatsbürgerschaft gestellt habe. Und auch sie wollte, dass ihre deutsch-britischen Kinder britische Pässe bekamen –»Lieber auf Nummer sicher gehen!« Das Thema Deutsch-Sein/Britisch-Sein hatte uns den ganzen Abend beschäftigt und sie offenbar auf dem Nachhauseweg noch nicht losgelassen, denn später schickte sie mir eine SMS:

»Du hast mich eben gefragt, was es für mich heißt, Deutsche zu werden, und ich habe dir keine richtige Antwort gegeben. Ich würde sagen, es heißt, dass ich Europäerin werde und nicht mehr nur Angehörige eines Staates mit Inselmentalität bin. Es heißt: weniger Probleme haben, aber mehr Rechte. Ich habe in Frankreich, in Großbritannien, in Japan und in Deutschland gelebt und bin eine Bürgerin des Planeten Erde. Ich liebe meine Familie und meine Freunde, aber die Politik im UK ist von der übelsten Sorte. Ich werde mit Freuden Deutsche, weil es meinen Horizont erweitert und mir das Leben einfacher macht. Was es genau heißt, deutsch zu sein? Hier zu leben, die gleichen Rechte zu haben wie die anderen, die hier leben, die Kultur und den Lebensstil hier zu respektieren. Es gibt also definitiv mehr Gründe für mich, Deutsche zu sein als Britin.«

Solche Gefühlszustände und Einschätzungen umgaben mich jetzt andauernd. Beim Frühstück erzählte mir Amber, unser britisches Aupair-Mädchen, das hier ihr Schuldeutsch verbessern und dann in

Großbritannien Reiseleiterin für Touristen werden wollte, vom deutschen Hintergrund ihrer Großmutter Sonja: Sonja war am Ende des Krieges aus Gleiwitz in Oberschlesien, dem heutigen Gliwice, geflohen und in Kassel gelandet, bevor sie sich nach Großbritannien aufgemacht hatte. Amber hoffte jetzt, ihren Anspruch auf die deutsche Staatsbürgerschaft geltend machen zu können, weil auch ihre Mutter noch einen deutschen Pass hatte, und stellte bereits die Bewerbungsunterlagen zusammen.

Amber machte sich große Sorgen um ihren französischen Großvater väterlicherseits, der fast sein gesamtes Leben im Vereinigten Königreich gearbeitet hatte und nach der Pensionierung zusammen mit seiner deutschen Frau nach Frankreich gegangen war. Nachdem sie vor zwei Jahren gestorben war, war er wieder nach England zurückgekommen, weil er in der Nähe seiner Familie sein wollte. Obwohl über 80, war er jetzt einer der Millionen EU-Bürger im Vereinigten Königreich, die mit einer großen Ungewissheit leben mussten und nicht wussten, ob sie im Falle des Brexits überhaupt bleiben durften. Was den zukünftigen Status von EU-Bürgern anbelangte, hatte die May-Regierung bis jetzt noch immer nichts Verbindliches zugesagt. Man versicherte nur immer wieder mündlich, man werde alles für diese Menschen tun, was wenig beruhigend war.

DER ÜBERRASCHENDE DEUTSCHE BEITRAG ZUM BREXIT

In der darauffolgenden Woche nutzte ich die Gelegenheit, die bereits erwähnte Gisela Stuart, eine der größten Brexit-Befürworterinnen, in Berlin live in Aktion zu sehen. Stuart, Parlamentsabgeordnete für Labour, Vorsitzende des »Vote Leave«-Wahlkampfkomitees und seit dem Referendum Chefin der Nachfolgeorganisation »Change Britain«, war als Gisela Gschaider im bayrischen Velden geboren worden. Während der Referendumskampagne war die 62-Jährige häufig zusammen mit Boris Johnson aufgetreten. Überraschenderweise hatte sie in Deutschland nur sehr wenig Presse bekommen, dabei war die Ironie, wenn man von ihren deutschen Wurzeln wusste, doch mit Händen zu greifen: Da führte eine Bürgerin des beherztesten pro-europäischen Landes die lauteste Anti-EU-Kampagne an.

Gisela Stuart betrat also am 7. November 2017 in der Berliner Hertie School of Governance die Bühne, um über »Visionen für zukünftige Beziehungen zwischen Deutschland und Großbritannien« zu sprechen. Ihr saß ein aufmerksames Publikum aus aktiven und pensionierten Diplomaten gegenüber, dazu deutsche Politikberater und Studenten, von denen viele sich irgendeine Form von Erkenntnis erhofften oder doch zumindest eine Lösung des Rätsels, warum um alles in der Welt sich ein intelligenter Mensch wie Stuart, obendrein Deutsche, für den Brexit eingesetzt hatte und ihn bis heute für eine gute Idee hielt.

Stuart erzählte in einem leicht akzentbehafteten Englisch, sie sei zuerst wütend gewesen, als Cameron das Referendum anberaumt habe: »*I was spitting nails!*« (Gibt es einen anschaulicheren Ausdruck für »eine Stinkwut haben«?) »Ich wollte ein Referendum über den Lissaboner Vertrag. Dann könnten die Leute eine klare Entscheidung treffen über das, was ist, und das, was sein soll.« Cameron jedoch habe das Referendum aus rein egoistischen Beweggründen angesetzt – und einen hohen Preis dafür bezahlt. Als jemand, der einigen Reformbedarf in der EU gesehen habe, habe sie nach Camerons entscheidenden Verhandlungsrunden in Brüssel vor dem Referendum jedoch nicht den Eindruck gewonnen, ja nicht das kleinste Anzeichen entdecken können, dass die notwendigen Reformen – darunter die Anerkennung von Staaten, die den Euro nicht einführen wollten, als vollwertige EU-Mitglieder – tatsächlich angegangen werden würden. Deswegen habe sie den vorliegenden Deal »demokratisch nicht billigen« können und die Unterstützung des Leave-Lagers als ihre einzige Option gesehen.

Und, ist Ihnen der Zusammenhang jetzt klarer? Nein? Mir auch nicht.

Ich kapierte nicht, warum Stuart das Kind mit dem Bade ausschütten musste, wie sie innerhalb kürzester Zeit von einer Frau, die sauer war über das Referendum, zum Kopf einer Kampagne werden konnte, die dieses Referendum zu einem ganz bestimmten Ergebnis führen wollte – und wie sie sich bei all diesen Volten ihre Glaubwürdigkeit bewahren konnte. Denn in Großbritannien zumindest ist ihr das in weiten Teilen gelungen: Sie wird hier noch heute als eine der vernünftigsten, intelligentesten Verfechterinnen der Leave-Kampagne wahrgenommen. An den Wahlkampf erinnerte sie sich in ihrem Vortrag als »hitzig und giftig«, sparte aber auch nicht mit Verachtung für all jene, die die Entscheidung für undemokratisch hielten, weil so viele für den Verbleib in der EU gestimmt hätten.

»Wenn Sie die Zeitungen lesen, besonders die *Financial Times* und den *Guardian*, können Sie den Eindruck bekommen, dass ungefähr 17,4 Millionen Menschen im Vereinigten Königreich – alle, die für den Brexit gestimmt haben – dumm, alt oder Rassisten sind, wahrscheinlich gleich alles zusammen. Ach, könnten sie nur gerettet werden von denjenigen, die innerhalb des M25-Gürtels, also im Londoner Einzugsgebiet, leben, denn nur die Menschen dort haben Niveau, sind weltgewandt und überhaupt sehr viel schlauer als alle anderen«, so Stuart. Das Referendum, fuhr sie fort, sei »keine Krankheit, die eine Behandlung erforderlich macht, es ist noch nicht einmal ein Fehltritt, der eine irgendwie geartete tief greifende Analyse braucht. Das britische Volk hat eine sehr rationale Entscheidung getroffen, deren Umsetzung es jetzt erwartet. Wir hatten eine Wahlbeteiligung von 72 Prozent und ein Stimmenplus von 3,8 Prozent!«

Als sich ein Student zu Wort meldete und sagte, es sei »sehr mutig« von ihr, hierherzukommen und sich vor einen Saal zu stellen, in dem hauptsächlich Brexit-Gegner säßen, fuhr Stuart ihn – sich selbst sehr bestimmt als Britin bezeichnend – scharf an: »Ist es wirklich schon mutig, eine andere Meinung zu haben?« Daraufhin herrschte Stille im Saal, so als ob eine ganze Klasse von ihrer Lehrerin in die Ecke gestellt worden wäre. Einen anderen Studenten, der recht naheliegend von ihr wissen wollte, ob sie denn eine etwas konkretere Antwort habe auf die Frage, wie die zukünftige Beziehung zur EU aussehen könnte, bügelte sie ab: »Sie sind ja soooo deutsch!« Er und viele andere hätten wohl nicht begriffen, dass es eine »britische Art des Durchwurschtelns« – *muddling through* – gebe. Mit Anerkennung in der Stimme ergänzte sie: »Eine Landkarte zu haben, die man nicht lesen kann, aber trotzdem am Ziel anzukommen, Augen zu und durch – das ist die britische Art, Dinge zu regeln.«

Mir kam der Gedanke, dass sie eine Deutsche war, die so britisch geworden war, dass sie nicht mehr begriff, nach welcher Logik die Deutschen ihre Fragen stellten. Im Umkehrschluss musste ich dann wohl die Britin sein, die zu deutsch geworden oder einfach zu lange nicht im Vereinigten Königreich gewesen war, um in Stuarts exzentrischer Argumentation auch nur den geringsten Sinn erkennen zu können. Obwohl mir das Bild gefiel von dem Deutschen, der die Karte studiert und dann von dem Briten zu hören bekommt: »Oh, so etwas brauchen wir nicht, wir werden schon ankommen, wenn wir immer auf den Horizont zulaufen.« Diese Ausprägung des deutsch-britischen *Culture Clashs* war mir häufig begegnet. Und ich konnte aus eigener Anschauung bestätigen, dass die Deutschen nicht sonderlich viel gaben auf die britische Kunst des Durchwurschtelns.

Alles in allem lief der Abend in der Hertie School nicht rund, im Verlauf von Stuarts anderthalbstündigem Vortrag stieg die Spannung zwischen ihr und ihrem Publikum gewaltig, und als die Diskussion eröffnet wurde, gab sie sich bewusst kratzbürstig. Als jemand sie dazu bringen wollte, ihren Standpunkt etwas präziser darzulegen, sagte sie nur: »Politik ist nicht rational«, und brachte ihre Überzeugung zum Ausdruck, der Brexit würde in den Briten »Energien freisetzen«, die konventionelle politische Prozesse und rationale Erklärungen nicht hervorkitzeln könnten. Ich fand, sie klang wie eine Hellseherin, und fühlte mich leider wieder einmal an den Churchill-Film *Die dunkelste*

Stunde erinnert, in dem der britische Premier an einer Stelle von seinen Abgeordneten verlangt, einfach an die Mission zu *glauben*, egal wie vergeblich sie erscheinen mag. In Stuarts Worten: »Die Zukunft ist doch für uns alle ein Geheimnis.«

Mächtig verwirrt trat ich am Ende der Diskussion hinaus in die kalte Berliner Nacht. Mein Kopf fühlte sich an wie in Watte gepackt. Ich hatte diese Frau immer faszinierend gefunden, weil sie es als Deutsche und damit als Ausländerin geschafft hatte, eine politische Führungsfigur im Vereinigten Königreich zu werden, und das, obwohl das politische Feld traditionell nicht besonders offen ist für Deutsche. Ich hatte mir immer vorgestellt, wie wir eines Tages gemeinsam eine Tasse Tee trinken und uns über unsere gemeinsamen deutsch-britischen Verbindungen und Familien und die Schrullen unserer jeweiligen adoptierten Länder unterhalten würden. Aber stattdessen stand sie nun vor mir und erklärte sehr unzureichend, dass der britische Isolationismus die Antwort auf alles sei. Ich hätte mich ihr nicht fremder fühlen können.

Sie schaffte es wie Theresa May, mit Atemlosigkeit und vehementer Überzeugung den Eindruck zu vermitteln, ein klares Ziel vor Augen zu haben; aber wenn man nur kurz innehielt, um sich das, was sie da sagte, genauer anzusehen, war es so leer wie Mays *Brexit means Brexit*-Slogan. Den Worten von beiden fehlte jegliche Substanz, für mein Gefühl waren sie nichts als psychologische Manipulation.

EULEN NACH ATHEN Entsprechend empfand ich es als einen hochwillkommenen Kontrast, in der darauffolgenden Woche mit einer der Galionsfiguren des deutsch-britischen Dialogs zusammenzutreffen: Der Kinderbuchillustrator Axel Scheffler, vor allem bekannt als Schöpfer des *Grüffelo*, hatte mit einigen anderen prominenten europäischen Illustratoren unter der Schirmherrschaft des Moritz Verlags eine Ausstellung mit Zeichnungen zusammengestellt, die davon handelte, was Europa für den jeweiligen Zeichner bedeutete. Eine von Schefflers bezaubernden Illustrationen zeigt eine weise alte Eule in den Farben der EU-Flagge, eine EUle. Scheffler sagte dazu: »Ich denke, dass wir ein Symbol der Weisheit gut brauchen können. Außerdem denke ich, dass eine Eule die Griechen glücklich macht, von wegen Eulen in Athen und so weiter … Und ich finde, man darf ruhig mal ein bisschen Pro-EU-›Propaganda‹ machen, obwohl ich eine Menge Probleme mit der EU habe.«

Scheffler leitete das Projekt, aber meine Lieblingszeichnung in der Sammlung war doch die des britischen Illustrators Patrick George: Viele Kinder stehen eng beisammen und bilden so mit ihren Körpern die Landkarte Europas. Sie haben Ballons, Eishörnchen und Erfrischungsgetränke in den Händen und tragen die jeweiligen Farben ihrer Länder. Das kleine Mädchen mit dem Union Jack am Leib wird zu seiner und der Überraschung aller von seinem Ballon fortgetragen.[77]

Axel Scheffler ist ein freundlicher, bescheidener, Strickjacke tragender Mann. Das durfte ich feststellen, als wir uns im Berliner Arbeitsministerium begegneten, wo die Illustrationen auf Einladung der damaligen Interimsarbeitsministerin Katharina Barley (auch sie passenderweise halb Deutsche, halb Britin) gezeigt wurden. Scheffler war zutiefst erzürnt darüber, was der Brexit für ihn als in Großbritannien lebenden EU-Bürger mit französischer Partnerin und deutsch-französisch-britischer Tochter persönlich bedeutete. »Da ist so viel Unsicherheit. Unsere gesamte Zukunft steht zur Disposition«, sagte er. Anders als ich, die ich Zuflucht suchte in der deutschen Staatsangehörigkeit, lehnte Scheffler die Idee, aus der Notwendigkeit heraus einen anderen Pass beantragen zu müssen, kategorisch ab. »Ich will keinen Antrag stellen, um einen britischen Pass zu bekommen. Ich will auch keine Antragsformulare ausfüllen, keinen Einbürgerungstest machen und nicht der Queen die Treue schwören müssen«, sagte er atemlos. »Ich will weiter als EU-Bürger im Vereinigten Königreich leben, so, wie ich es seit 35 Jahren tue, seitdem ich zum Studieren nach England gegangen bin. Ich will einfach nicht, dass sich an meinem Status auch nur das Geringste ändert.«

An dem Tag im November, an dem mein Interview mit Scheffler auf der Titelseite des *Guardian* erschien, bekam ich eine E-Mail von einer gewissen J. Kelly aus den West Midlands, unterschrieben mitsamt ihrer vollen Adresse und Telefonnummer. Sie schrieb: »Axel Scheffler benutzt Kinder als Adressaten für seine politische Remoan-Sache, und euer dreckiger *Guardian* unterstützt ihn dabei. Axel Scheffler … versucht, schon die Allerjüngsten politisch in den unverhohlenen Sozialismus zu locken. Es ist ekelerregend. Ich kann Scheffler an diesem Abend nur sagen: Verpiss dich doch mit deiner französischen Ehefrau, geht doch wieder zurück nach Deutschland.«

Ich erzählte Axel von der Mail, und er zuckte nur mit den Schultern. Daran habe er sich schon gewöhnt, er bekomme jede Menge solcher Nachrichten.

DIE UHR TICKT Mittlerweile sprach die EU Großbritannien gegenüber Warnungen aus: Die Uhr ticke und es blieben nur noch wenige Tage, um konkretere Ideen auf den Tisch zu legen für eine Vereinbarung, wie man sie sich wünsche. Die Regierung hatte den Plan publik gemacht, dass der EU-Austritt am 29.3.2019 um 23 Uhr rechtskräftig würde, womit sie jene befrieden wollten, die schon unkten, man würde vor dem Austritt sicher doch noch den Schwanz einziehen. Viele Parlamentsabgeordnete jedoch waren skeptisch und meinten, ein festgelegtes Datum würde ihnen jeglichen Verhandlungsspielraum nehmen. Manche sprachen sogar von Selbstmord oder Selbstverstümmelung.

Während der Druck auf May stieg, mutmaßten einige, sie würde aus lauter Angst, dass der Brexit zu viel Aufmerksamkeit von anderen gewichtigen Themen abzöge – die Pflege- und soziale Versorgungskrise, die Wohnungskrise, die Krise des nationalen Gesundheitssystems –, ein parteiübergreifendes Brexit-Kabinett zusammenstellen, das parallel zum normalen Kabinett arbeiten sollte. Die Idee des Brexit-Kabinetts war eine klare Reminiszenz an das Kriegskabinett unter Churchill und gleichzeitig eine Metapher, die allen aus dem Herzen sprach, die gerade in Weltkriegsnostalgie schwelgten, als der Zeit der größten nationalen Solidarität, die es je im Land gegeben hatte.

An einem außergewöhnlich sonnigen Herbsttag drehte ich im Auftrag der Wochenzeitung *Die Zeit* eine Runde durch Neukölln, einem Stadtteil im Berliner Südosten. Ich sollte herausfinden, wie weit ich käme, wenn ich ausschließlich englisch spräche.[78] Die Idee für diesen Text war uns gekommen, nachdem der CDU-Politiker Jens Spahn ein Interview gegeben hatte, in dem er gesagt hatte, die mangelnde Bereitschaft, in vielen Teilen der deutschen Hauptstadt deutsch zu sprechen, gehe ihm »zunehmend auf den Zwirn«. Ich unterhielt mich mit der Wirtin einer Eckkneipe, in der Männer schon um 11 Uhr morgens vor ihrem Bier saßen. »Es ist eine verkehrte Welt«, sagte sie zu mir, während sie die Theke abwischte. »Der Brexit und die ganze Scheiße.« Tatsächlich ärgerte es sie aber, wie sehr sie sich in ihrer eigenen Geburtsstadt als Ausländerin fühlte und dass sie von den steigenden Mieten an den Stadtrand verdrängt worden war.

Ich traf auf einen arroganten englischen Jüngling, der in einem australisch inspirierten Erlebnisrestaurant arbeitete, und ging in Bars und Cafés, in denen Englisch mit durchgängiger Verlässlichkeit die Lingua franca war. Aber mir war nicht wohl dabei, mein Deutsch zwanghaft zu unterdrücken und im Sinne des Auftrags so zu tun, als spräche ich nur Englisch. Als mir in der nächsten Kneipe klar wurde, dass ich mit dem pensionierten Installateur, der um halb elf morgens sein Bierchen trank, nur auf Deutsch über »diese komischen Briten« würde reden können, war ich geradezu erleichtert. Ich verlegte mich also wieder aufs Deutsche und hörte, wie Briten Teile seines Kiezes mit ihren lauten Airbnb-Kurzurlauben gekapert hatten und wie sie die noch Schicht arbeitenden Anwohner wach machten, wenn sie nachts oder am frühen Morgen betrunken nach Hause kamen beziehungsweise ihre polternden Rollkoffer die Straße entlangzogen.

CHAOS AN ALLEN FRONTEN Während der Wochen im November, in denen die Jamaika-Sondierungsgespräche in Deutschland auf der Kippe standen und das Land sich plötzlich sehr instabil anfühlte, zogen wir um. Ich spürte das drohende Chaos an jeder Front: Deutschland stand ohne Regierung da, mein eigenes Leben steckte in Umzugskisten, die ich nicht mehr wiederfand, und parallel zum Umzug sollte ich noch schnell einen Artikel schreiben, mit zwei überaus gereizten Kindern und einem gestressten Ehemann im Nacken, der den Umzug zu koordinieren versuchte.

Mit einigem Nachdruck blockte ich sämtliche Interviewanfragen ab, von der BBC bis hin zum öffentlichen Rundfunk in Irland, die mich alle darüber ausquetschen wollten, was der Sturz von Angela Merkel – der für die meisten unmittelbar bevorzustehen schien – nicht nur für die Stabilität in Europa, sondern vor allem für die Brexit-Verhandlungen bedeuten würde. Den meisten antwortete ich ungefähr so: »Wissen Sie was, ich glaube, der Brexit ist gerade so ziemlich das Letzte, was die Menschen in Deutschland umtreibt.« Die meisten schienen sich nicht vorstellen zu können, dass der Brexit, der auf der Insel einfach alles dominierte, nicht auch hier in Deutschland die Debatten bestimmte.

Nach dem Umzug befanden wir uns in einem extrem chaotischen Zustand, was wohl bei den meisten nach einem Umzug so ist. Dazu gehörte auch, dass wir zunächst noch keine Klinken an den Türen hatten. An einem Sonntagmorgen hatte ich also, um das Durcheinander (schreiende Kinder, genervter Ehemann) für einen Moment hinter mir zu lassen, die Badezimmertür hinter mir zugemacht, ohne daran zu denken, dass man ohne Klinke nur schlecht wieder rauskommt. Vielleicht hatte sich ein unterbewusster Wunsch Bahn gebrochen. Eingesperrt im Bad und unter der heißen Dusche war ich mit der Situation, ehrlich gesagt, alles andere als unzufrieden. Aber meine übereifrige Tochter hatte schon meinen Mann alarmiert, der mich durch die verschlossene Tür hindurch dazu zu bringen versuchte, meinen Schlafanzug wieder anzuziehen und aus dem Fenster zu klettern. Ich aber duschte einfach weiter. Um mich wenigstens ein wenig nützlich zu machen, fing ich an, die Spachtelmasse, die nicht in den Fugen, sondern auf den Fliesen gelandet war, mit den Fingernägeln abzukratzen.

In diesem Moment kamen mir die skurrilsten Gedanken: Ich bin wie Theresa May, dachte ich, eine sorgenvolle Premierministerin, die in der Zwickmühle steckt, zwischen Brüssel und den Pro-Europäern zu Hause auf der einen und den Anti-Europäern mit ihren Brexit-Wünschen auf der anderen Seite. Dazu dann noch die Iren, die darauf bestehen, dass beide Teile Irlands, der Norden und die Republik, in der Zollunion bleiben, damit das Karfreitagsabkommen, das seit über 20 Jahren den Frieden in Nordirland sichert, seine Gültigkeit behalten kann. Ihre Taktik, mit dieser Bredouille umzugehen, schien mir sehr viel damit gemeinsam zu haben, sich absichtlich im Bad einzuschließen und heiß zu duschen, während die anderen draußen klopfen und schreien: »Was gibt's zum Mittagessen?«

Offenbar beherrschte der Brexit meine Gedanken inzwischen auf eine abstruse und ziemlich übergriffige Art und Weise. Trotzdem: Unter der Dusche zu bleiben schien nicht die schlechteste Idee zu sein. Im Schlafanzug aufs Dach zu klettern fühlte sich da schon viel eher nach Selbstmord an. Aber nachdem mein Mann die Bauarbeiter telefonisch erreicht hatte, wusste er, mit welchem Werkzeug die Tür aufzukriegen war. Und, zack, plötzlich war ich wieder frei und kam nicht länger drum herum, mich der Wahrheit zu stellen. Für einen Augenblick konnte ich verstehen, warum Theresa May diesen Moment so lange hinauszögerte …

Einen gänzlich anderen Blickwinkel auf den Brexit bekam ich eines Nachts zu hören, als ich nicht einschlafen konnte und im BBC World

Service die London-Korrespondentin der *Hindustan Times* sprach. »Es herrschte eine gewisse Freude [über den Ausgang des Referendums], wie es sie nur in einem postkolonialen Land geben kann«, sagte sie. »Der Gedanke ist folgender: Ihr Briten habt uns 157 Jahre lang beherrscht, jetzt bekommt ihr eure wohlverdiente Strafe – und ihr fügt sie euch auch noch selbst zu.« Wirklich, eine ganz neue Perspektive, die mir meine indische Kollegin da eröffnete – der World Service ist ja immer für eine Horizonterweiterung gut.

Tatsächlich war die Spaltung im Land Ende 2017 bereits so tief, dass sie alle in Bann schlug, auch Anthropologen, Soziologen, politische Analysten und Psychologen. Das Thema wurde regelrecht zur Obsession. Die Plattform YouGov hatte eine Umfrage durchgeführt, um die charakteristischen Merkmale von Leavers und Remainers genauer bestimmen zu können. Mein Lieblingspunkt in der Ergebnisliste war, dass Leavers ihr Steak eher *well-done* wollen, wohingegen Remainers ihres lieber *medium* oder *rare* essen. Daran musste ich umgehend denken, als ich mir in der Bundestagskantine im Paul-Löbe-Haus ein Steak bestellte und der freundliche, lockenköpfige Koch mich fragte: »Englisch, medium oder durchgebraten?« »Oh, englisch natürlich«, antwortete ich, was mir in diesem Moment in vielerlei Hinsicht als die einzig richtige Antwort erschien. Aber um ehrlich zu sein, hatte ich nicht die geringste Ahnung, was ich bekommen würde – bis mir das Fleisch serviert wurde und mein britischer Lunch-Begleiter mich dankbarerweise darüber aufklärte, dass »englisch« der deutsche Ausdruck für *rare* sei.

Auch wenn es mir nicht geschmeckt hätte, hätte ich das Steak vermutlich nicht zurückgehen lassen – wie bereits erwähnt, tun »wir« so etwas ja nicht. Ich fand es also recht erheiternd, als David Milliband, der Außenminister der letzten Labour-Regierung und mittlerweile Vorstand der Hilfsorganisation International Rescue Committee, meinte, genau diese Einstellung könnte es sein, die die Briten davon abhielte, umzukehren und zu sagen: »Ich weiß, ich habe mir den Brexit

gewünscht, aber jetzt, wo ich noch mal drüber nachgedacht habe ...«
»Ich halte es für sehr britisch zu denken, dass man das, was man bestellt hat, auch aufessen muss«, sagte Milliband in einem Interview mit dem BBC World Service. Er betonte in diesem Gespräch auch, dass es unabdingbar sei, ein zweites Referendum über egal welchen mit Brüssel ausgehandelten Deal abzuhalten, und zog eine Parallele zwischen dem Brexit und dem »Sturz von einer Klippe«.

Einige Tage später, am 12. November 2017, wurde ich von meinem Redakteur auf die Berliner Sicherheitskonferenz geschickt, bei der Michel Barnier, der EU-Chefunterhändler für den Brexit, einem hauptsächlich grauhaarigen, dem Militär angehörenden männlichen Publikum verklickerte, man sei beim Deal mit Großbritannien schon ein erhebliches Stück weitergekommen. Auf Französisch sagte er, er neige nicht dazu, angesichts der verfahrenen Situation Schadenfreude zu empfinden, er wolle lediglich einen Deal, der alle Beteiligten zufriedenstelle. Seit dem Referendum hat der deutsche Begriff Schadenfreude, wie bereits erwähnt, einen Siegeszug im englischen Sprachraum angetreten. Wahrscheinlich wird, sehr zur Erheiterung vieler Deutscher, kein deutsches Wort in der englischen Sprache häufiger verwendet. Ich war entsprechend dezent amüsiert, als der Simultandolmetscher vom Französischen ins Englische, eigentlich ein Deutscher, das Wort mit *malevolent pleasure* übersetzte.

Sarah MacIntosh, die Ständige Vertreterin des Vereinigten Königreichs bei der Nato und eine der wenigen Frauen im Saal, behauptete hartnäckig, der Brexit nehme keinerlei Einfluss auf die Sicherheitszusammenarbeit zwischen Großbritannien und dem Rest Europas. Sie sagte den Zuhörern im Saal, das Vereinigte Königreich würde in Verteidigungs- und Sicherheitsfragen »eine neue, tiefe und spezielle Partnerschaft mit den 27 EU-Mitgliedsstaaten anstreben, die auf unseren gemeinsam geteilten Werten beruht«. Exakt dieselben Worte hatte Theresa May im Januar 2017 in ihrer Rede im Lancaster House gewählt, als sie sich daranmachte, ihren überbeanspruchten *Brexit means*

Brexit-Slogan zu erklären, letzten Endes aber nur sehr wenig zu seiner Klärung beitrug. Sofort hatte man das Bild vor Augen, wie alle Briten im diplomatischen Dienst einen Stapel Karten mit diesen ganzen hohlen Phrasen zugesandt bekommen, die sie dann auswendig zu lernen und auf ihr spezielles Feld anzupassen haben.

BEI EUCH IST ES GERADE LUSTIG, WA? Wie von Barnier schon angedeutet, sah es dann tatsächlich so aus, als könne man sehr bald mit einem Verhandlungsergebnis zwischen Brüssel und dem Vereinigten Königreich über die erste Gesprächsphase rechnen – immerhin redeten beide Seiten ja auch bereits seit mehreren Tagen miteinander. Am 4. Dezember, am Ende eines fieberhaften Tages, kam aber doch alles wieder zum Stillstand, weil die DUP, die Ulster Unionist Party, die Mays Minderheitsregierung gegen eine fette Finanzspritze stützte – manche würden sagen, weil sie geschmiert wurde –, Mays Umgang mit der schwierigen Situation an der irischen Grenze nicht guthieß.

Wieder trat Mays Schwäche offen zutage, und das in Brüssel, wohin sie mit der felsenfesten Überzeugung gereist war, grünes Licht für den Eintritt in die nächste Phase zu bekommen – doch nun kehrte sie nach London zurück wie ein geprügelter Hund, den Schwanz zwischen den Beinen.

Über einer Kaninchenkeule in einer Berliner Kantine bei nächster Lunch-Gelegenheit begrüßte mich eine grinsende Kollegin von der *taz* mit den Worten: »Bei euch ist es gerade lustig, wa?« Unsere Unterhaltung sprang hin und her zwischen den Tricks und Machenschaften der britischen und der deutschen Innenpolitik, die ihrerseits von der gescheiterten Jamaika-Koalition beherrscht wurde. »Wie kann es sein, dass May immer noch an der Macht ist?«, fragte die Kollegin. Ich meinte, das sei mir auch ein Rätsel. Aber viele Kommentatoren hätten ja auch Merkel längst abgeschrieben. Ich musste aber zugeben, dass

Mays Situation deutlich prekärer aussah. Immerhin bekam Merkel immer noch eine Menge Respekt – in Berlin und international.

Am folgenden Tag war ich zu einer kleinen Weihnachtsfeier in der Residenz des britischen Botschafters in Grunewald eingeladen. Schon beim Eintreten hatte ich den Eindruck, in einem britischen Herrenhaus gelandet zu sein. Das fing an mit der Begrüßung an der Tür – »*Good evening Madam*« –, setzte sich fort in der edlen englischen Markenhandcreme auf der Toilette und den dicken Teppichen und zog sich bis zum Gästebuch neben einem kleinen Schwarz-Weiß-Porträt der mich anlächelnden Queen. Zwischen dick gepolsterten Sofas, Kronleuchtern im Salon und reihenweise bibliothekhaften Bücherregalen voller Bücher über Churchill, Blair, Thatcher und Cameron sowie von Bertrand Russell und William Shakespeare, entdeckte ich nach und nach weitere Kollegen. Bei einem Gin Tonic sagte einer von ihnen, ein altgedienter Boulevard-Schreiberling mit einem spitzbübischen Sinn für Humor:»Und wer traut sich jetzt hier, Klartext zu reden? Es ist doch einfach ein unglaublicher Schlamassel, oder etwa nicht?«

Ohne dass man es noch deutlicher hätte sagen müssen, dachten wir inmitten dieser prunkvollen Staffage von *Englishness* in diesem Moment alle dasselbe: Der Kern unserer Identität als Nation stand massiv zur Disposition, unsere ach so britischen Werte, die auch der Botschafter, in dessen Haus wir uns befanden – einer britischen Insel im Herzen von Berlin gewissermaßen –, dem Rest der Welt weiterhin mit Stolz vermitteln sollte. Ich empfand nur noch Mitleid mit ihm.

Gemeinsam schlenderten wir quer durch den Raum in seine Richtung. Er hielt Hof an einem runden Tisch. Über den berühmten britischen Small Talk kamen wir schnell ins Gespräch. Er erwähnte, dass er sich noch von einer Grippe erhole und deswegen unter starkem medikamentösem Einfluss stehe. Ich fragte ihn, ob er es je mit diesen homöopathischen Mittelchen versucht habe, auf die so viele Deutsche schworen? Nein, sagte er, er nehme einen starken grünen Sirup, der ihn zwar morgens etwas benebelt aufwachen lasse, aber immerhin den Schock der täglichen Brexit-Schlagzeilen dämpfe. Alle lachten, und das Eis war gebrochen.

Wir fragten, wie schwer es dieser Tage für ihn sei, wie heikel sich die Situation für ihn anfühle, schließlich müsse er ja ein optimistisches Bild nach außen abgeben, obwohl doch nicht zuletzt ein Außenminister Boris Johnson mit seinen wiederholten Tritten ins Fettnäpfchen den Job als britischer Repräsentant in Deutschland bestimmt nicht einfacher mache.

»Heikel ist es gar nicht«, behauptete er. »Ich habe ja die Aufgabe, die Interessen Großbritanniens bestmöglich zu vertreten. Und die Mythen rund um den Brexit zu zerschlagen – wie dieses Gerücht, der Brexit würde gar nicht stattfinden oder eine Welle der Ausländerfeindlichkeit schwappe durchs Land.« Unterdessen lief sein Hund Alby wie ein Staubsauger durch den Raum und schnappte sich noch das letzte zu Boden gefallene Krümelchen von den Kanapees, die so schnell aus der Küche kamen, wie wir sie essen konnten: mit Black Pudding gefüllte und in Teig ausgebackene Spargelspiralen, Würzwurst und vegetarische Quiche. Das Gespräch bewegte sich schnell weiter zur politischen Situation in Deutschland, und jetzt fragte der Botschafter uns Journalisten nach unserer Meinung zur Instabilität in Deutschland. Er habe aufgegeben, dem Außenministerium in London zu übermitteln, was seiner Meinung nach als Nächstes passieren würde, sagte er, denn auch in Sachen GroKo schien es keinerlei Gewissheit zu geben. Wir sprachen über Schulz und Merkel und ihre möglichen Nachfolger.

In diesem Raum waren 25 bis 30 britische Journalisten, von denen mindestens zehn, das wusste ich sicher, die deutsche Staatsbürgerschaft beantragt oder bereits erhalten hatten. Eine ganz und gar außergewöhnliche Sache, die noch zwei Jahre zuvor vollkommen unvorstellbar gewesen wäre. Um elf Minuten nach acht kamen zum letzten Mal neue Kanapees nach, und auch der Alkohol floss ab diesem Moment nicht weiter. Wir traten hinaus in den kühlen Abend und fragten uns, wie Diplomaten es schaffen, stets abgeklärt zu bleiben, auch noch nach ein, zwei Gläsern Wein. Einerseits taten sie einem leid in ihrer Position. Andererseits wollte man ihnen aber auch vorwerfen, dass sie diese ganze verlogene Konstruktion weiterhin stützen.

GET DEUTSCH OR DIE TRYIN'

Am nächsten Tag stand ich früh auf, um die frisch geputzten Schuhe meiner Kinder mit Süßigkeiten zu füllen. Es war Nikolaus. An diesen überaus deutschen Brauch musste ich mich auch noch gewöhnen. In Großbritannien taucht die Gestalt von Nikolaus/Santa Claus/Father Christmas egal in welcher Gewandung nicht vor dem 24. Dezember auf. Am Nachmittag führten Kinder aus dem Kindergarten meines Sohnes die Legende vom heiligen Nikolaus als wunderschön gestaltetes Schattenspiel auf: die Geschichte, wie Nikolaus im 4. Jahrhundert das hungernde Volk im vorderasiatischen Myra in der heutigen Türkei rettete, indem er den Kapitän eines vorbeifahrenden Schiffes dazu überredete, sein geladenes Korn an Land zu bringen und die Stadtbewohner davon zu ernähren, bis Nikolaus im nächsten Jahr seine Ladung wieder aufstockte.

Es gefiel mir sehr, mit wie viel Beharrlichkeit man in Deutschland diese Bräuche – Nikolaus, St. Martin etc. – mit den Geschichten ihres Ursprungs verband. Es erdete, erwärmte einem das Herz, und zusätzlich lernten die Kinder noch das eine oder andere über die Vorzüge des Teilens und das dramatische Potenzial des wahren Lebens.

Am Freitag, den 8. Dezember, fand eine volle, an Sensationen nicht gerade arme Woche, die mit Theresa Mays Flop in Brüssel begonnen hatte, ein unerwartetes Ende. Als ich aufwachte, hörte ich im BBC World Service, dass May nach nur zwei Stunden Schlaf am Morgen zurück nach Brüssel geflogen war, um sich aus der beschämenden Sackgasse wieder hinauszumanövrieren. Bereits zur Frühstückszeit hatte sie die Bereitschaftserklärungen zur Fortsetzung der Gespräche in der Tasche – offenbar hatte sie einen Kompromiss mit der DUP gefunden und das katastrophale Debakel vom Montag gedreht. Endlich konnten die Verhandlungen in die zweite Phase gehen, auch wenn immer noch unklar war, was May letzten Endes wollte – einen harten oder einen weichen Brexit, oder ob sie sich nicht sogar vortastete, um aus der Sache insgesamt wieder rauszukommen.

Ihr neuester Slogan beziehungsweise ihr neuestes recht sinnleeres Mantra war: »Nichts ist beschlossen, bis alles beschlossen ist.« Angefangen bei *Brexit means Brexit* lag in all ihren Äußerungen eine unerträgliche Uneindeutigkeit, die sogar schon einen eigenen Namen bekommen hatte: *constructive ambiguity*. Will sagen: Die Menschen projizieren ganz nach Gutdünken völlig unterschiedliche Bedeutungen in ein und dieselbe Phrase hinein. Die politische Kommentatorin Gaby Hinsliff hat diese Phrasendrescherei bezeichnet als »eine Art gnomischen verbalen Abfalls, der immer dann, wenn die Premierministerin ganz schrecklich entschieden klingen muss, aufgewirbelt wird, eigentlich aber absolut gar nichts aussagt«.

Klar war nur, was May nicht zu liefern wagte: Klarheit. Denn in dem Moment, in dem etwas erhellt wird, kann es auch sofort zum Angriffsziel werden. Das Vage-Bleiben war die im Brexit-Zeitalter angesagte Art des Vorgehens.

Und es war nicht nur May, die nach dieser Maxime agierte. Die Labour-Partei machte sich gleichermaßen schuldig, indem sie ihre eigene Form von *constructive ambiguity* nutzte, um sowohl Leavers als auch Remainers im Boot zu halten. Sie legte sich auf nichts fest und rief auch nicht klar nach einem zweiten Referendum – das würde sie erst tun, wenn sie wüsste, dass dieser Schritt populär wäre.

Endlich waren wir nun auch fertig mit dem Umzug. Ich war noch dabei, letzte Kartons auszupacken und die Stereoanlage wieder einzurichten, als meine sechsjährige Tochter mich darüber informierte, dass sie gern »im Ausland« leben würde. Ich fragte, wo. »Vielleicht in England?«, gab sie zurück. »Mmmh, das könnte schwierig werden«, sagte ich, schließlich sei Papa Deutscher und es könnte bald schwerer werden für Menschen aus der Europäischen Union, in England zu leben und zu arbeiten. »Na ja, dann müssen wir eben so tun, als ob er Brite wäre«, sagte sie und dachte darüber dann noch eine Zeit lang nach, bis sie den Fehler in ihrem Plan entdeckte.

»Aber das könnte schwierig werden, weil er nicht so gut Englisch spricht wie wir, und das könnte ja dann auffallen. Aber vielleicht könnten wir sagen, dass er einfach nicht so gut reden kann. Wir könnten sagen, dass er mal eine Krankheit hatte oder so ...« Sie dachte weiter nach. »Oder wir sagen Papa, dass er einfach überhaupt nichts mehr sagen soll, dann klappt es vielleicht, und niemand merkt, dass er Deutscher ist.«

Auf Einladung von Linda, unserem früheren estnischen Au-pair, sahen mein Mann und ich uns das Stück *Get Deutsch or Die Tryin'* im Berliner Maxim-Gorki-Theater an. Linda, die auch als Schauspielerin arbeitete, hatte eine Rolle in dieser Produktion, die die qualvollen Versuche eines Türken, die deutsche Staatsbürgerschaft zu bekommen, auf die Bühne brachte. Allgemeiner gesprochen ging es in dem Stück von Necati Öziri um die Bemühungen von Deutschtürken, zu einer eigenen Identität zu finden. Auf einer noch abstrakteren Ebene – so zumindest stellte es sich für mich dar – kreiste das Stück auch um die Suche nach einem stimmigen Narrativ, auf die sich alle begeben, die sich eine neue Nationalität zu eigen machen wollen.

Der meilenweite Unterschied zwischen den Erfahrungen der Hauptfigur und meinen eigenen war mir natürlich bewusst. Mir waren beileibe nicht so viele Steine in den Weg gelegt worden, aber trotzdem fand ich es interessant, wie bekannt mir viele Szenen vorkamen. In einer sitzt der Protagonist beispielsweise vor einem Behördenmitarbeiter und muss feststellen, dass sein Schicksal komplett von ihm abhängt. »Kozminski erklärt dir ... welche Papiere du brauchst, um ein stabiler Deutscher zu werden.« Und dann hagelt es Forderungen nach Unterlagen und Dokumenten, von denen manche unmöglich zu beschaffen scheinen. Wiederholt soll der Protagonist über irrwitzig hohe Hürden springen, soll Informationen beibringen, um seinen Antrag voranzutreiben – ein Szenario wie in Kafkas Bürokratiealbtraum *Das Schloss*. Im Vergleich dazu war es mir, genau wie den Heerscharen anderer Briten, von denen ich wusste, mehr als einfach gemacht worden. Der Protagonist auf der Bühne war ein Verlierer seiner Migrationsgeschichte, wohingegen ich selbst klar eine Gewinnerin bin.

Beim Einbürgerungstest werden dem türkischen Helden alle möglichen Fragen gestellt von »Wo entspringt die Weser?« über »Wer war der sechste Bundeskanzler nach 1945?« bis hin zu »Wie oft wird Deutschland in der Bibel erwähnt?«. Auf die letzte Frage, das erfährt er später, wäre die richtige Antwort gewesen: »1684 Mal, in Form des Wortes ›Paradies‹.« Als er seine deutschen Sprachkenntnisse unter Beweis stellen soll, feuert er eine Salve grammatisch korrekter Unverschämtheiten ab, die enden mit: »Ich brech nachts den Stern von deinem Benz.«

Ein paar Tage später sah ich auf Twitter ein Video davon, wie Alice Weidel von der AfD begründete, warum ihre Partei die doppelte Staatsbürgerschaft wieder abschaffen wolle: »Doppelte Loyalität« sei weder möglich noch gut für Deutschland, behauptete sie, man brauche sich ja nur die deutsch-türkische Bevölkerung ansehen, um zu wissen, warum. Ihre verleumderischen Argumente bekamen kurz darauf durch die Freilassung des deutschtürkischen Journalisten Deniz Yücel neue Nahrung. Weidel bezeichnet ihn als »antideutschen Hassprediger« und behauptete obendrein, es sei gleichermaßen »grotesk« wie Fake News, ihn einen Deutschen bzw. Journalisten zu nennen. Ihre Äußerungen machten deutlich, wie rechts die AfD tatsächlich ist. Und nicht zum ersten Mal musste ich mir vor Augen führen lassen, dass auch dieses Land viele Probleme hat und viel Hass mit sich herumträgt.

BESINNLICHKEIT *(OH CHRISTMAS TREE)*

Weihnachten stand vor der Tür. Im besten Fall ist die Adventszeit eine Zeit, in der man zurückblickt und das vergangene Jahr Revue passieren lässt, was ich nach meinem ersten Jahr als Deutsche ganz besonders gern getan hätte. Wie immer aber war neben all den Krippenspielen, Umtrünken, Weihnachtsgebäck-Forderungen und Verabredungen zum Glühweintrinken mit dieser Freundin oder jenem Kollegen auf dem Weihnachtsmarkt nur wenig Ruhe oder Zeit für Meditatives – ohne dass ich allzu sehr nach Ebenezer Scrooge klingen möchte. Zusätzlich hatte meine Zeitung erhöhten Bedarf an weihnachtlichen Texten, die über die Feiertage die Seiten füllen sollte. Alle beendeten ihre E-Mails mit »Ich wünsche Dir eine besinnliche Adventszeit«. Ich musste das Wort »besinnlich« nachschlagen und fand: nachdenklich, gedankenvoll, friedlich, beschaulich, zum Nachdenken anregend.

Ich fand dieses Gefühl anrührend. Einen Briten einen solchen Wunsch äußern zu hören, war unvorstellbar. Die *Seasons Greetings* kamen der »besinnlichen Adventszeit« noch am nächsten, waren aber doch erheblich oberflächlicher. Und zugegeben: Ich fühlte mich alles andere als ruhig und friedlich. Mit zwei kleinen Kindern und einem Vollzeitjob würde ich mich wohl damit arrangieren müssen, dass Besinnlichkeit nur in kleinen Dosen zu haben war.

Eines Tages zum Beispiel kam ich nach dem Mittagessen aus der Bundestagskantine – nachdem das Küchenpersonal mir die Leviten gelesen hatte, weil ich nicht auf das Hinweisschild geachtet hatte, auf dem stand, dass ich mein Besteck rechts neben den leeren Teller auf das Tablett zu legen hatte, bevor ich das Tablett auf das Transportband stellte, mit dem es dann direkt zur Spülmaschine befördert wurde. Als ich das Foyer betrat, sang der Bundestagschor dort Weihnachtslieder, und ich blieb stehen und hörte zu. Der Chor beendete das Konzert mit einer ergreifenden, in himmlische Höhen aufsteigenden Interpretation von *Stille Nacht*. Ich weiß, dieses Lied ist ursprünglich und vor allen Dingen ein deutschsprachiges, jedem Deutschen bekanntes Weihnachtslied, aber trotzdem kenne ich es auch gut von den Weihnachtsfeiern meiner Kindheit, bei denen es *Silent Night* hieß. Als ich es jetzt hörte, wurde mir das Herz schwer und die Tränen traten mir in die Augen.

Einige Dezembertage später ging ich zu der Gedenkfeier, die anlässlich des Jahrestags des Anschlags auf den Weihnachtsmarkt abgehalten wurde. Weihnachtsgeschenke für die Kinder klemmten zwischen meinen Beinen, während ich eine Kerze hielt und mit dem Rest der Menge unter der gekonnten Anleitung der US-amerikanischen Jazzsängerin Jocelyn B. Smith *Amazing Grace* sang. Die Tränen kamen mir auch hier. Kaum etwas trägt dem Begriff und dem Gefühl der Besinnlichkeit besser Rechnung, als gemeinsam Musik zu machen.

Zu Beginn der Weihnachtsferien ging ich mit meinen Kindern zum Weihnachtssingen in unser örtliches Fußballstadion, und meine Freundin Annette, ihre Schwester Ute und ich sangen uns die Seele aus dem Leib und versuchten, uns vom Wind kein Kerzenwachs auf die Mäntel blasen zu lassen, während die Kinder auf der Tribüne Fangen spielten. Die beiden Frauen erzählten mir von den Unterschieden zwischen den als ost- bzw. westdeutsch codierten Weihnachtsliedern, kulturelle Nuancen, die ich von allein nicht wahrgenommen hätte. Ich war mittlerweile durchaus versiert in allem zwischen *Kling, Glöckchen, klingelingeling* und *Schneeflöckchen, Weißröckchen*, und da meine Kinder diese Lieder mit großer Freude sangen, konnte auch ich über ihre Kitschigkeit hinwegsehen. Ich kann ehrlich sagen, dass sie zu einem vertrauten, authentischen Teil auch meines Weihnachtsfests geworden sind.

Seit dem zweiten Weihnachten mit unserer Tochter, als sie alt genug war, das ganze Brimborium zu mögen, fuhren wir über die Festtage nicht mehr nach England, sondern hatten begonnen, unser eigenes Familienereignis daraus zu machen. Das Fest war eine wunderbare

Gelegenheit, einen schönen englisch-deutschen Traditionsmix zu etablieren. Zunächst hatte ich noch Sorge, ob wir das tatsächlich auf die Reihe kriegen würden, da ich, bevor wir Kinder hatten, nie das Bedürfnis verspürt hatte, Weihnachten ohne Eltern und Geschwister bewusst zu feiern. Aber wie sich herausstellte, war es relativ unkompliziert.

Von Anfang an war Heiligabend bei uns der Zeitpunkt, an dem – das war meinem Mann wichtig – das Christkind kam. Es brachte ein paar Geschenke, während wir beim Krippenspiel waren. Dann füllte Father Christmas über Nacht die Socken, die wir an die Türen der Kinder gehängt hatten, und legte noch einmal ein paar Geschenke unter den Baum, darunter auch die aus England eingetroffenen Pakete. Wenn wir am 25. Dezember, für mich immer noch der wirkliche Weihnachtstag, aufwachten, wurden zuerst die kleinen Geschenke aus den Socken geöffnet, nach dem Frühstück dann die unterm Baum. Das einzige Weihnachtsthema mit Streitpotenzial: die Weihnachtsbaumbeleuchtung. Mir reichen *fairy lights,* diese kleinen elektrischen Glühbirnen, vollkommen, vielleicht in verschiedenen Farben. Aber für meinen Mann gehören ausschießlich echte brennende Wachskerzen auf den Baum – eine Vorstellung, bei der sich mir die Nackenhaare aufstellen, was »*health and safety*« angeht …

Das Mittagessen am Weihnachtstag war üblicherweise eine hauptsächlich britische Angelegenheit und bestand aus einem fünf Kilogramm schweren Truthahn aus Freilandhaltung, der noch wenige Tage zuvor in der Lüneburger Heide unterwegs gewesen war (gesetzt den Fall, es herrschte keine Vogelgrippe) und dann zusammen mit Röstkartoffeln, Füllung, Bratensoße, Brotsoße und diversem Gemüse, *trimmings* genannt, auf unserem Tisch landete. Zum Nachtisch gab es Vanillekipferl, Mince Pies und dazu Weinbrandbutter. In diesem Jahr sollte es zusätzlich noch Rotkohl geben, dessen Zubereitung wir von Sonja, der deutschen Großmutter unseres Au-pairs, gelernt hatten, die uns dazu anhielt, ihn »schwitzen zu lassen«. Dass das Rezept so viele

Jahre, nachdem sie im Alter von zehn Jahren Schlesien verlassen hatte, über den Umweg Großbritannien, wo sie die vergangenen 50 Jahre zu Hause gewesen war (obwohl sie mir erzählte, dass sie immer noch »durch und durch Deutsche« sei und nicht im Traum daran denken würde, die britische Staatsangehörigkeit anzunehmen), quasi wieder nach Deutschland zurückkam, hatte etwas Stimmiges.

Während der folgenden Feiertage bestand unser Unterhaltungsprogramm unter anderem darin, *Meine Lieder – meine Träume* zu sehen, *The Sound of Music,* diesen Film, der über Jahrzehnte ohne Wenn und Aber zur britischen Weihnachtstradition gehört hat. Außerdem zogen wir uns die tschechisch-ostdeutsche Version des Märchens Aschenputtel rein, *Drei Haselnüsse für Aschenbrödel,* ein Film, der für viele Deutsche, sowohl aus dem Osten als auch aus dem Westen, wie für mich in meiner Kindheit eine feste Größe gewesen war.

Und dann gehörte natürlich auch *Dinner for One* mit seinem Slapstick-Humor erster Güte unbedingt mit ins Programm. Dieser Sketch ist im Übrigen, auch wenn die deutsche Öffentlichkeit vom Gegenteil ausgeht, in Großbritannien vollständig unbekannt. Schon häufiger habe ich miterlebt, wie ein Deutscher im Gespräch mit einem Briten den Ausdruck »*same procedure as every year*« von sich gab und einen Lacher erwartete. Wenn der dann ausblieb, waren Enttäuschung und Verwirrung groß.

OH TANNENBAUM Mein Mann und ich kamen überein, den Baum, wie es in unseren beiden Kindheiten Brauch gewesen war, nicht vor dem 24. Dezember aufzustellen. Am Tag vor Heiligabend nahmen wir die Fahrdienste unseres syrischen Freundes Wassim in Anspruch, der sich gerade einen Gebrauchtwagen gekauft hatte – nach den Fahrstunden seine erste größere Investition, seitdem er vor zwei Jahren nach Deutschland gekommen war. Er hatte sich bereit erklärt, uns zu fahren, damit wir meine Freundin Annette samt Mann und Sohn zum Werderaner Tannenhof in Plessow begleiten konnten. »Jetzt bin ich noch deutscher als du!«, witzelte Wassim und führte stolz sein neues Auto vor, mit dem er uns an einem grauen, feuchtkalten Dezembertag durch Brandenburg kutschierte.

Aber als wir alle zusammen einen Hektar voller Fichten, Nordmanntannen und Kiefern durchstreiften, fühlte auch ich mich durch und durch deutsch, denn ich wusste ja, dass es wahrscheinlich keinen germanischeren Ort gibt als den Wald. Auch wenn das hier eine menschengemachte Plantage war: Sie schaffte es, in mir ausreichend Gebrüder-Grimm-Stimmung hervorzurufen, ja sogar die Besinnlichkeit zu generieren, die mir bisher abgegangen war.

Während wir durch die sauber gepflanzten Baumreihen trapsten, um das perfekte Gewächs zu finden, war ich mir absolut sicher, jeden Moment auf das Pfefferkuchenhaus von Hänsel und Gretel zu stoßen. Und tatsächlich fanden wir es: das Pfefferkuchenhaus samt unheimlicher Musik, schaurigen Soundeffekten und einem lodernden (okay, künstlichen) Feuer, in dem man die böse Hexe gut hätte braten können. Nicht nur meine Kinder hatten Angst. Überhaupt niemand wollte mich in die gespenstische Behausung begleiten. Also genoss ich den Nervenkitzel allein.

Beim Betreten des Geländes hatten wir einen detaillierten Geländeplan auf einer Tafel gesehen: Fichte, 2–3 Meter, Nordmann bis 2,50 Meter, Korktannen, Fichten und Frasentannen, 2–3 Meter. Es gab sogar 8 Meter hohe Nordmanntannen für die mit den hohen Decken. Ich stellte sie mir vor: Autohausbesitzer, Elektronikmarktketten in Berlin oder andere große Kaufhäuser, in denen die Bäume zwischen lamettabehängten Aufzügen in die Höhe ragten.

Mit anderen Baumsuchenden standen wir um die Preislisten für die »Selbstschlagaktion« herum – natürlich waren wir zum Selbstschlagen hier, schließlich wollten wir den Kindern ja ein möglichst authentisches Weihnachtserlebnis bescheren, in der Hoffnung, dass sie eines Tages sagen würden: »Erinnert ihr euch noch, als wir in diesem Zauberwald waren, in dem wir einen Baum geschlagen haben?« Wir stellten fest: Nordmann, Edel-, Colorado- und Korktannen waren die teuersten – es fing bei 18 Euro für den halben Meter an (inkl. 10,7 Prozent Mehrwertsteuer – einen Ausflug in die undurchschaubare Logik der deutschen Mehrwertbesteuerung spare ich mir an dieser Stelle), Serbische Fichten die günstigsten. Dann ging es weiter zur nächsten Schautafel, auf der jeder Baumtyp detailliert beschrieben wurde. Ich nahm Merkmale wie »Nadelfestigkeit« und »Duftintensität« zur Kenntnis. Die Farbe war mir und vor allem meiner Tochter ebenfalls wichtig – eine Blaufichte lehnte sie rundheraus ab, denn schließlich »sind Weihnachtsbäume doch nicht blau!«.

Am Eingang konnte man sich für umsonst Äxte und Sägen leihen (ich war mir nicht sicher, ob das bei den Gesundheits- und Sicherheitsvorschriften im Vereinigten Königreich überhaupt möglich wäre). Dann stolperten wir los in den »Wald«, taten so, als seien wir Waldarbeiter aus einer anderen Zeit, und sangen *Oh Tannenbaum*, eines der vielen Weihnachtslieder, das auch auf Englisch sehr gut funktioniert. Ich für meinen Teil sang zumindest: »*Oh Christmas Tree, oh Christmas Tree, how lovely are your branches*«.

Schlussendlich entschieden wir uns nach langen Auseinandersetzungen, die Wassim sehr erheiterten, für eine Nobilistanne, die wir mit einer größeren Sorgfalt wählten, als ich sie womöglich auf den Kauf eines Autos verwandt hätte. Wir alle fassten die Säge an und arbeiteten mit kollektivem Elan daran, sie zu fällen. Als sie mit ihren vollen zwei Metern Länge dumpf auf dem Boden aufschlug, applaudierten wir. Wie richtige Waldarbeiter trugen die Männer die Bäume auf den Schultern zurück, dann sahen wir zu, wie unser Baum gemessen und in eine kanonenähnliche Maschine geschoben wurde, die ihn sehr effizient in ein Netz verpackte. Wir streckten 40 Euro hin und ließen unserem Erstaunen über diese Erfahrung anschließend bei Glühwein, Kinderwein und Punsch freien Lauf.

In der vorangegangenen Woche hatte ich auf dem deutschen Nachrichtensender, der in meinem Büro lief, mehrfach einen kleinen Spot gesehen. Darin erteilte ein Versicherungsexperte Ratschläge, wie man einen Weihnachtsbaum korrekt und möglichst sicher nach Hause transportiert – was für mich immer eine kleine Erleichterung zwischen den Berichten über den Stand der Koalitionsverhandlungen war. Ich war also perfekt informiert, und entsprechend wurden unsere Bäume ganz richtlinienkonform mit Seilen und sorgfältig geschnürten Knoten aufs Autodach geschnallt. Noch nie hatte ich mich derart wie eine echte Deutsche gefühlt.

Es konnte also endlich losgehen mit Weihnachten. Für mein Gefühl durfte meine doppelte Staatsbürgerschaft bei diesem Fest zu sich selbst finden, und ich fühlte einen seltenen Einklang, eine schöne Balance. Die naheliegendste Frage war natürlich, wie ich dieses Gefühl *nicht nur zur Weihnachtszeit* (um den Titel einer meiner Lieblingsgeschichten von Heinrich Böll zu zitieren) haben, sondern das ganze Jahr über bewahren konnte. In Großbritannien fuhr eine Tierschutzorganisation übrigens mal eine sehr wirkungsvolle Kampagne, die mit einem ähnlichen Slogan arbeitete. Um etwas gegen die Hunderttausende ausgesetzter Haustiere in den Wochen und Monaten nach Weihnachten zu tun, wurde den Menschen gesagt: *»A pet is for life, not just for Christmas.«* – »Ein Haustier hat man nicht nur an Weihnachten, sondern ein ganzes Leben lang.«

In Bezug auf meine deutsche Staatsangehörigkeit musste ich jetzt ähnlich denken. Ich konnte sie nicht mehr so einfach wieder loswerden, auch wenn, sagen wir, der Brexit vielleicht doch nicht stattfinden sollte – was ich trotz allem immer noch sehr hoffe.

5

HOME SWEET HOME

Ich fürchte, ich bin doch zu meinem eigenen Thema geworden. Als ich vor mehr als 20 Jahren Journalistin geworden bin, hatte ich mir vorgenommen, dass genau das nie passieren sollte. »Darfst du denn überhaupt noch für den *Guardian* arbeiten, jetzt, wo du Deutsche bist?«, hat mich eine Bekannte gefragt, so als ob ich dem Gegenstand meiner Berichterstattung, also Deutschland, zu nahe gekommen wäre.

Zu meiner Verteidigung: Es war die *Süddeutsche Zeitung*, die auf mich zutrat und mich bat, einen Essay zu schreiben, der dann wiederum Anlass für eine Literaturagentin war, auf mich zuzukommen und mich zu fragen, ob ich nicht dieses Buch schreiben wolle. Bis zu diesem Zeitpunkt hatte ich eigentlich nicht den Eindruck, es könnte Interesse bestehen an dieser Form von Bericht. Je länger ich daran schrieb und je mehr ich mich über das Thema austauschte, desto klarer wurde mir jedoch, wie repräsentativ meine eigene, persönliche Geschichte für die Identitätssuche und die Fragen ist, die so viele Briten, aber auch andere Europäer in diesen Tagen umtreiben. Meine Erzählung ist auch die vieler anderer Menschen in Europa, und unsere Stimmen drohen unterzugehen im allgemeinen Populismus, der den Kontinent erfasst hat.

Und wo stehe ich jetzt? Ich fühle mich immer noch, als säße ich zwischen zwei Stühlen, und habe nicht selten gemischte Gefühle ob der Bedeutung, mich offiziell für eine andere Nationalität entschieden zu haben. Ich halte mich also weiterhin an dem Gedanken fest, dass es tatsächlich möglich, wenn nicht sogar von Vorteil ist, mehr als nur eine Identität zu besitzen, wie der irische Kommentator Fintan O'Toole so scharfsinnig argumentiert hat. Ich glaube aber auch, dass dieser Ansatz, diese Idee einer viel-dimensionalen Identität für manche Deutsche nur sehr schwer zu akzeptieren ist – ich erinnere nur an das Gespräch, das ich vor einiger Zeit im Treppenhaus mit meinem Nachbarn hatte, der von mir wissen wollte, welchem Land gegenüber ich denn nun loyal sei.

Auf Bahnsteigen gibt es diese gelb eingefassten, rechteckigen Bereiche, in die man zum Rauchen treten soll. Manchmal habe ich den Eindruck, dass die Menschen – und die Deutschen vielleicht ganz besonders – in ihrer Suche nach Ordnung am liebsten um jeden einen solchen Kasten malen und sagen würden: Du gehörst in diese Kategorie, du in eine andere. Und dann würden sie deutlich besser ihren Frieden machen können mit den vielen Neuankömmlingen, die im Lauf der letzten Jahrzehnte in ihr Land gekommen sind. Aber die Kästen haben Überschneidungen, das Leben ist unübersichtlich und die Welt ein komplizierter Ort.

Vor meinem inneren Auge sehe ich einen Sketch ablaufen, in dem die gepinselte gelbe Linie sich ausdehnt und zu einer Plexiglaswand wird. Die darin Eingeschlossenen wirken in ihren Versuchen, sich einen Fluchtweg zu ertasten, wie Pantomimen.

Bin ich jetzt tatsächlich Deutsche, so wie es auf meinem Personalausweis steht? Oder wäre die bessere Frage: Kann ich jemals Deutsche werden? Ich schreibe dieses Buch auf Englisch, bevor es ins Deutsche übersetzt wird – was sagt das über mich aus? Ich habe mir einen Organspendeausweis zugelegt, um, wenn auch vielleicht nur im Kleinen, zu demonstrieren, dass ich nicht aus egoistischen Gründen hier bin und dazugehören will.

Aber sicher kann ich mich noch mehr anstrengen, um die vielen geschriebenen und ungeschriebenen Regeln in Deutschland zu beachten, die mir vielleicht noch nicht ganz so in Fleisch und Blut übergegangen sind wie diejenigen, mit denen ich auf der Insel aufgewachsen bin. Ich werde es versuchen, zumindest so lange, bis meine rebellische britische Natur mir dazwischenfunkt. Auch in Deutschland bin ich durchaus schon bei Rot über die Straße gegangen (aber natürlich nur dann, wenn keine Kinder in Sichtweite waren).

Außerdem bin ich inzwischen im mittleren Alter. Ohne allzu dramatisch werden zu wollen: Ich muss mich wohl auch mit dem Gedanken auseinandersetzen, dass ich eines schönen Tages, vielleicht auch an einem Abend, hier in Deutschland sterben werde – praktischerweise wohne ich jetzt direkt gegenüber von einem Friedhof. Sollte es danach aussehen, als ginge es zu Ende, werde ich meine Hinterbleibenden ersuchen, sich nach meinem Hinscheiden mit anderen Menschen die Gießkanne zu teilen. Mir ist auf deutschen Friedhöfen einfach zu häufig der Anblick manchmal Hunderter gleichfarbiger Kannen untergekommen, die nebeneinander festgekettet sind und jeweils nur von einem einzigen Besitzer benutzt werden.

Ich habe in vielerlei Hinsicht noch einen langen Weg vor mir. Wie schon gesagt: Ich habe immer noch nichts von Goethe gelesen, abgesehen von einem Gedicht hier und da. Ich habe weder die Winnetou-Filme gesehen noch Neuschwanstein besucht. Auch Helgoland steht noch auf meiner Liste. Ich muss noch Eisbein essen und eine Wagner-Oper von Anfang bis Ende sehen. Auch auf der Zugspitze war ich noch nicht, und auf der Autobahn habe ich das Fehlen der Geschwindigkeitsbegrenzung noch nie dazu genutzt, die PS meines Autos auszureizen. Saumagen dagegen habe ich schon mal gegessen, und mehr als nur ein paar Mal ist mir jemand auf der Autobahn hinten zu dicht draufgefahren (beides gehört zu meinen wahrscheinlich schrecklichsten Erlebnissen in Deutschland). Ich war auf dem Brocken, ich habe den *Zauberberg* gelesen, ich war auf der Wartburg und habe über die Ostfriesen-Witze meiner Tochter gelacht. Es ist also nicht so, als hätte ich noch keinen Willen gezeigt.

Ich glaube jedoch nach wie vor, der Dreh- und Angelpunkt für alles ist die Sprache. Genau wie ich denke, dass meine Muttersprache mich am stärksten an meine britischen Wurzeln bindet, ist die deutsche Sprache auch mein Schlüssel zur Assimilation. Womit ich nicht sagen will, dass ich nicht gerade *wegen* der Sprache auch Augenblicke der gefühlten Isolation hatte.

Zum Beispiel als ich damals als Sprachassistentin jobbte und einen Tuberkulose-Test machen musste. Eine Frau raunzte mich an: »Oberkörper frei machen!« Ich verstand sie nicht, ganz ehrlich, und erstarrte vor Schreck, weswegen sie mich dann nur noch lauter anraunzte. Auch unter der Geburt fühlte es sich sehr komisch an, die aufmunternden Worte der Hebamme erst entschlüsseln zu müssen: »Und jetzt mit der Kraft der Verzweifelten!« Oder als ich einen regelrechten Blackout hatte, nachdem mich eine Radiomoderatorin in einem Interview, in dem es um Schröders vorgezogene Neuwahlen ging, gefragt hatte, ob dieser Schritt eine »Flucht nach vorne« sei. Oder als der Nachbar klopfte und fragte, ob er sich eine Wasserwaage ausleihen dürfe.

Während ich an diesem Buch hier schrieb, habe ich ein einwöchiges Experiment gemacht: Ich habe alle mir unbekannten Wörter notiert, die mir so begegneten – und zwar in beiden Sprachen. Vor allem in Zeitungsartikeln und Radiobeiträgen stolperte ich über deutsche Prachtstücke wie »waghalsig«, »Gutdünken«, »Klumpenrisiko«, »ulkig«, »töricht«, »schnodderig« und »schrumpelig«. Aber auch im Englischen begegnete mir Unbekanntes: *cludgie* (Glasgower Dialekt für »Toilette«), *schlub* (eine talentfreie Person), *nesh* (nordenglisch für Frostbeule), *yirdit* (nordostschottisch für erdig, dreckig) und *nemophilist* (Waldliebhaber).

Zugegebenermaßen sind die deutschen Begriffe in der Alltagssprache etwas geläufiger, die englischen dagegen deutlich ausgefallener, aber meine Neugierde und mein Staunen über sie ist das gleiche, und ich hoffe, dass das immer so bleiben wird und ich in beiden Sprachen weiter wachse.

Obwohl Kommentatoren in Deutschland schreiben, niemand wisse, wofür Großbritannien noch stehe: Meine *Britishness* ist noch sehr präsent, nicht nur in der Sprache, sondern auch im Humor. Manchmal stelle ich allerdings fest, dass ich einen weiteren Briten brauche, damit Letzterer sich entfalten kann. Zur Frustration aller Deutschen, die mir diese Frage stellen, zögere ich immer noch, die Frage »Möchtest du eine Tasse Tee?« direkt zu beantworten. Ich antworte immer noch lieber mit: »Nur, wenn du sowieso gerade einen machst.« Ich bin immer noch sehr höflich und sage viel zu häufig »Danke« und »Sorry«. Und ich neige immer noch dazu, mich durchzuwurschteln, *to muddle through*, wie Gisela Stuart es formuliert hat.

Auf der anderen Seite bin ich doch auch schon ziemlich deutsch geworden: Ich bin sehr pünktlich, ich bin, wenn ich den Mut dafür aufbringe, sehr direkt (zumindest wird meine englische Familie nicht müde, mir das zu sagen), ich lese beharrlich auch das Kleingedruckte, ich bin sehr ernsthaft und kann Oberflächlichkeit nicht leiden. Wenn man mit Deutschen anstößt, bestehen sie oft darauf, sich dabei in die Augen zu sehen – was ihre Ernsthaftigkeit für mich ganz gut auf den Punkt bringt. Ich freue mich, dass wir uns in der Familie dank meiner deutschen Schwägerin diese Angewohnheit längst zur Regel gemacht haben (mein Vater kombiniert die Geste gerne mit einem Zwinkern und einem Luftküsschen). Ich selbst nutze jede Gelegenheit, dieses Ritual weiterzugeben, und vergesse nie, darauf hinzuweisen, dass es sich um eine ausgesprochen deutsche Sitte handelt.

Und trotzdem: Wenn ich nach Großbritannien komme, fühle ich mich unweigerlich hingezogen zu den vertrauten Dingen, und seien es so banale Dinge wie Nummernschilder und Schornsteine. Ich liebe diese humorvollen kleinen Gespräche, die man mit Fremden führen kann, den gefühlt kameradschaftlichen Geist in Ausnahmesituationen, zum Beispiel, wenn ein Bus liegen bleibt, und den stürmischen Wind, der einem den Regenschirm umstülpt. Wenn ich eine gewisse Zeit in Großbritannien war und die Zeit für die Rückkehr nach Deutschland gekommen ist, habe ich ungefähr eine Woche lang ein tief sitzendes, nagendes Heimweh, bis ich wieder in meinem Alltag angekommen bin, mich mit Freunden verabredet und mich an der Nachrichtenfront auf den neuesten Stand gebracht habe. Dann komme ich recht schnell ins Gleichgewicht – obwohl doch etwas an mir zerrt und mich dazu bringt, quasi zwanghaft BBC-Radio zu hören und die Nachrichten von der Insel zu verfolgen.

Das Heimat- oder Zugehörigkeitsgefühl, das ich in Deutschland empfinde, habe ich vor allem wegen meines tollen Mannes und meiner wunderbaren Kinder, die keine bessere Mischung aus beiden Ländern sein könnten. Sie verankern mich in und sind meine lebendigste Verbindung zu Deutschland.

Meine kulturelle Identität würde ich nicht als besonders deutsch bezeichnen, sondern eher als Summe meiner Erfahrungen, und dazu gehören neben der Musik, die ich gerne höre, eben auch die Bücher, die ich gelesen, und die Theaterstücke, die ich gesehen habe, sowie vor allem europäische und US-amerikanische Einflüsse. Mein Deutsch-Werden nimmt keinen massiv verändernden Einfluss auf diese Identität, vielmehr ist diese sowieso längst mitgeprägt von meinen deutschen Erfahrungen. Dazu gehören Schuberts *Winterreise*, die Bücher von Heinrich Böll und Erich Kästner, Kurt Tucholsky, Rainer Maria Rilke und Christa Wolf, dazu Beethoven, Hans Fallada, Käthe Kollwitz, Andreas Dresen, Sandra Hüller, Manfred Krug, 17 Hippies, Anne-Sophie Mutter, W. G. Sebald, Mascha Kaleko, Christian Petzold, Loriot, Nina Hoss, Patrick Süskind, Maren Ade, Juli Zeh, Bernhard Schlink, Melanie Hill, Gerd Voss und Lotte Lehmann – und das sind nur die Galionsfiguren, die mir sofort und als Allererste in den Kopf kommen.

Mittlerweile bricht mir nicht nur dann der Schweiß aus, wenn in Großbritannien chaotische Zustände herrschen, sondern auch, wenn in Deutschland die Koalition zu scheitern droht. Auch ich habe großes Interesse an der Zukunft Deutschlands. Ich finde es ungemein schmerzhaft, dass heute im Bundestag Menschen sitzen, die aussehen, als lutschten sie unablässig an Zitronen, und die sich mit Perlen behängen und in Tweed kleiden wie falsche britische Adlige, und manchmal habe ich Angst um die Zukunft. Aber zweifelsohne bin ich heute, wo das Austrittsdatum näher rückt, gefühlt ein kleines Stückchen weiter abgerückt vom Vereinigten Königreich und seinem Selbstverstümmelungsprozess, als ich das noch am 24. Juni 2016 war, dem Tag nach dem Referendum.

Trotzdem werde ich die tiefsten Heimatgefühle mit großer Wahrscheinlichkeit nicht in Deutschland, sondern weiterhin eher in der Nähe des Ortes empfinden, an dem ich meine Kindheit verbracht habe, wo ich aufgewachsen bin. Ein Gefühl von Heimat liegt in dem starken Duft des Bürgersteigs nach einem Regenguss und in dem Geruch von Malzessig, der von einer dampfenden Portion Fish and Chips aufsteigt. An diesem Punkt holt Deutschland nur langsam auf. Doch wenn ich einige Zeit nicht in Deutschland gewesen bin, erscheint mir inzwischen auch der Geruch einer brutzelnden Bratwurst vertraut, der scharfe Geruch nach schmelzendem Gummi an den Bremsen einer S-Bahn oder der Fetthauch von Quarkbällchen auf dem Weihnachtsmarkt.

Tröstliche Heimeligkeit vermitteln mir weiterhin die selbst gebackenen Obstkuchen meiner Mutter, der Geruch nach Teeröl rings ums Gemüsebeet meines Vaters und der beißende Duft der Tomaten in seinem Gewächshaus, zwischen den Fingern zerriebene Lorbeerblätter aus dem Garten und das Kiesknirschen auf dem Weg zur Haustür. Aber immer, wenn wir als Familie dort ankommen und meine Eltern die Haustür öffnen, empfinde ich sehr schmerzlich auch den tiefen Graben, der sich wegen des Referendums zwischen uns aufgetan hat und der, schweigend übergangen oder nur unvollständig thematisiert, einfach bleibt – während sie älter werden. Die Kinder, ihre Enkel, fungieren als Puffer. Sie sind die Ablenkung, die uns davon abhält, über unsere Differenzen zu sprechen. Und während sich ein Teil von mir wünscht, dass wir Raum und Zeit fänden, die Meinungsverschiedenheiten zu besprechen – vielleicht bei einem Spaziergang auf einer windigen britischen Klippe? –, habe ich mich doch auch darum bemüht, diese Gedanken beiseitezupacken.

Meine Mutter und ich sprechen also über Rezepte und Kopfläuse im Kindergarten, vor allem tauschen wir Anekdoten aus dem Leben der Kinder, Themen, die unstrittig sind und bei denen sie das Gefühl haben kann, mir eine Hilfe zu sein, während ich, die ich mich bemühe, eine annehmbare Mutter zu sein, dankbar bin für ihren Rat. Am Muttertag, der im Vereinigten Königreich schon im März begangen wird, kümmere ich mich darum, dass sie einen Korb mit in Großbritannien gezüchteten Narzissen und Osterglocken bekommt, und wenn sie anruft, um sich bei mir zu bedanken und mir ebenfalls einen »Happy Mother's Day« zu wünschen, bringe ich sie mit Geschichten über die Kinder zum Lachen, die ich nur dann lustig finde, wenn ich sie ihr erzähle. Es ist ein bisschen so, als würde ich ein Überdruckventil öffnen, obwohl ich sehr gut weiß, dass es wahrscheinlich nur einen sehr kleinen Zwischenfall im Zusammenhang mit dem Brexit braucht, damit ich wieder schäume vor Wut und unsere Beziehung schwieriger wird.

Kurz: Was für mich als ein sehr praktisch orientiertes Projekt begonnen hat, ist unausweichlich zu einer deutlich emotionaleren Investition geworden. Statt für eine Entscheidung zu stehen, mehr die eine Identität als die andere leben zu wollen, fühlt sich das Annehmen der deutschen Staatsbürgerschaft für mich vielmehr an wie der bewusste Versuch, meine beiden Identitäten zu fusionieren.

Seit ich mich mit meiner Freundin Charlotte, mit der ich seit 27 Jahren befreundet bin, im März 2018 zu einer Führung im Haus der Wannseekonferenz getroffen habe, empfinde ich das noch deutlich stärker so. Dort habe ich ein Flugblatt der NSDAP von 1920 gesehen, auf dem steht, was einen deutschen Staatsbürger ausmacht: »Nur die, die deutschen Blutes sind, egal welcher Religion, können Volksgenossen sein.« Und ich denke: Es hat sich doch eine Menge geändert in den letzten hundert Jahren.

Charlottes Mutter, eine deutsche Staatsbürgerin, die den Großteil ihres Erwachsenenlebens im Vereinigten Königreich verbracht hat, ist vor zwei Jahren gestorben. Jetzt hat Charlotte die deutsche Staatsangehörigkeit beantragt. Was, wie sie sagt, zunächst eine Reaktion auf den

Brexit und eine gefühlte Lebensversicherung gewesen sei. Aber seitdem sie diesen Weg eingeschlagen hat, ist ihr klar geworden, wie sehr sie so die Bindungen an den deutschen Teil ihrer Familie festigt. »Was mir viel wichtiger ist, als ich gedacht hätte«, sagte sie, während wir in beißender Kälte in Wannsee auf dem Bahnsteig standen und auf die S-Bahn warteten.

Unterdessen richten wir uns in unserem neuen Haus ein. Kürzlich saß ich auf dem Dach, reinigte die Regenrinne mit etwas, das – wie ich gerade gelernt hatte – Rohrreinigungsspirale heißt, und sah über die Häuser hinweg. Ich musste an dieses Lied von Elton John denken, in dem es heißt: »*Sat on the rooftop and picked off the moss.*« Ich dachte: Ich vermisse den roten Backstein und die verzierten Schornsteine auf den Dächern. Und ich fragte mich, ob es sich hier jemals so vertraut anfühlen wird – oder immer auch ein wenig fremd. Wir sind über ein paar alte blau-weiße, wahrscheinlich ungefähr aus dem Jahr 1865 stammende Keramikfliesen gestolpert und haben sie über die Küchentür gehängt. Auf ihnen steht: »Trautes Heim, Glück allein«. Genauso gut könnte es auch heißen: *Home Sweet Home.*

DANK

Mein Dank gilt zuerst, *in order of appearance*, den folgenden Menschen: Lenka, Ed, Louise, Thommy und Susanne, Andrew und Charlotte, Mr. Russell, Heike und Michael, Rudolf und Nele, Bernd, Angus und Ian *in memoriam*, Hugh und Anke, Damien, Esme, Ruth und Martin, Amber, Sonja, Annette und Karl-Heinrich, Linda, Wassim und Jalal. Und meine Entschuldigung all jenen, die ich möglicherweise vergessen habe ...

Ich danke außerdem Marten Rolff von der *Süddeutschen Zeitung*, der mich auf die Idee brachte, einen Essay über meinen Weg zum deutschen Pass zu schreiben, und Rebekka Göpfert, die in diesem Essay das Potenzial für ein Buch gesehen hat. Mein Dank geht auch an meine Lektorinnen Annika Domainko und Nicola von Bodman-Hensler, die mich mit großer Unterstützung begleitet haben.

Dankbar bin ich auch der Insel Hiddensee, wo ich die Ruhe finden konnte, den größten Teil dieses Buchs zu schreiben. Meiner deutschen Familie, die mich im vergangenen Jahrzehnt so herzlich in Deutschland aufgenommen hat, allen voran Stefan aka Großpapa und Antonia. Und meinen Eltern, die immer meine Eltern sein werden, trotz aller Missverständnisse, die uns noch länger begleiten werden.

Last but by no means least: Danke, von ganzem Herzen, an meinen Mann Florian, der mich durch dick und dünn begleitet und Freiräume geschaffen hat, damit ich schreiben konnte. Und an meine Kinder, AB und SJ, die von Anfang an stolz von meinem *Exit-Brexit*-Projekt erzählt haben und immer eine große Inspiration sind.

ANMERKUNGEN

1 Imke Schneider, »Schneller als der Brexit sein«, in: *Legal Tribune Online*, 6.7.2016, https://www.lto.de/recht/hintergruende/h/brexit-briten-deutschland-einbuergerung-staatsangehoerigkeit/ (aufgerufen am 3.9.2018)

2 Winston Churchill, Rede bei der European rally in Amsterdam am 9.9.1948, zitiert nach https://www.cvce.eu/content/publication/2008/4/21/19c46889-2c6d-4dba-9371-dc965cd79a6a/publishable_en.pdf (aufgerufen am 3.9.2018)

3 Helmut Schmidt, Rede beim Labour-Parteitag am 30.11.1974, https://www.youtube.com/watch?v=d-96EEcT9BQ (aufgerufen am 3.9.2018)

4 Bethan Holt, »You can now buy a copycat version of Margaret Thatcher's 1975 European flags jumper«, in: *The Daily Telegraph*, 21.6.2016, https://www.telegraph.co.uk/fashion/people/you-can-now-buy-a-copycat-version-of-margaret-thatchers-1975-eur/ (aufgerufen am 3.9.2018)

5 Margaret Thatcher, Rede im College of Europe (»The Bruges Speech«), 20.9.1988, zitiert nach: Margaret Thatcher Foundation, https://www.margaretthatcher.org/document/107332 (aufgerufen am 3.9.2018)

6 Michael Binyon, »German unification: ›Thatcher told Gorbachev Britain did not want German unification‹«, zitiert nach: Margaret Thatcher Foundation, https://www.margaretthatcher.org/document/112006 (aufgerufen am 3.9.2018)

7 Carsten Volkery, »Die Deutschen sind wieder da!«, in: *Spiegel Online*, 10.9.2009, http://www.spiegel.de/einestages/maggie-thatcher-und-die-wiedervereinigung-a-948498.html (aufgerufen am 3.9.2018)

8 Macer Hall, »Sold out to Europe: Brown makes Queen sign away our Sovereignty«, in: *The Daily Express*, 18.7.2008, https://www.express.co.uk/news/uk/52947/Sold-out-to-Europe-Brown-makes-Queen-sign-away-our-sovereignty (aufgerufen am 3.9.2018)

9 BBC News, »Cameron places focus on optimism«, 1.10.2006, kein Autor, http://news.bbc.co.uk/2/hi/uk_news/politics/5396358.stm (aufgerufen am 3.9.2018)

10 Kate Connolly, »We'd rather stay in our ghetto world«, in: *The Telegraph*, 4.2.2004, https://www.telegraph.co.uk/news/uknews/1453372/Wed-rather-stay-in-our-ghetto-world.html (aufgerufen am 3.9.2018)

11 Kate Connolly, »Poles catch the bus to work – in Britain«, in: *The Telegraph*, 1.5.2004, https://www.telegraph.co.uk/news/worldnews/europe/poland/1460789/Poles-catch-the-bus-to-work-in-Britain.html (aufgerufen am 3.9.2018)

12 Election 2010, National Results, siehe: http://news.bbc.co.uk/2/shared/election2010/results/

13 David Cameron, »EU speech at Bloomberg«, zitiert nach: https://www.gov.uk/ government/speeches/eu-speech-at-bloomberg (aufgerufen am 3.9.2018)

14 *BBC News*, »UKIP leader Nigel Farage: ›I don't want to wait five years‹«, 23.1.2013, kein Autor, http://www.bbc.com/news/av/uk-politics-21157884/ ukip-leader-nigel-farage-i-don-t-want-to-wait-five-years (aufgerufen am 3.9.2018)

15 Dominic Gover, »Cameron speech reactions: EU not a cafeteria, says Peter Mandelson, in: *International Business Times*, 2.7.2014, https://www.ibtimes.co.uk/ labour-europe-referendum-426953, (aufgerufen am 3.9.2018)

16 *BBC News*, »Cameron referendum speech: EU reaction«, 23.1.2013, kein Autor, http://www.bbc.com/news/world-europe-21159365 (aufgerufen am 3.9.2018)

17 Peter Apps, »EU referendum: Michael Gove's full statement on why he is backing Brexit«, in: *The Independent*, 20.2.2016, https://www.independent.co.uk/news/ uk/politics/eu-referendum-michael-goves-full-statement-on-why-he-is-backing-brexit-a6886221.html (aufgerufen am 3.9.2018)

18 Steven Swinford, »Sajid Javid: Britain could be better off outside the EU«, in: *The Telegraph*, 20.2.2016, https://www.telegraph.co.uk/news/newstopics/ eureferendum/12166581/Sajid-Javid-Britain-could-be-better-off-outside-the-EU. html (aufgerufen am 3.9.2018)

19 Ben Riley-Smith und Michael Wilkinson, »Michael Gove compares experts warning against Brexit to Nazis who smeared Albert Einstein's work as he threatens to quit David Cameron's Cabinet«, in: *The Telegraph*, 21.6.2016, https://www. telegraph.co.uk/news/2016/06/21/michael-gove-compares-experts-warning-against-brexit-to-nazis-wh/ (aufgerufen am 3.9.2018)

20 Tim Ross, «Boris Johnson: The EU wants a superstate, just as Hitler did«, in: *The Telegraph*, 15.5.2016, https://www.telegraph.co.uk/news/2016/05/14/boris-johnson-the-eu-wants-a-superstate-just-as-hitler-did/ (aufgerufen am 3.9.2018)

21 »The Guardian View on the EU referendum: keep connected and inclusive, not angry and isolated«, in: *The Guardian*, 20.6.2016, kein Autor, https://www. theguardian.com/commentisfree/2016/jun/20/the-guardian-view-on-the-eu-referendum-keep-connected-and-inclusive-not-angry-and-isolated (aufgerufen am 25.9.2018)

22 Heather Stewart und Rowena Mason, »Nigel Farage's anti-migrant poster reported to police«, in: *The Guardian*, 16.6.2016, https://www.theguardian.com/ politics/2016/jun/16/nigel-farage-defends-ukip-breaking-point-poster-queue-of-migrants (aufgerufen am 3.9.2018)

23 Alain Tolhurst, »The UK should believe in itself and vote Leave in tomorrow's EU referendum says Boris as he kisses fish in final Brexit push«, in: *The Sun*, 22.6.2016, https://www.thesun.co.uk/news/1322633/the-uk-should-believe-in-itself-and-vote-leave-in-tomorrows-eu-referendum-says-boris-as-he-kisses-fish-in-final-brexit-push/ (aufgerufen am 3.9.2018)

24 Matthew Holehouse, »EU leaders demand Britain begins exit talks ›as soon as possible‹«, in: *The Telegraph*, 24.6.2016, https://www.telegraph.co.uk/news/2016/06/24/eu-wakes-to-biggest-crisis-in-its-history-as-merkel-ally-warns-n/ (aufgerufen am 3.9.2018)

25 Helen Lewis, »How the Brexit campaign lied to us – and got away with it«, in: *New Statesman*, 30.6.2016, https://www.newstatesman.com/politics/uk/2016/06/how-brexit-campaign-lied-us-and-got-away-it (aufgerufen am 3.9.2018)

26 Zitiert nach John Donne, *Meditation XVII, Devotions Upon Emergent Occasions*, London 1623. Übersetzung: Kirsten Riesselmann.

27 Globescan, »Global citizenship a growing sentiment among citizens of emerging economies: global poll«, 27.4.2016, in: https://globescan.com/global-citizenship-a-growing-sentiment-among-citizens-of-emerging-economies-global-poll/ (aufgerufen am 3.9.2018)

28 Rob Merrick, »Theresa May speech ›could have been taken out of Mein Kampf‹, Vince Cable says«, in: *The Independent*, 5.7.2017, https://www.independent.co.uk/news/uk/politics/theresa-may-mein-kampf-adolf-hitler-nazi-vince-cable-liberal-democrat-conservatives-a7825381.html (aufgerufen am 3.9.2018)

29 Kate Connolly, »Ich war überrascht, daß Frauen keine Röcke und Männer keine Anzüge tragen – Eine junge Engländerin berichtet von ihren Eindrücken in Deutschland«, in: *Walsroder Zeitung*, 28.12.1990

30 Kate Connolly, »Gym site in chunnel vision«, in: *The Guardian*, 11.4.1996

31 Jan Rayner, »German Gymnasium: restaurant review«, in: *The Guardian*, 6.12.2015, https://www.theguardian.com/lifeandstyle/2015/dec/06/german-gymnasium-restaurant-review (aufgerufen am 3.9.2018)

32 Alan Hall, »Why do we still laugh at Germany?«, in: *The Scotsman*, 11.7.2003

33 Rebecca Smithers, »Teachers told to move on from Hitler Years«, in: *The Guardian*, 27.12.2005, https://www.theguardian.com/uk/2005/dec/27/education.schools (aufgerufen am 3.9.2018)

34 Ian Thomson, »Oh, sorry: tabloids loose the soccer war«, in: *The New York Times*, 26.6.1996, https://www.nytimes.com/1996/06/26/news/oh-sorry-tabloids-lose-the-soccer-war.html (aufgerufen am 3.9.2018)

35 Homa Khaleeli, »Achtung! Not more anti-German headlines«, in: *The Guardian*, 13.12.2011, https://www.theguardian.com/media/shortcuts/2011/dec/13/anti-german-headlines (aufgerufen am 3.9.2018)

36 Kate Connolly, »Germany turns on the charm for football fans«, in: *The Daily Telegraph*, 8.3.2006, https://www.telegraph.co.uk/news/worldnews/europe/germany/1512433/Germany-turns-on-the-charm-for-football-fans.html (aufgerufen am 3.9.2018)

37 David Welch, *Persuading the People: British Propaganda in World War II*, London 2016

38 J. R. R. Tolkien, «Briefe«, hrsg. von Humphrey Carpenter, Stuttgart 2002, S. 125 f.

39 Globescan, «Sharp drop in world views of US, UK: Global poll for BBC World Service«, 3.7.2017, in: http://www.bbc.co.uk/mediacentre/latestnews/2017/globescan-poll-world-views-world-service (aufgerufen am 3.9.2018)

40 John Pinfold,»Einleitung«, in: *Leitfaden für britische Soldaten in Deutschland 1944*. Deutsch/englische Ausgabe, Köln 2014

41 Ebd. S. 6–7

42 Ebd. S. 28

43 Ebd. S. 29

44 Ebd. S. 32

45 Ebd. S. 38

46 Simon Jenkins, »Ignore the panic. There's little point learning languages at school«, in: *The Guardian*, 25.8.2017, https://www.theguardian.com/commentisfree/2017/aug/25/languages-exams-test-league-tables-schools-fall-pupils (aufgerufen am 3.9.2018)

47 *TES*, «Foreign languages: Concern over young people's skills as university applications fall«, 5.8.2017, kein Autor, https://www.tes.com/news/foreign-languages-concern-over-young-peoples-skills-university-applications-fall (aufgerufen am 3.9.2018)

48 Theresa Tinsley und Kathryn Board, »What's happening to language-learning in English schools?«, 14.6.2017, in: https://www.britishcouncil.org/voices-magazine/whats-happening-language-learning-english-schools (aufgerufen am 3.9.2018)

49 John Le Carré, »Why we should learn German«, in: *The Observer*, 2.7.2017, https://www.theguardian.com/education/2017/jul/02/why-we-should-learn-german-john-le-carre (aufgerufen am 3.9.2018)

50 James Tapper, »Learning German is just the job for savvy millennials«, in: *The Guardian*, 18.8.2018, https://www.theguardian.com/education/2018/aug/18/savvy-millennials-rush-to-learn-german (aufgerufen am 3.9.2018)

51 Kate Connolly, »The fatal hike that became a Nazi propaganda coup«, in: *The Guardian*, 6.7.2016, https://www.theguardian.com/world/2016/jul/06/fatal-hike-became-nazi-propaganda-coup (aufgerufen am 3.9.2018)

52 Kate Connolly, »Ich werde Deutsche«, in: *Süddeutsche Zeitung*, 25.11.2016, https://www.sueddeutsche.de/leben/brexit-votum-ich-werde-deutsche-1.3263427?reduced=true (aufgerufen am 3.9.2018)

53 »Deutscher und britischer Parlamentschor stimmen auf Weihnachten ein«, Textarchiv des Deutschen Bundestages, https://www.bundestag.de/dokumente/textarchiv/2016/kw50-chorkonzert/484636 (aufgerufen am 14.9.2018)

54 Kate Connolly, »Man wrongly arrested over Berlin attack says he fears for his life«, in: *The Guardian*, 29.12.2016, https://www.theguardian.com/world/2016/dec/29/naveed-baloch-man-wrongly-arrested-berlin-attack-fears-for-his-life (aufgerufen am 3.9.2018)

55 Paul Chadwick, »Matters of interpretation after the Berlin truck attack«, in: *The Guardian*, 10.1.2017, https://www.theguardian.com/commentisfree/2017/jan/10/berlin-truck-attack-naveed-baloch-police (aufgerufen am 3.9.2018)

56 Damien McGuinness, «The Brits hurrying to become German citizens«, in: BBC Magazine, 27.2.2017, https://www.bbc.com/news/magazine-39082468 (aufgerufen am 25.9.2018)

57 Esme Nicholson, »Commentary: why I decided to become a German citizen after Brexit«, in: *NPR Now*, 7.3.2017, https://www.npr.org/sections/parallels/2017/03/07/515410682/why-i-decided-to-become-a-german-citizen-after-brexit (aufgerufen am 3.9.2018)

58 Kate Connolly, »Descendants of Jewish refugees seek German citizenship after Brexit vote«, in: *The Guardian*, 30.10.2016, https://www.theguardian.com/world/2016/oct/30/uk-descendants-of-jewish-refugees-seek-german-citizenship-after-brexit-vote (aufgerufen am 3.9.2018)

59 Theresa May, »Prime Minister's Commons statement on triggering Article 50«, veröffentlicht am 29.3.2017, in: https://www.gov.uk/government/speeches/prime-ministers-commons-statement-on-triggering-article-50 (aufgerufen am 3.9.2018)

60 Frank-Walter Steinmeier, Rede des Bundespräsidenten Frank-Walter Steinmeier im Plenum des Europäischen Parlaments am 4.4.2017 in Straßburg, zitiert nach: http://www.bundespraesident.de/SharedDocs/Reden/DE/Frank-Walter-Steinmeier/Reden/2017/04/170404-Strassburg.html (aufgerufen am 3.9.2018)

61 Kate Connolly, »Gadheim – the Bavarian hamlet set to become the centre of a post-Brexit EU«, in: *The Guardian*, 6.4.2017, https://www.theguardian.com/world/2017/apr/06/gadheim-the-bavarian-hamlet-at-the-centre-of-post-brexit-eu (aufgerufen am 3.9.2018)

62 Thomas Guttschker, »Das desaströse Brexit-Dinner«, in: *Frankfurter Allgemeine Zeitung*, 1.5.2017, http://www.faz.net/aktuell/brexit/juncker-bei-may-das-desastroese-brexit-dinner-14993605.html (aufgerufen am 3.9.2018)

63 Daniel Boffey, Toby Helm, Kate Connolly, »Threats, leaks and ›politics by megaphone‹. Is this any way to do a Brexit deal?«, in: *The Guardian*, 7.5.2017, https://www.theguardian.com/politics/2017/may/06/brexit-war-breaks-out (aufgerufen am 3.9.2018)

64 Thomas de Maizière, »Wir sind nicht Burka«, in: *Bild am Sonntag*, 29.4.2017, https://www.bild.de/politik/inland/thomas-de-maiziere/leitkultur-fuer-deutschland-51509022.bild.html (aufgerufen am 3.9.2018)

65 Nina Pauer, »Komplimente an den Hund«, in: *Die Zeit*, 3.5.2017, https://www.zeit.de/2017/19/leitkultur-thomas-de-maiziere-identitaet-deutschsein/komplettansicht (aufgerufen am 3.9.2018)

66 Kate Connolly, »Shake hands and read Goethe: attempt to define German values draws ire«, in: *The Guardian*, 5.5.2017, https://www.theguardian.com/world/

2017/may/05/german-minister-resurrects-wary-debate-over-countrys-values
(aufgerufen am 3.9.2018)

67 Fintan O'Toole, »Brexit's Irish Question«, in: *The New York Review of Books*,
28.9.2017, https://www.nybooks.com/articles/2017/09/28/brexits-irish-question/
(aufgerufen am 3.9.2018)

68 Anke Schaefer, »Der Tag mit Kate Connolly«, *Studio 9*, http://www.deutschland-
funkkultur.de/studio-9-der-tag-mit-kate-connolly-kommt-jetzt-der-brexit.2950.
de.html?dram:article_id=388306 (aufgerufen am 3.9.2018)

69 Alan Travis, »Hundreds of thousands of EU nationals ›may not get right to stay in
UK‹«, in: *The Guardian*, 13.12.2017, https://www.theguardian.com/politics/2017/
dec/13/eu-nationals-may-not-get-right-stay-uk (aufgerufen am 3.9.2018)

70 Tanja Bueltmann, «Javid's post Brexit settlement plan does nothing to reassure
EU citizens«, in: *The Guardian*, 21.6.2018, https://www.theguardian.com/
commentisfree/2018/jun/21/sajid-javid-post-brexit-settlement-plan-eu-citizens-
unanswered-questions (aufgerufen am 3.9.2018)

71 Siofra Brennan, »Diana thinks Kate is perfect but doesn't believe Meghan's ›the
one‹: Confidante reveals the Princess still speaks to her from beyond the grave
(and even told her to vote for Brexit)«, in: Mail Online, 2.8.2017, http://www.
dailymail.co.uk/femail/article-4750482/Princess-Diana-s-friend-speaks-grave.
html (aufgerufen am 3.9.2018)

72 Robert Harris im Interview, Sendung »Today«, BBC Radio 4, 4.4.2017

73 Kate Connolly, «Warum die Briten Trost im Kino suchen«, in: *Berliner Morgen-
post, 29.1.2018*, https://www.morgenpost.de/kolumne/Auslandskorrespondenten/
article213270707/Warum-die-Briten-Trost-im-Kino-suchen.html (aufgerufen
am 3.9.2018)

74 William Manchester, Churchill. Der Traum vom Ruhm 1874–1932, englische
Erstausgabe 1983, München 1989, S. 56

75 James Bullock, «Great expectorations: Theresa May battles a conference
coughing fit«, in: The Guardian, 4.10.2017 (Quelle Video: Reuters), https://www.
theguardian.com/politics/video/2017/oct/04/great-expectorations-theresa-
may-battles-conference-coughing-fit-video (aufgerufen am 3.9.2018)

76 Kate Connolly, »Brexit ›is obvious reason‹ for surge in Britons becoming Germans«,
in: *The Guardian*, 23.5.2018, https://www.theguardian.com/politics/2018/may/23/
brexit-surge-britons-becoming-german-citizens (aufgerufen am 3.9.2018)

77 Kate Connolly, »›We can't be quiet‹: Gruffalo co-creator and fellow illustrators
respond to Brexit«, in: *The Guardian*, 10.11.2017, https://www.theguardian.com/
politics/2017/nov/10/brexit-axel-scheffler-gruffalo-co-creator-and-eu-
illustrators-draw-for-europe (aufgerufen am 3.9.2018)

78 Kate Connolly, »Do you speak Hipster?«, in: *Die Zeit*, 5.12.2017, https://www.zeit.
de/entdecken/2017-11/berlin-neukoelln-english-native-speaker-jens-spahn
(aufgerufen am 3.9.2018)